Wilhelm Haller

Die heilsame Alternative

Wilhelm Haller

Die heilsame Alternative

Jesuanische Ethik in Wirtschaft und Politik

Peter Hammer Verlag

Für meine Frau Margreth in Dankbarkeit für ihren Beistand in all den Jahren eines schmerzlichen Lern- und Reifeprozesses, dessen Frucht dieses Buch ist.

CIP-Titelaufnahme der Deutschen Bibliothek

Haller, Wilhelm:
Die heilsame Alternative : jesuanische Ethik in Wirtschaft und Politik
Wilhelm Haller. – Wuppertal : Hammer, 1989
(Peter-Hammer-Taschenbuch; 53)
ISBN 3-87294-385-5
NE: GT

Umschlaggestaltung: Magdalene Krumbeck
Satz: data-convert, Wuppertal
Druck: Plambeck & Co., Neuss

Inhalt

Vorwort

Zwei Gründe sind es im wesentlichen, die mich veranlaßt haben, dieses Buch zu schreiben.

Zum einen ist es das erschreckende Defizit an Wissen um die banalsten Dinge der Volkswirtschaft, das bei der Diskussion um die Themen des konziliaren Prozesses „Gerechtigkeit, Frieden und Bewahrung der Schöpfung" immer wieder deutlich wird. Wir haben uns in den vergangenen Jahren hinreichend kompetent gemacht in all den Fragen, die mit dem Friedensthema und den Problemen des Umweltschutzes zusammenhängen, aber die Frage der „Gerechtigkeit" mit ihren beiden Schwerpunkten der Menschenrechte und der Gerechtigkeit in der Wirtschaft ist für viele von uns noch unerschlossenes Land.

Dieses Defizit an Sachkunde herrscht aber erstaunlicherweise nicht nur bei all denen vor, die sich weder in ihrer Ausbildung mit Volks- oder Betriebswirtschaft beschäftigt haben noch durch ihre Berufstätigkeit näher damit vertraut wurden. Es existiert gleichermaßen bei den Leuten der Wirtschaft selbst, die sich in einer wohl selbst auferlegten Einengung ihres Blickfelds nur mit ihren unmittelbaren Aufgaben abgeben und kaum einmal einen Blick über den Tellerrand wagen. Sie müßten sonst erkennen, was in den zurückliegenden zwei Jahrzehnten immer deutlicher wurde, daß betriebswirtschaftlich richtige Entscheidungen volkswirtschaftlich, gesamtgesellschaftlich oder gar weltwirtschaftlich höchst problematische Folgen haben. Die maßgebenden Menschen der Wirtschaft und der Wirtschaftspolitik weigern sich wahrzunehmen, daß das, was dem einzelnen Unternehmen dient, häufig genug dem Ganzen schadet, und daß das, was kurzfristig betrachtet richtig zu sein scheint, langfristig betrachtet nicht selten falsch und schädlich ist. Der Hauptsatz des Stammvaters liberaler Wirtschaftslehre,

Adam Smith, die Summe der Egoismen führe zum Gemeinwohl, ist in unserer Zeit endgültig widerlegt worden.

Das ist schon am einfachen Beispiel des Umweltschutzes erkennbar. Natürlich ist es betriebswirtschaftlich die beste Entscheidung für ein Unternehmen, Abfälle, Abluft und Abwasser unverarbeitet, also voller Schadstoffe, an die Umwelt abzugeben und nicht für die Beseitigung dieser Schadstoffe zu sorgen. Deshalb wird jeder Unternehmer mit seiner von betriebswirtschaftlichen Kriterien geprägten Denkweise nach Kräften versuchen, die Kosten der Schadstoffbeseitigung zu vermeiden. Und da das Primat der Unternehmenspolitik auch für die Wirtschaftspolitik anerkannt ist, kommt fast immer das Gemeinwohl zu kurz.

Die Allgemeinheit ist also kaum in der Lage, die Sachzwänge der Wirtschaft zu durchschauen und sachkundig zu beurteilen. Und den Sachkundigen, die in der Wirtschaft arbeiten, fehlt in aller Regel der Mut, die Kraft und auch die Muße dazu, allein schon deshalb, weil für jeden einzelnen von ihnen zu viele Privilegien, häufig genug die wirtschaftliche Existenz, auf dem Spiel stehen. Diese Erkenntnis ist der eine Grund, weshalb ich, der ich über dreißig Jahre in der Wirtschaft gearbeitet habe, die Erfahrungen und Einsichten zu Papier bringe, die mir in einem schmerzlichen Prozeß der Zerstörung von Illusionen in dieser Zeit zugewachsen sind.

Allerdings hätten diese Einsichten für mich nicht ausgereicht, den Anspruch zu rechtfertigen, ein Buch dieser Art zu schreiben. Die Zahl der Aussteiger ist zwar immer noch nicht groß genug, um die Wirtschaft ernsthaft zu beunruhigen, aber doch hat sich eine hinreichende Anzahl von ihnen deutlich genug artikuliert, um der Öffentlichkeit die Scheuklappen von den Augen zu nehmen, soweit sie dazu bereit ist. Denken wir nur an die Bücher von *Hans A. Pestalozzi.*

Der andere wesentliche Grund, der dieses Unterfangen für mich rechtfertigt, ist die in einem fast ebenso langen und mühseligen Lernprozeß aufgegangene Erkenntnis, daß die jüdisch-christlichen Überlieferungen einen weitgehend unbekannten, weil seit Jahrhunderten vernachlässigten Weg des Heils für den einzelnen wie auch für die Gemeinschaft, die Gesellschaft und die Völkerwelt nicht nur im religiösen, sondern auch im politischen Sinn beinhalten. Ja, die dem gläubigen Christen völlig selbstverständliche Messianität Jesu gewinnt erst ihre volle Bedeutung in ihren beiden Dimensionen, der königlich-politischen wie auch der hohepriesterlich-religiösen. Die erstgenannte Dimension mit ihrer politischen Bedeutung kommt aber fast überall zu kurz. Sie wird nicht selten völlig geleugnet, obwohl doch bei näherer Betrachtung unübersehbar ist, daß Jesus, aufbauend auf den jüdischen Traditionen, einen eigenständigen Weg der politischen Arbeit und Aktion unter bewußtem Verzicht auf Macht, Herrschaft und Gewalt gegangen ist, auf dem ihm im frühen Christentum auch seine Anhänger nachzufolgen versuchten.

Als ich vor Jahren begann, mich mit Literatur über die politische Bedeutung Jesu und des Gottesvolkes zu beschäftigen und auch mit christlichen Theologen darüber ins Gespräch kam, machte ich eine erstaunliche und für mich erschreckende Entdeckung: Sie alle beanspruchen den Begriff „Gottesvolk“ ohne zu zögern für die christliche Kirche. Daß Gottesvolk schon vom Begriff her mehr ist als eine Religionsgemeinschaft, einen gesamtgesellschaftlichen Anspruch erhebt und damit letztlich so etwas wie eine alternative Gesellschaft meint, ist fremd, sehr fremd für sie.

Die ersten Anstöße lieferte mir *Dietrich Bonhoeffer*. Ich kann nicht sagen, wie oft ich allein „Widerstand und Ergebung“ gelesen habe. Dumpf geahnte Fragen blieben aber offen. Erst die Bücher *Martin Bubers* halfen mir weiter. Eine Aussage in dem Buch „Zwischen Zeit und Ewigkeit“ hat mich jahrelang umgetrieben, bis ich endlich begriffen habe, was damit wirklich gemeint war. Buber schreibt dort: „Niemand kann Gott vollkommen dienen, es sei denn ein Volk. Denn der Dienst Gottes heißt Gerechtigkeit, und alle Gerechtigkeit des einzelnen kann nur Steine zum Bau liefern, aber ein Volk kann Gerechtigkeit erbauen. Das ist es, was Jesaja meint: Verflechtet nicht euer Los mit der Ungerechtigkeit der Mächtigen, sondern baut mit eurem eigenen Leben die Gerechtigkeit auf . . .“

Die entscheidende Weichenstellung für meine Auffassung in der Gottesvolkfrage war aber für mich die Begegnung mit dem jüdischen Historiker *Hugh J. Schonfield,* der sein Leben dem Leben Jesu, den Anfängen des Christentums und der Bedeutung des Messianismus für unsere Zeit gewidmet hat. Seine Bücher sind im deutschen Sprachraum fast völlig unbekannt. In der englischsprechenden Welt ist das ganz anders. Sein Buch über das Leben Jesu (englisch „The Passover Plot") wurde allein in den USA über 3 Millionen mal verkauft. Während einer langjährigen persönlichen Beziehung zu Schonfield, als sein Übersetzer und kritischer Anhänger ist mir in vielen Gesprächen und ausführlicher Korrespondenz die Bedeutung der Gottesvolkidee für unsere Zeit aufgegangen, auch wenn wir uns über die konkreten Konsequenzen, die daraus zu ziehen sind, zu seinen Lebzeiten nicht einig werden konnten.

Mit dieser Prägung durch Bonhoeffer, Buber und Schonfield, aber natürlich auch den Einflüssen anderer, fühlte ich mich im deutschen Sprachraum als weitgehend isolierter Außenseiter, bis meine Frau „Die messianische Alternative" des katholischen Alttestamentlers *Norbert Lohfink* entdeckte. Diese Entdeckung war eine Offenbarung für mich, umso mehr als sie auch rasch zu seinen anderen Büchern und denen seines Bruders, des Neutestamentlers *Gerhard Lohfink,* führte. Hier fand ich endlich auch eine christliche Theologie, die nicht nur eine politische Verantwortung vertritt, sondern als deren Arbeitsfeld vor allem und in erster Linie die Kirche selbst sieht und dabei das Ziel verfolgt, diese wieder zu einer Körperschaft zu erweitern, die alle gesellschaftlichen Bereiche umfaßt.

Das änderte allerdings nichts daran, daß kirchlich-politische Aspekte und die Beschäftigung mit ihnen nach wie vor ein Aschenputteldasein in der christlichen Literatur und erst recht im christlichen Leben führen. Dies gilt insbesondere für den protestantischen Bereich, wo selbst für aufgeschlossene Theologen die „Nachfolgegruppen" nur eine gültige Sozialgestalt der Kirche unter mehreren (letztlich gleichwertigen) Möglichkeiten darstellen.

Es ist meine tiefe Überzeugung, daß der jesuanische Weg der Politik und deren versuchte Verwirklichung durch ein „Gottesvolk" für die Zukunft der Menschheit von entscheidender Bedeutung ist, weil wir buchstäblich mit unserem politischen

Latein, das im wesentlichen aus römisch-imperialistischen Begriffen besteht, am Ende sind. Hier liegt unser Dilemma, aber auch unsere Chance. Klarsichtige Menschen in Politik und Wirtschaft, die sich über unsere Fähigkeit, unsere Probleme zu bewältigen, keine Illusionen mehr machen, haben häufig genug keine Ahnung von den Ansätzen zu politischer Arbeit, wie sie in den jüdisch-christlichen Überlieferungen zu finden sind, während die Theologen und die anderen Religionswissenschaftler von der Wirklichkeit in Politik und Wirtschaft so weit entfernt sind, daß sie nicht begreifen, wie wichtig das Material und der Geist dieser Überlieferungen für die Bewältigung unserer politischen Probleme sein könnten. Es ist, als würden beide Gruppen in zwei verschiedenen Welten leben.

Aus diesem Grund ist es mein zentrales Anliegen, deutlich zu machen, daß auf dem Weg gemeinschaftlicher und vernetzter Basisarbeit, im Sinne der politischen Aktivität Jesu, die Politik von ihrer Versklavung durch die Prinzipien von Macht und Herrschaft befreit werden kann und daß von hier aus die Bestrebungen zur Bewältigung der gesellschaftlichen Probleme im Kleinen wie im Großen neue Impulse erhalten könnten.

Besonders wichtig ist mir bei diesem Anliegen, all diejenigen nicht auszuschließen, denen es um herrschaftsfreie Formen von Gemeinschaft und Gesellschaft geht, ohne dabei auf der jüdisch-christlichen Überlieferung aufzubauen. Für sie sind häufig genug, nicht selten aus schlechter Erfahrung, Christentum und Kirche so etwas wie ein rotes Tuch. Allerdings bin ich überzeugt, daß ohne ernsthafte Bemühungen, dieses Erbe aufzuarbeiten, auf Sand gebaut würde. Wir müssen anknüpfen an die Geschichte und historische Kontinuität wahren. Ähnliches gilt für die Frage nach herrschaftsfreien Strukturen mit bewußter Verweigerung oder Verneinung einer religiös-spirituellen Dimension als prägendem Faktor des individuellen und kollektiven Lebens. *Ken Wilber* meint in seinem Buch „Halbzeit der Evolution“, daß der Mensch der Versklavung verfallen bleibt, solange er nicht „zur Transzendenz“ erwacht. Auch *Ghandi,* um einen Kronzeugen außerhalb des jüdisch-christlichen Kulturkreises zu nennen, hat die überragende Bedeutung von Religion, Glauben und innerer Erfahrung für die Fähigkeit zu einer Politik der Gewalt- und Herrschaftsfreiheit betont. Dem entspricht auch meine persönliche Überzeugung.

Ich bin mir sehr wohl darüber im klaren, daß meine Mittel zur Bewältigung dieser Aufgabe ziemlich bescheiden sind. Sie stützen sich im wesentlichen auf die Erfahrungen meines Lebens und auf die Einsichten, die ich aus dem Vergleich dieser Erfahrungen mit den Überzeugungen von Gesprächspartnern und den Autoren von Büchern, die mir wichtig waren und sind, gewonnen habe. Dabei kann ich weder den Anspruch erheben, mit wissenschaftlicher Systematik und Gründlichkeit vorzugehen, noch die einschlägige Literatur auch nur annähernd aufgearbeitet zu haben. So erhält meine Arbeit einen eher bruchstückhaften und holzschnittartigen Charakter. Trotz allem hoffe ich, daß Problem und Herausforderung deutlich werden.

Was meine Systemkritik anbelangt, so habe ich sie im wesentlichen von den Problemfeldern Arbeitslosigkeit und unseres Umgangs mit dem Geld her entwickelt. Ohne Zweifel kämen wir von anderen Ausgangspunkten zu denselben Ergebnissen. Ich habe aber meinen Ansatz gewählt, zum einen, weil ich nach jahrelanger Arbeit auf diesen Gebieten wohl hinreichend sachkundig bin, zum anderen, weil er unsere Probleme im Kern berührt. Jedenfalls kann der Leser beruhigt sein: die Fakten stimmen.

Wie wohl in den meisten Fällen hat auch dieses Buch viele Väter und Mütter; es ist unmöglich, sie alle einzeln zu nennen. Ich kann aber nicht umhin, einige hervorzuheben. Mein Dank gilt vor allem *Ullrich Hahn,* mit dem ich seit Jahren freundschaftlich verbunden bin und der in Gesprächen und gemeinsamer Seminararbeit wesentlich zur Entwicklung meiner Einsichten und Überzeugungen beigetragen hat. Mein Dank gilt auch *Christian Machalet,* der die erste Fassung des Manuskripts zu diesem Buch kritisch durchgesehen und mir geholfen hat, gröbere Unebenheiten zu beseitigen. Entscheidende Hinweise für die endgültige Gestalt dieses Buches lieferten die Gespräche mit *Joseph Margulies,* dem ich besonders dankbar bin, weil er mir über eine kritische Phase der Ratlosigkeit hinweg half.

Wilhelm Haller

Arbeitslosigkeit und kein Ende

Die Zeitschrift „Bild der Wissenschaft“ veröffentlichte im Januarheft 1978 einen umfangreichen Bericht über das sogenannte „Deutschland-Modell“ von Professor *Eduard Pestel*, damals Wissenschaftsminister in Hannover. Die als Deutschland-Modell bezeichnete Studie war entstanden im Kielwasser der vom Club of Rome durchgeführten Weltmodellrechnungen über die künftige Entwicklung der Weltwirtschaft. Sie wurde im wesentlichen finanziert durch das Bundesministerium für Forschung und Technologie und verfolgte das Ziel, konkrete Anhaltspunkte über die Entwicklung der Bundesrepublik bis zum Jahre 2000 zu erarbeiten.

Das bedrückendste Ergebnis der Untersuchungen lieferte die Schlagzeile für „Bild der Wissenschaft“, nämlich ein dramatisches Ansteigen der Arbeitslosigkeit auf knapp 2,5 Millionen im Laufe der achtziger Jahre. Allerdings meinte Projektleiter Pestel bei der Vorstellung der Studienergebnisse im Herbst 1977 optimistisch: „Wir errechnen solche Kurven nicht, damit sie Realität werden, sondern damit wir sehen, wie man derartige Entwicklungen am besten verhindert. Denn der Computer druckt auch die Diagramme über die Auswirkungen von Lösungsmöglichkeiten.“

Der Optimismus von Pestel war nicht gerechtfertigt. Wie die Geschichte zeigte, und wie wir heute alle wissen, wurde nichts Ernsthaftes unternommen, um die prognostizierte Entwicklung zu verhindern. Dies ist umso bedrückender, als die Hochrechnungen Pestels nicht nur von ähnlichen Untersuchungen der Gewerkschaften, sondern auch der Arbeitgeber bestätigt wurden. So legte das Institut der deutschen Wirtschaft, das von den Arbeitgebern finanziert wird, ebenfalls im Jahre 1977 eine Studie vor, nach der in den achtziger Jahren mit Arbeitslosenzahlen von 3 Millionen und mehr zu rechnen sei. Wir müssen heute feststellen, daß die Entwicklung auf dem Arbeitsmarkt wie kaum eine Krise der Nachkriegszeit vom ganzen politischen Spektrum ziemlich exakt prognostiziert wurde. Und doch blieben die angezeigten Gegenmaßnahmen aus. Im Kräftedreieck der politischen Machteliten in der Bundesrepublik, der Regierungsparteien, der Arbeitgeber und der Gewerkschaften, beschränkten sich die Maßnahmen der vergangenen zehn Jahre im wesentlichen auf verbale Kraftakte. Auch die Kirchen – die das Kräftedreieck zu einem Quadrat erweitern – halten sich auffällig zurück.

Die einzige dieser Machtgruppen, die von der radikalen Kritik zunächst auszunehmen ist, sind die Gewerkschaften des DGB, allen voran die IG Metall und die IG Druck und Papier. Sie haben als erste nach den wissenschaftlichen Prognostikern auf die Notwendigkeit dramatischer Arbeitszeitverkürzungen hingewiesen und konsequenterweise die Einführung der 35-Stunden-Woche gefordert. Wie die Tarifpolitik der vergangenen zehn Jahre beweist, klaffen allerdings Anspruch und Wirklichkeit weit auseinander. Auch die Gewerkschaften können auf ernsthafte Solidarität ihrer Mitglieder mit den Arbeitslosen und den von Arbeitslosigkeit Bedrohten nicht bauen. Die Arbeiterbewegung hat die Wohlstandswelle der Nachkriegszeit nicht überlebt. Der Arbeiter ist zum Kleinbürger verkommen und die Gewerkschaften konsequenterweise zu Interessenvertretern der Arbeitsplatzbesitzer. Einen deprimierenden Beweis dafür liefern die Tarifverträge, die 1987 in der Metallindustrie ausgehandelt worden sind.

In unserer Gesellschaft gilt der jeweilige jährliche Produktivitätsfortschritt als Verfügungsmasse für die Verteilung. Er kann, ohne das Prinzip der Kostenneutralität zu verletzen und damit auch ohne die Ertragskraft der Wirtschaft zu verringern, entweder als Arbeitszeitverkürzung bei unverändertem Einkommen (Lohnausgleich) oder als Lohnzuwachs bei unveränderter Arbeitszeit ausgewiesen werden. Der Arbeitgebersprecher *Stihl* hat dies 1985 sehr deutlich gemacht, als er die Gewerkschaften vor die Wahl stellte, sich für das eine oder das andere zu entscheiden, etwa nach der Formel: Mehr Lohn bei gleicher Arbeitszeit oder unveränderter Lohn bei reduzierter Arbeitszeit.

Der Weg der Arbeitszeitverkürzung stellt eine Solidarmaßnahme zugunsten der Arbeitslosen und der von Arbeitslosigkeit Bedrohten dar. Entspricht dabei der Umfang der Arbeitszeitverkürzung dem Produktivitätsfortschritt, so bleibt – grob gesagt – bei Nullwachstum die Zahl der Beschäftigten konstant, während bei Wirtschaftswachstum auch die Beschäftigtenzahl wächst. Die Entscheidung für den Lohnzuwachs bedeutet das Gegenteil. Wenn der Produktivitätsfortschritt größer ist als das Wirtschaftswachstum, so führt die Entscheidung für den Lohnzuwachs zu schrumpfenden Beschäftigungszahlen.

Im Jahr 1986 hatte das Institut für Wirtschafts- und Gesellschaftpolitik in Bonn, das von Professor Biedenkopf geleitet wird, die Ergebnisse einer Untersuchung über die Entwicklung der erwerbswirtschaftlichen Arbeitsmenge in der Bundesrepublik vorgelegt. Die Untersuchung umfaßte den Zeitraum von 1955 bis 1985, also auch die sogenannten goldenen sechziger Jahre, einen Zeitraum also, in dem sich das Bruttosozialprodukt preisbereinigt mehr als verdoppelt hat. In dieser Zeit hat sich die Arbeitsmenge, gemessen in Arbeitsstunden pro Kopf der Wohnbevölkerung, um weit über ein Drittel auf rund 62 Prozent der Ausgangsmenge verringert. Der technische und organisatorische Fortschritt hat es uns also ermöglicht, mehr als das Doppelte an Gütern und Dienstleistungen mit rund zwei Dritteln der Arbeitszeitleistung herzustellen. Niemand wird im Ernst annehmen, daß dieser Prozeß zu Ende ist. Der ziemlich gleichförmige Rückgang der Arbeitsmenge, den die Studie sichtbar machte, läßt vielmehr darauf schließen, daß auch in Zukunft mit einem jährlichen Rückgang der Arbeitsmenge von 1,0 bis 1,5% weitgehend unabhängig vom Konjunkturverlauf zu rechnen ist, d. h. daß die abzusetzenden Waren und Dienstleistungen mit immer weniger menschlichem Arbeitsaufwand herzustellen sind. Nimmt man diese Zahlen ernst, so stehen wir vor der Entscheidung: Entweder beschäftigen wir immer weniger Menschen in der Erwerbswirtschaft oder eine gleichbleibende bzw. wachsende Zahl von Beschäftigten verringert fortschreitend ihre Arbeitszeit.

Mit dieser Einsicht als Hintergrund stellte sich die IG Metall der Tarifrunde im Jahr 1987. Sie stand dabei in einem schmerzlichen Zwiespalt. Die Arbeitgeber lockten in aller Offenheit und Öffentlichkeit mit Lohnzuwachs, und auch die Regierungsparteien drängten darauf. Gleichzeitig wußte die Gewerkschaftsführung, daß auch ihren Mitgliedern letztlich der Lohnzuwachs lieber wäre als das Solidaropfer der Arbeitszeitverkürzungen. Und so versuchte die IG Metall die Quadratur des Kreises, und sie gelang ihr auch, jedenfalls in den Augen der Öffentlichkeit. Nach außen hin stand die Forderung nach Einführung der 35-Stunden-Woche im Vordergrund, wenn auch flankiert von der Forderung nach 5% mehr Lohn.

Betrachten wir die Ergebnisse der Verhandlungen, so kommen wir zu bedrückenden Erkenntnissen:

Die IG Metall hatte die Einführung der 35-Stunden-Woche gefordert, also eine Arbeitszeitverkürzung von durchschnittlich 38,5 Stunden um 3,5 Stunden. Das sind rund 9%. Weiter wurden, wie erwähnt, Lohnerhöhungen von 5% beansprucht. Fassen wir das über mehrere Jahre gestufte Ergebnis zu einem Paket zusammen, so ergibt sich folgendes Bild: Die Arbeitszeit wird insgesamt um 1,5 Stunden von 38,5 auf 37 Wochenstunden reduziert. Das bedeutet eine Verringerung um knapp 4%. Die Lohnerhöhungen dagegen summieren sich zu 8%. Das sind 160% der ursprünglichen Forderung.

Die auf Solidarität zielende Forderung wurde – obzwar öffentlich am nachdrücklichsten propagiert – nur zu 40% durchgesetzt. Der Nachdruck verlagerte sich stillschweigend und mit breiter öffentlicher Zustimmung auf die Förderung des Gruppenegoismus der Arbeitsplatzbesitzer. Ergebnis: Solidarität zu Egoismus wie 1 zu 4. Diese deprimierende Gleichung wurde noch unterstrichen durch die Art des Umgangs mit dem Problem der Überstunden.

Bekanntlich werden in der Bundesrepublik Jahr für Jahr mehr als 1,5 Milliarden bezahlte Überstunden geleistet. Das ist rein rechnerisch ein Beschäftigungsvolumen für mehr als 900.000 Vollzeitkräfte und damit beschäftigungspolitisch ein Skandal. Organisationstechnisch sind bezahlte Überstunden weitgehend überflüssig. Seit Jahren werden in vielen fortschrittlichen Betrieben flexible Arbeitszeitsysteme praktiziert, die ohne Überstunden auskommen. Dies geschieht ganz einfach dadurch, daß anfallende Mehrarbeit nicht mehr als Überstunden bezahlt wird. Sie wird einem Zeitkonto gutgeschrieben und berechtigt die betreffenden Mitarbeiter zur Inanspruchnahme von Ausgleichsfreizeit, wobei die üblichen Zuschläge in der Regel bezahlt werden.

In den Grundsatzpapieren der DGB-Gewerkschaften steht schon seit Jahren zu lesen, daß Überstunden grundsätzlich zu vermeiden und zu verhindern seien, und zwar schon von der ersten Mehrarbeitsstunde an. Die tarifliche Praxis sieht aber anders aus und offenbart einmal mehr den Zwiespalt der Gewerkschaften zwischen sozialer und gesellschaftlicher Verantwortung einerseits und den individuellen Interessen der Gewerkschaftsmitglieder andererseits. Jedenfalls wurde, – um bei der Metallindustrie zu bleiben –, in den Tarifvertrag von '84 zwar eine Beschränkung der Überstunden aufgenommen, sie ist aber so verklausuliert, daß sie letztlich wieder aufgehoben ist. Mit Zustimmung des Betriebsrats können praktisch unbegrenzt Überstunden geleistet werden. Wider Erwarten brachte auch der Tarifvertrag von 1987 keine Verschärfung der Überstundenregelung.

Aber nicht nur in der Wirtschaft wurde der Gedanke der Solidarität mit den Arbeitslosen von Arbeitgebern und Arbeitnehmern weitgehend aufgegeben. Auch der öffentliche Dienst und in seinem Kielwasser die Kirchen sind auf dem Egotrip der Arbeitsplatzbesitzer. Die Politik der Kirchen ist dabei am deprimierendsten, nicht nur, weil sie mit christlichen Sprüchen garniert wird, die die Sprecher Lügen strafen, sondern weil sie von unverhohlener und unverfrorener Erbarmungslosigkeit ist. Dies wird schlaglichtartig deutlich an den Aktivitäten der Badischen Evangelischen Landeskirche in der Zeitspanne von Herbst '87 bis Frühjahr '88. Sie wirken wie ein kurzer Akt einer Tragödie, deren Ende nicht abzusehen ist.

Erste Szene, gewissermaßen als Ouvertüre:

Der Ratsvorsitzende der Evangelischen Kirche in Deutschland (EKD), Bischof Kruse, weist in seiner Ansprache zur Eröffnung der EKD-Synode im Herbst 1987 auf das harte Los der Langzeitarbeitslosen hin und ruft zur Solidarität mit ihnen auf. (Anhaltender Beifall)

Zweite Szene:

Auf der ordentlichen Sitzung der Landessynode hält der zuständige Oberkirchenrat die Eröffnungsansprache zu Beginn der Haushaltsdebatte. Zur Entwicklung der Personalkosten führt er aus[1]:

> „Die Personalkosten stellen in diesem, wie in jedem kirchlichen Haushalt, den größten Ausgabenblock dar. Denn der durch die Grundordnung festgelegte ‚Auftrag der Kirche', das Evangelium den Menschen dadurch zu bezeugen, ... daß sie das Wort Gottes verkündet, die Sakramente verwaltet und mit der Tat der Liebe dient, wird durch Menschen vermittelt, die dazu freigestellt werden, sich diesem Auftrag gänzlich zu widmen. ...
> Hierbei wird unterstellt, daß die linearen Tarifsteigerungen 1988 und 1989 jeweils gegenüber dem Vorjahr 3,5% betragen. Ferner wurde berücksichtigt, daß die durchschnittlichen Altersstufensteigerungen 0,5% betragen ... Eine relative Preisstabilität unterstellt, dürfte damit der reale Einkommenszuwachs 4 bis 5% betragen.

Zur Entwicklung der Zahl der Planstellen hofft er:

> „Wenn es gelänge, in den kommenden Jahren durchschnittlich 2% der Personalstellen abzubauen, hätte dies eine Entlastungswirkung von jährlich 2,8 Millionen DM."

Im Konfliktfeld Personalkosten – Planstellenzahl ist seine Überzeugung:

> „Neben der Verringerung der Personalstellen wird zur Senkung der Personalkostenanteile immer wieder als Möglichkeit die Verminderung des Aufwands pro Stelle genannt, mit anderen Worten, das Ausscheren der Kirche aus den zwischen den Tarifpartnern ausgehandelten Vergütungs- und Besoldungskonditionen.
> Dabei ist in Übereinstimmung mit der Heiligen Schrift unumstritten, daß die Mitarbeiter im Dienst der Verkündigung ‚sich vom Evangelium nähren sollen', und daß für sie wie für andere gilt, daß der Arbeiter seines Lohnes wert sei ...

[1] alle Zitate sind wörtlich dem Protokoll entnommen

> Für ... die überwiegende Mehrzahl der Mitarbeiter gilt, daß der kirchliche Dienst auf dem Arbeitsmarkt in Konkurrenz zur Nachfrage anderer Arbeitgeber steht. Für die infragestehenden Berufsgruppen besteht überwiegend ein Konkurrenzverhältnis zum öffentlichen Dienst. Es ist heute absehbar, daß spätestens Mitte der neunziger Jahre, in Teilen des Arbeitsmarktes schon heute, Arbeitskräfte gesucht werden ... Kindergärtnerinnen, Gemeindeschwestern und Pflegekräfte lassen sich nicht durch Roboter ersetzen. Wenn dies zutrifft, hat eine Abkopplung mit dem Ziel der Personalkostenkürzung notwendigerweise zur Folge, daß für den kirchlichen Dienst keine oder weniger qualifizierte Kräfte geworben werden können."

Dieser Mann sieht also die Kirche im lohnpolitischen Konkurrenzkampf mit dem Staat und schlägt unverhohlen vor, das Einkommen der kirchlichen Mitarbeiter entsprechend der Tarifvereinbarung für den öffentlichen Dienst um 3,5% anzuheben. Die dadurch entstehenden Mehrkosten von mehr als 6 Millionen DM will er wenigstens teilweise dadurch finanzieren, daß er jedes Jahr die Zahl der Planstellen um 2% reduziert und somit jährlich 2,8 Millionen DM einspart. Er folgt also ohne zu zögern dem Egotrip der übrigen Gesellschaft nach dem Motto: Immer mehr Geld für immer weniger Mitarbeiter.

Die Erhöhung der Einkommen der kirchlichen Mitarbeiter scheint für die Synode kein ernsthaftes Problem gewesen zu sein. Sie wurde mit der Verabschiedung des Haushalts in einem Aufwasch abgehakt. Eine heiklere Frage war die beantragte jährliche Streichung von Planstellen. Ein Planstellenausschuß mußte sich damit auseinandersetzen, dessen Vorsitzender der Synode als Antrag vortrug:

> „Die Erkenntnis, Finanzplanung zwinge zur Personalplanung, darf nicht in einer allgemeinen Bestätigung untergehen, sondern bedeutet bei uns bei rückläufigen Steuereinnahmen schmerzliche Einschnitte im Stellenplan; im Klartext heißt das: weitere Personaleinsparungen auch in den kommenden Jahren.
> Ich will das konkretisieren ... Da personalwirtschaftliche Entscheidungen langfristiger Art sind, wurde zur Anpassung an zukünftige demographische Entwicklungen eine Stellenverminderung von im Schnitt 2% pro Jahr einberechnet ... In Stellen umgerechnet ... bedeutet das ... 41 Verminderungen, Streichungen pro Jahr."

Das Protokoll notiert „Beifall“ am Ende dieser Rede, die allerdings auch andere Punkte umfaßte, und der Präsident der Synode schloß mit den Worten: „Herzlichen Dank. Wir kommen zum nächsten Tagesordnungspunkt.“

Haushalt und Stellenplan werden wie vorgeschlagen verabschiedet, und die meisten Synodalen gehen – so darf vermutet werden – nach getaner Arbeit zufrieden nach Hause.

Dritte Szene:

Die nächste Tagung derselben Landessynode im Frühjahr 1988. Kurz zuvor war für den öffentlichen Dienst ein neuer Tarifvertrag abgeschlossen worden, der neben Einkommensverbesserungen eine geringfügige Arbeitszeitverkürzung vorsah. Dieser neue Tarifvertrag und die schmerzlichen Erfahrungen bei der letzten Synode veranlaßten eine Synodalin, der Landessynode einen Antrag vorzulegen, der in aller Bescheidenheit forderte, eine Kommission einzusetzen, um Möglichkeiten der Arbeitsumverteilung zu untersuchen. Als denkbare Veränderungen zur Teilung von Einkommen zur Finanzierung von Neubeschäftigung wurden unter anderem vorgeschlagen:

- Mitarbeiter verzichten auf Lohnerhöhung
  oder
- Mitarbeiter verzichten auf Weihnachtsgeld
  oder
- Mitarbeiter verzichten auf Urlaubsgeld

Wohlgemerkt, der Antrag zielte nicht direkt auf den Verzicht von Einkommensteilen ab, sondern nur auf die Bildung einer Kommission zur Untersuchung solcher Möglichkeiten.

Der Antrag wurde nach kurzer Diskussion mit großer Mehrheit abgelehnt. Ein Dekan tat sich dabei besonders hervor. Der Verzicht auf zwei oder drei Prozent seines Einkommens bzw. auf einen künftigen Einkommenszuwachs hätte ihn vermutlich in seiner Fähigkeit, das Evangelium zu verkündigen, empfindlich beeinträchtigt.

Vierte Szene oder eher ein Nachspiel, das den Gesamteindruck abrundet:

Die Redaktion der landeskirchlichen Wochenzeitschrift „Aufbruch“ gestaltet die Nummer zum Sonntag Cantate, was wohl ein Aufruf zum Lobgesang sein soll. Der Sonntag Cantate fällt im Jahr 1988 auf den 1. Mai, den Tag der Arbeit. Das ist ein Anlaß, den Beiträgen der Landeskirche zur Bekämpfung der Arbeitslosigkeit in gebührender Weise auf der Titelseite Raum zu geben. Und so heißt es da:

> *Starthilfe für Arbeitslose*
>
> Landessynode engagiert sich seit neun Jahren
> Arbeitslosigkeit soll im Leben der Kirche als Problem und Herausforderung angenommen werden: Seit einigen Jahren versucht die Landeskirche, im Bereich ihrer Möglichkeiten Arbeitslosigkeit zu mindern oder betroffene Menschen mit Rat und Tat zu unterstützen. Die älteste Initiative ist die „Starthilfe für Arbeitslose“: 1979 als besonderer Ausschuß der Landessynode ins Leben gerufen, kümmert sie sich vor allem um junge und ältere Arbeitnehmer, die schwer vermittelbar sind. Für sie werden entsprechend dem finanziellen Spielraum zusätzliche Arbeitsplätze in Kirche und Diakonie geschaffen ... Die „Starthilfe“ finanziert sich hauptsächlich aus Spenden, ... sowie staatlichen Zuwendungen, etwa Bußgeldern aus Gerichtsverfahren, so daß im vorigen Jahr insgesamt 105.000 DM zur Verfügung standen.

Der Chronist zieht Bilanz: Über 6 Millionen werden ausgegeben für Einkommenserhöhungen der kirchlichen Mitarbeiter. Davon werden 2,8 Millionen aufgebracht durch jährliche Streichung von 2% der Planstellen. Das trifft jährlich 41 Mitarbeiter. Über die „Starthilfe“ werden etwa zwei Stellen finanziert – mit geschenktem Geld, das den Haushalt nicht belastet. Die Hilfe für die Arbeitslosen bleibt also haushaltspolitisch ein Fremdkörper. Sie wird von der Synode offensichtlich als etwas empfunden, was mit dem eigentlichen Auftrag der Kirche und damit auch mit deren Haushalt nichts zu tun hat.

Und der Herr sprach: „Ihr seid das Rücklicht der Welt.“

Eine Frage bleibt offen:

Wann wird von dieser Landeskirche nur noch der Bischof

übrigbleiben, wenn die Zahl der Mitarbeiter jährlich – wie beschlossen – um 2% reduziert wird?

Was soll man angesichts einer solchen Sachlage noch sagen?

Im Stich gelassen von Regierung, Arbeitgebern, Kirchen und Öffentlichkeit und letztlich auch von ihren Mitgliedern können die Gewerkschaften an ihrer gesellschaftlichen Aufgabe nur versagen. Der Egoismus derer, die an den Fleischtöpfen sitzen, feiert Triumphe. Oder ist dieses Urteil falsch?

Gibt es Anlaß zu Optimismus über die Entwicklung auf dem Arbeitsmarkt? Kommt es doch, wie es öffentlich immer wieder heißt, in den neunziger Jahren nach Abbau des „Geburtenbergs" der sechziger Jahre zu einer starken Entlastung des Arbeitsmarkts, so daß eine solche Tarifpolitik gerechtfertigt ist?

Es gibt bedauerlicherweise nicht die geringsten Anzeichen dafür.

Im Herbst 1987 veröffentlichte die Bund-Länder-Kommission für Bildungsplanung und Forschungsförderung den zweiten Bericht über die Berufsaussichten von Berufsanfängern für die verbleibenden Jahre bis 2000. Zusammen mit dem ersten Bericht ergibt sich folgendes Bild:

- Für 2,0 Millionen erwartete Hochschulabsolventen werden vermutlich 0,9 Millionen Arbeitsplätze frei.
  1,1 Millionen sind überflüssig.
- Für 8,5 Millionen junger Menschen mit abgeschlossener Berufsausbildung unterhalb des Hochschulniveaus werden zwischen 6,4 und 7,0 Millionen Arbeitsplätze frei.
  1,5 bis 2,1 Millionen sind überflüssig.
- Für 1,0 Millionen Ungelernte oder Angelernte besteht kaum Hoffnung. Zum einen wird mit einem Rückgang der Zahl der Arbeitsplätze für Ungelernte und Angelernte von bislang 30% auf 20% aller Arbeitsplätze gerechnet. Das ist ein Verlust von mehr als zwei Millionen. Darüber hinaus zeigt schon die Entwicklung der letzten Jahre, daß die Überflüssigen jedes Qualifikationsniveaus auf das darunter liegende Niveau wandern, und damit die Schwächeren dieses Niveaus verdrängen. Die Schwächsten bleiben am Ende dieser Kettenreaktion außen vor.

Insgesamt summiert sich die Zahl der Überflüssigen aller Ebenen auf drei bis vier Millionen, die natürlich dem heute schon bestehenden Arbeitslosensockel hinzuzurechnen sind.

Nicht viel optimistischer stimmt die neueste Prognose des Instituts für Arbeitsmarkt und Berufsforschung (IAB) der Bundesanstalt für Arbeit in Nürnberg, die Ende 1987 vorgelegt und in der SPIEGEL-Nummer vom 21. 12. 87 abgedruckt wurde.

ARBEITSLOSIGKEIT = FESTE GRÖSSE?

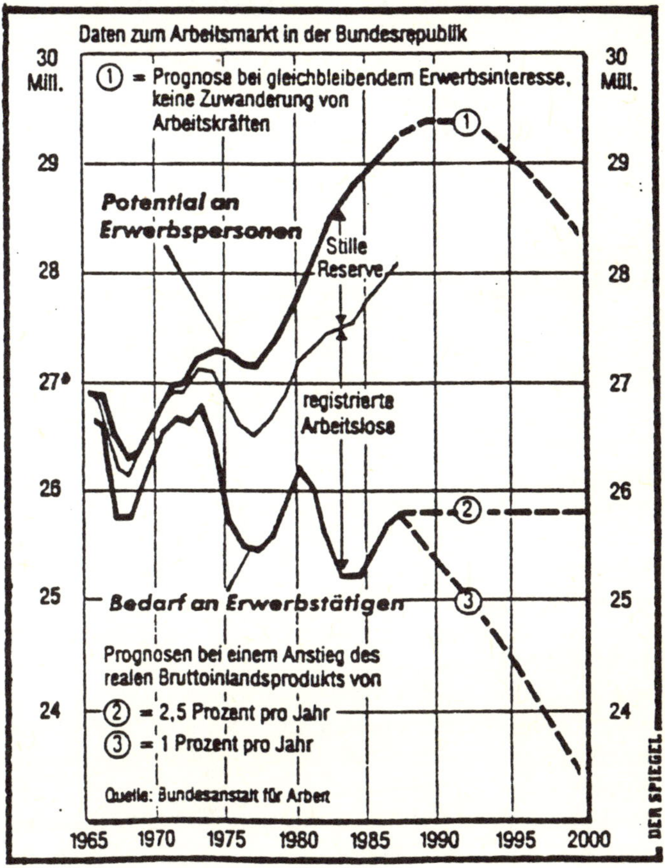

Die Hoffnung daß sich das Problem der Arbeitslosigkeit in der Bundesrepublik durch die Abnahme der deutschen Bevölkerung von selbst erledigt, trügt. In einer internen Analyse hat das Institut für Arbeitsmarkt- und Berufsforschung – ein Ableger der Nürnberger Bundesanstalt für Arbeit – auf der Basis des Jahres 1987 hochgerechnet, wie sich bis zum Jahr 2000 Angebot und Nachfrage auf dem Arbeitsmarkt entwickeln werden. Die unerfreuliche Bilanz: Pendelt sich das Wirtschaftswachstum, was wahrscheinlich ist, mittelfristig auf nur noch ein Prozent ein, dann übersteigt das Arbeitskräfte-Angebot bis zum Jahr 2000 die Nachfrage um vier bis fünf Millionen. Verharrt die sogenannte stille Reserve – vorzeitige Ruheständler und Bundesbürger, die wegen geringer Aussichten gar nicht erst nach einem Job suchen – auf dem derzeitigen Stand von einer Million, so bleiben in den nächsten 20 Jahren über drei Millionen Bundesdeutsche arbeitslos.

Wenn wir die beiden gestrichelten Linien mit den erwarteten Bedarfszahlen zu bewerten versuchen, dann dürfte jedermann klar sein, daß die waagerechte Linie (2) völlig unrealistisch ist. Sie dient offensichtlich nur dazu, einen Hauch von Optimismus zu verbreiten, ist es doch völlig irreal, bis zum Ende des Jahrhunderts durchgängig mit einem realen Wirtschaftswachstum von jährlich 2,5 Prozent zu rechnen. Realistischer schiene wohl die Fortschreibung der Sägezahnkurve der letzten zwanzig Jahre. Dies würde für das Jahr 2000 einen mittleren Endwert von 24,0 bis 24,5 Millionen ergeben. Der Abstand zwischen Angebot und Nachfrage auf dem Arbeitsmarkt dürfte also für den Rest des Jahrhunderts dieser Prognose zufolge zwischen vier und fünf Millionen liegen.

Angesichts dieser Zahlen sind die Ergebnisse der Tarifverhandlungen der vergangenen Jahre in ihren Auswirkungen auf den Arbeitsmarkt nichts weiter als ein Tropfen auf den heißen Stein. Dabei zählt der oben kritisierte Metallvertrag noch zu den besten, besiegelte er doch eine Entwicklung, die in der Metallindustrie für die zweite Hälfte der achtziger Jahre eine durchschnittliche wöchentliche Arbeitszeitverkürzung von rund einer halben Stunde pro Jahr mit sich brachte. Das ist weit mehr als in jedem anderen großen Tarifbereich der Bundesrepublik.

Wie ist es möglich, daß die Arbeitszeitverkürzung bei uns seit Jahren so sehr zu kurz kommt?

Wenn wir die Geschichte der Tarifabschlüsse in der Wirtschaft der meisten Industrieländer zurückverfolgen, so können wir beobachten, daß fast überall im langjährigen Durchschnitt der jeweils ausgehandelte „Kuchen“ zur Hälfte als Arbeitszeitverkürzung verwendet wurde, während die verbleibende Hälfte den Lohn erhöhte, sich also in Geld verwandelte. Diese Entwicklung fand ihr Ende, als das Jahrhundertziel der Arbeiterbewegung, die 5-Tage-Woche mit dem 8-Stunden-Tag, erreicht war. Jahrzehntelang hatten die Vertreter der Arbeiterbewegung für das Fernziel des zweitägigen Wochenendes und der goldenen Dreiteilung des Tages – 8 Stunden Arbeit, 8 Stunden Nichtarbeit und 8 Stunden Schlafen – gekämpft. Abgesehen von der schrittweisen Verlängerung des Jahresurlaubs blieb gewissermaßen als Ewigkeitsziel anschließend nur noch die Forderung nach weiteren Lohnerhöhungen übrig. Die Urlaubsverlängerung als Sonderform der Arbeitszeitverkürzung schlug prozentual nicht allzu stark zu Buche, so daß sich bei der Verteilung des „Kuchens“ das Verhältnis von Arbeitszeitverkürzung zu Lohnerhöhung von rund 50 zu 50 auf 5 bzw. 10 zu 95 bzw. 90 veränderte. Im langjährigen Durchschnitt wurden also nur noch 5 bis 10% des „Kuchens“ als Arbeitszeitverkürzung ausgewiesen, alles andere wurde zu mehr Lohn.

Diese dramatische Veränderung des Forderungsbündels der Gewerkschaften ist zum einen darauf zurückzuführen, daß das Jahrhundertziel gewerkschaftlicher Forderungen in Sachen Arbeitszeit erreicht war. Der andere, möglicherweise noch wichtigere Grund, liegt in der Tatsache, daß sich im Laufe der vergangenen Jahrzehnte die Schere zwischen Brutto- und Nettolohn immer weiter öffnete. Durch die Lohnsteuerprogression und die wachsenden Sozialabgaben blieb von den ausgehandelten Lohnerhöhungen immer weniger als Nettolohn übrig, von Reallohnerhöhungen ganz zu schweigen. Während in den fünfziger und frühen sechziger Jahren noch über 50 Prozent einer Bruttolohnerhöhung als Mehr an Kaufkraft übrigblieben, schrumpfte dieser Prozentsatz in den vergangenen zehn Jahren auf weniger als 6 Prozent. Die lohnabhängige Erwerbsarbeit wurde zum großen gesellschaftlichen Lastesel. Dieses geduldige Vieh schleppt einen wachsenden Anteil des gesamten Steueraufkommens. Von rund zehn Prozent im Jahr 1961 bis auf 33% im Jahr 1983 hat sich dieser Anteil in 22 Jahren mehr als verdreifacht. Darüber hinaus erwartet die Gesellschaft, daß das gesamte Sozialsystem mit seinen dramatisch gestiegenen Kosten im wesentlichen durch lohnbezogene Abgaben finanziert wird.

Bei dieser unaufhörlich wachsenden Abgabenlast muß eine Bruttolohnerhöhung ganz schön erklecklich sein, wenn sie zu nennenswerten Reallohnverbesserungen führen soll. Das läßt natürlich wenig Spielraum für Arbeitszeitverkürzungen, es sei denn, die Arbeitnehmer wären wirklich zu Solidaropfern bereit – oder die Regierung würde mitspielen und die lohnbezogenen Abgaben verringern.

Das Verhältnis zwischen Netto- und Bruttolohn einerseits und Löhnen und Personalkosten andererseits ist aber noch in anderer Hinsicht bedeutsam und bedarf der gesonderten Behandlung.

Lohnarbeit als Lastesel

Über die abgabenpolitische Diskriminierung der Erwerbsarbeit

Der saarländische Ministerpräsident *Oskar Lafontaine* hat im Frühjahr 1988 für heiße Diskussionen gesorgt, als er Arbeitszeitverkürzungen ohne Lohnausgleich zumindest für die oberen Einkommensgruppen vorschlug. Bedeutsam war bei seiner Ankündigung, daß er seinen Vorschlag als Ministerpräsident des hoch verschuldeten Saarlands machte. Er wies darauf hin, daß durch die hohe Verschuldung die Möglichkeit der öffentlichen Arbeitgeber, durch Neueinstellungen einen Beitrag zur Senkung der Arbeitslosigkeit zu leisten, praktisch gleich Null ist. Sie seien vielmehr gezwungen, die Kosten für etwaige tarifliche Lohn- und Gehaltserhöhungen durch die Streichung von Planstellen aufzufangen. Niemand, der die finanzielle Lage der öffentlichen Hand, vor allem von Bund und Ländern, aber auch vieler Kommunen kennt, wird dem ernstlich widersprechen können. Auf die Probleme der Schuldenkrise soll allerdings an anderer Stelle eingegangen werden[1].

An der Diskussion um die Vorschläge von Lafontaine scheint auch weniger der Ausgangspunkt, nämlich die Schuldenlast der öffentlichen Hand, problematisch zu sein. Strittig ist eher die allzu sehr vereinfachte Frage des Lohnausgleichs.

Wer diesen Fragen nachzugehen versucht, dem fällt zunächst einmal eine Begriffsverwirrung auf, die die Diskussion erheblich erschwert. Wenn sich beispielsweise ein Arbeitgebersprecher öffentlich darüber beklagt, daß in der Bundesrepublik die Löhne zu hoch seien, so meint er dabei die Personalkosten. Und wenn sich in einer solchen Diskussion ein Gewerkschaftsvertreter zur Wehr setzt und behauptet, die Löhne seien nicht

[1] vgl. Kapitel „Geld und Zins"

zu hoch, so meint dieser die Nettolöhne. Kein Wunder, daß sich die beiden nicht einigen können, klaffen doch die Personalkosten und die Nettolöhne weit auseinander.

Nach den neuesten Zahlen des Statistischen Bundesamts in Wiesbaden (Stand Ende '87) machen die durchschnittlichen Lohnnebenkosten rund 83 Prozent des Bruttolohns aus. Sie setzen sich wie folgt zusammen: Arbeitgeberanteile zur Sozialversicherung 22,4 Prozent, bezahlte Feiertage u. ä. 5,3 Prozent, Lohnfortzahlung 5,3 Prozent, Unfallversicherung, Mutterschutz u. a. 2,7 Prozent, Urlaubsvergütung und Urlaubsgeld 20,6 Prozent, Gratifikationen und 13. Gehalt 9,8 Prozent, betriebliche Altersversorgung 9,3 Prozent, Vermögensbildung 1,5 Prozent, sonstige Zusatzkosten 6,2 Prozent.

Diese Zahlen werden bestätigt und ergänzt durch eine Veröffentlichung im „Handelsblatt" vom 19. 4. 88, wonach die durchschnittlichen Arbeitskosten in der Bundesrepublik mit DM 32,67 pro Stunde die zweithöchsten der Welt sind (nach der Schweiz).

Dazu ist allerdings einschränkend zu bemerken, daß diese Zahl natürlich auf den aktuellen Wechselkursen basiert, die, wie wir alle wissen, ein Spielball der internationalen Spekulation sind und eher von den Zinsen abhängen als von der Kaufkraft und der Wirtschaftsleistung der betreffenden Länder.

Bezeichnend ist, um auf die Stundenlöhne zurückzukommen, daß die direkten Kosten (also der Bruttolohn) mit DM 17,70 irgendwo im Mittelfeld liegen, während die Nebenkosten mit DM 14,97 einsame Spitze sind. Demselben Bericht zufolge haben einige Regierungen, z. B. in Belgien und Holland, begriffen, wie problematisch überproportionale Personalnebenkosten sind, und begonnen, sie systematisch zu senken. Diese Einsicht scheint aber noch nicht sehr weit verbreitet zu sein. Jedenfalls hört man in der Bundesrepublik nicht viel davon. Im Gegenteil. Die im Juni 1988 veröffentlichten Pläne der Bundesminister Blüm und Stoltenberg sehen vor, ab 1989 die Beiträge zur Renten- und Arbeitslosenversicherung zu erhöhen und damit das hier angesprochene Problem weiter zu verschärfen.

Die Lohnnebenkosten werden dem Bruttolohn zugeschlagen und ergeben zusammen die Personalkosten. Letztere betragen der obigen Rechnung zufolge rund 183 Prozent des Bruttolohns. Der durchschnittliche Nettolohn liegt zwischen 60 und 80 Prozent des Bruttolohns, so daß sich Nettolohn zu Personalkosten grob gesagt wie 1 zu 3 verhalten. In der beschriebenen Diskussion zwischen je einem Vertreter der Arbeitgeber und der Gewerkschaften könnte ein Schlichter leicht einen Konsens zwischen beiden herbeiführen mit der Feststellung, daß ohne Zweifel die Personalkosten zu hoch seien, daß aber ebenso zweifellos die Nettolöhne zumindest in den unteren Einkommensgruppen nicht zu hoch, sondern eher zu niedrig seien. Hier liegt unser Dilemma.

Die unaufhörlich wachsende Bürde, bestehend aus Lohnsteuer und Sozialabgaben, die der lohnabhängigen Erwerbsarbeit aufgeladen wird, ist allmählich zu schwer geworden. Sie führt zu einer unbeabsichtigten, aber unvermeidlichen Diskriminierung dieser Form der Erwerbsarbeit und beeinträchtigt ihre Wettbewerbsfähigkeit in zweierlei Hinsicht.

In arbeitsintensiven Beschäftigungsbereichen, etwa bei einem Malermeister, unterliegt die lohnabhängige Erwerbsarbeit im Wettbewerb zunehmend der sogenannten Schattenwirtschaft. Die Schattenwirtschaft zählt zum informellen, dem quartären Sektor und umfaßt Eigenarbeit, Nachbarschafts- und Freundschaftshilfe, also Tätigkeiten, die im wesentlichen unentgeltlich sind oder lediglich verbunden mit einer moralischen Verpflichtung zur Gegenleistung. Zur Schattenwirtschaft zählt aber auch die Schwarzarbeit, die bei geringem Umfang gesellschaftlich durchaus vertretbar ist, bei wachsendem Volumen die Grenze zur Kriminalität überschreitet. All diese Arbeit, ob in Naturalien, durch Gegenleistung oder mit Geld vergütet, leistet keinerlei Beiträge, weder in Form von Lohnsteuern noch als Sozialabgaben irgendwelcher Art. Sie sind deshalb für den, der sie in Anspruch nimmt, entscheidend preiswerter als vergleichbare Leistungen der Erwerbswirtschaft.

Bei den massiven Versuchen der Interessengruppen, die Schattenwirtschaft und vor allem die Schwarzarbeit zu kriminalisieren, wird häufig vergessen, daß dies Versuche am verlorenen Objekt sind, solange das sogenannte Tauschverhältnis sich Jahr für Jahr zu Lasten der Erwerbsarbeit verschlechtert.

Wenn ein qualifizierter Handwerker beispielsweise brutto 18 DM verdient, so bleibt ihm netto vielleicht ein Stundenlohn von 12 DM. Sein Arbeitgeber ist aber gezwungen, einschließlich der Lohnnebenkosten, der Gemeinkosten und eines Gewinnzuschlags seinem Kunden einen Stundensatz zu verrechnen, der je nach Struktur des Betriebs trotz der grundsätzlichen Arbeitsintensität zwischen 40 und 60 DM liegt. Wenn also ein vergleichbar qualifizierter und verdienender Bekannter die Dienste dieses Handwerkers in Anspruch nehmen möchte, so muß er, sofern er als anständiger Bürger den offiziellen Weg über dessen Arbeitgeber gehen will, selbst die vier- und mehrfache Stundenzahl arbeiten, um diese Dienstleistung bezahlen zu können. Das Tauschverhältnis, das sich bei dieser Geschäftsbeziehung ergibt, errechnet sich aus dem Verhältnis zwischen dem Nettolohn, im Beispiel 12 DM, und dem durch den Arbeitgeber verrechneten Stundensatz von beispielsweise 48 DM. Das ergibt für unser Beispiel eine Relation von 1 zu 4.

Die moralischen Appelle und die Versuche der Kriminalisierung führen zu nichts und vermögen den Durchschnittsbürger nicht zu überzeugen. Er vermag nicht einzusehen, wieso er vier Stunden lang arbeiten soll, um einen Menschen von vergleichbarer Qualifikation eine Stunde lang in Dienst nehmen zu können. Das Tauschverhältnis ist so widersinnig geworden, daß es kaum mehr zumutbar ist, sich ihm zu unterwerfen, ohne wenigstens den Versuch zu machen, es auf dem Weg der Schwarzarbeit drastisch zu verbessern. Für den Schwarzarbeiter ist eben Nettolohn = Bruttolohn = Personalkosten. Im arbeitsintensiven Bereich ist er deshalb im Vergleich zur lohnabhängigen Erwerbsarbeit, die brav ihre Steuern und Abgaben zahlt, kostenmäßig gewaltig im Vorteil.

Die Problematik des Tauschverhältnisses scheint den davon am meisten betroffenen Unternehmen mit arbeitsintensiven Klein- und Mittelbetrieben kaum vertraut zu sein, wie meine Vortragsarbeit immer wieder erkennen läßt. Sie lassen sich von den christliberalen Regierungsparteien immer noch Sand in die Augen streuen. Dabei sind sich die Politiker über die Problematik längst im klaren. So geht die schon im November 1983 von der Landesregierung in Baden-Würtemberg vorgelegte Studie

„Zukunftsperspektiven gesellschaftlicher Entwicklungen" ausführlich auf diese Probleme ein und stellt schlicht fest: „Wenn etwa ein Facharbeiter inzwischen für die Dienste eines anderen offiziell das vier- bis sechsfache seines eigenen Nettostundenlohnes zahlen muß, dürfte dies ein fühlbarer Anreiz zur Substitution durch Eigenfertigung oder Schwarzarbeit sein." Wer möchte das bezweifeln?

Das sich ständig verschlechternde Tauschverhältnis stellt aber nur die eine Seite unseres Problems dar. Wie erwähnt, schadet es vor allem dem arbeitsintensiven Gewerbe und führt, wie die Regierung des Musterländles ehrlicherweise einräumt, zur Substitution der Erwerbsarbeit durch eine Arbeit, die in der Schattenwirtschaft angesiedelt ist.

Das Mißverhaltnis zwischen Nettolohn und Personalkosten führt aber auch zu Wettbewerbsverzerrungen und zur Benachteiligung der lohnabhängigen Erwerbsarbeit im kapitalintensiven Gewerbe. Ein Unternehmer, der im Konkurrenzkampf abwägen muß, ob er menschliche Arbeit durch Kapital, sprich Maschinen, substituieren soll, legt seiner Kalkulation natürlich nicht den Nettolohn seiner Mitarbeiter zugrunde, sondern die gesamten Personalkosten, die, wie oben ausgeführt, etwa das Dreifache des Nettolohns betragen. Wenn er also die Lohn- und Kapitalstückkosten eines neuen (kapitalintensiveren, also arbeitskräftesparenden) Fertigungsverfahrens kalkuliert und mit beiden Faktoren eines herkömmlichen, arbeitsintensiveren Fertigungsverfahrens vergleicht, so geht die Rechnung sehr viel eher zum Nachteil der menschlichen Arbeit aus, als wenn die Personalkosten im Verhältnis zum Nettolohn wesentlich geringer wären.

Die Kluft zwischen Nettolohn und Personalkosten führt also zu einer massiven Diskriminierung der lohnabhängigen Erwerbsarbeit in allen Beschäftigungsbereichen. Im arbeitsintensiven Gewerbe unterliegt die Lohnarbeit im Wettbewerb der Schattenwirtschaft, und im kapitalintensiven Bereich, vereinfacht ausgedrückt, der Maschine. Sowohl der Schwarzarbeiter wie auch das kapitalintensive Fertigungsverfahren zahlen im Gegensatz zur Lohnarbeit weder Lohnsteuern, noch leisten sie irgendwelche Beiträge zur Finanzierung unseres Sozialsystems.

Durch diese kalkulatorischen Vorteile nagen sie von beiden Flanken an der Lohnarbeit.

Alle Bemühungen um Verringerung der Arbeitslosigkeit können nicht darauf verzichten, diesen Problemkreis einzubeziehen. Sie müssen darauf abzielen, die Lohnarbeit von Steuern und Abgaben zu entlasten und die dadurch entstehenden Finanzierungslücken auf andere Weise zu schließen. Jedenfalls dürfen die Wettbewerbsnachteile der Lohnarbeit gegenüber der Schattenwirtschaft und der „Maschine" nicht weiter wachsen. Dieses Wachstum muß gebremst und umgekehrt werden.

Ein anderer Gesichtspunkt, der bei der Diskussion dieser Fragen beachtet werden sollte, liegt in der Tatsache, daß die durch Lohnsteuern und Sozialabgaben überhöhten Arbeitskosten zwangsläufig auch die Wegwerfgesellschaft fördern. Bei Stundensätzen von vierzig bis hundert Mark lohnt sich leider in allzu vielen Fällen die Reparatur von irgendwelchen Geräten, aber auch von Baugruppen in größeren technischen Systemen wie eines PKWs kaum noch, weshalb diese durch neue ersetzt werden müssen und auf den Müllhalden landen. Geringere Arbeitskosten und entsprechend höhere Materialkosten würden den kalkulatorischen Schnittpunkt zugunsten der Arbeitskosten verschieben, was mehr Beschäftigung und weniger Abfall zur Folge hätte.

Unsere falsche Abgabenpolitik fördert aber nicht nur die Wegwerfgesellschaft, sie schafft auch falsche Prioritäten bei den Bestrebungen zur Rationalisierung menschlicher Arbeit. Angesichts der enormen Personalkosten (nicht der zu hohen Nettolöhne) wird völlig undifferenziert in allen Beschäftigungsbereichen die Rationalisierung vorangetrieben mit dem Ziel, den Menschen durch mechanische Systeme zu ersetzen. Beim Versuch, die menschliche Arbeit zu mechanisieren, sollten aber wenigstens vier große Bereiche unterschieden werden:

Mechanisierungsziel
0% 100%

mechanische Güterproduktion
Erzeugung pflanzlicher Produkte
Erzeugung tierischer Produkte
Umgang mit dem Menschen

Ob die Schreibmaschine, mit der ich arbeite, während des Produktionsprozesses je von menschlicher Hand berührt wurde, ist mir letztlich gleichgültig. Hauptsache ist, sie funktioniert. Dasselbe gilt für andere Gebrauchsgüter, wobei ich allerdings Wert auf Wahlmöglichkeiten lege, bei höheren Qualifikationsansprüchen auf Erzeugnisse des Kunsthandwerks zurückgreifen zu können.

Ob aber die Landwirtschaft bei der Erzeugung pflanzlicher Produkte völlig mechanisiert und automatisiert wird, wirft andere Fragen auf. Nicht nur, daß dies den Einsatz massiver chemischer Keulen voraussetzt. Es geht um mehr. Versuche in Großbritannien und den USA haben ergeben, daß die Art des Umgangs mit Pflanzen einen Einfluß auf die Ernte, und zwar sowohl auf deren Quantität als auch auf deren Qualität hat. Man spricht von dem rational kaum erklärbaren „TLC-Faktor", wobei „TLC" für „Tender Loving Care" steht. Aber selbst wenn wir uns nicht in esoterische Grenzbereiche vorwagen, so beweist schon unser täglich Brot, daß die arbeitsintensive handwerkliche Erzeugung eine andere Qualität liefert als die fabrikmäßige, und zwar ganz einfach deshalb, weil die eine das Brot täglich frisch auf den Tisch bringt, während die andere auf die chemische Keule nicht verzichten kann, um Schimmel und Verderb zu verhindern.

Noch augenfälliger wird das Problem beim Umgang mit Tieren. Tiere sind eben keine leblosen Dinge wie etwa ein Autoreifen. Jedermann, der nicht völlig abgestumpft ist, wird einräumen müssen, daß die von uns praktizierte Massentierhaltung von Hühnern, Schweinen und Rindern nicht nur eine Kulturschande ist, sondern auch minderwertige Qualität liefert. Der Hormonskandal in der Kälberzucht vom Sommer 1988 ist eben nicht die Ausgeburt krimineller Aktivitäten, sondern eine logische Konsequenz der Industrialisierung der Landwirtschaft. Massentierhaltung ist eben ohne den massiven Einsatz der verschiedensten Pharmazeutika nicht möglich. Daß unser Wohlstand keine artgerechte Tierhaltung gestatten soll, ist keine überzeugende Behauptung. Sie läßt sich nur begründen bei rein quantitativem Denken, das qualitativen und ethischen Überlegungen keinen Raum läßt.

Unser undifferenziertes Mechanisierungsstreben erreicht aberwitzige Dimensionen beim Umgang mit dem Menschen, etwa wenn Hersteller von Robotern mit großem Aufwand an der Entwicklung von Dienstleistungsrobotern zum Einsatz in Krankenhäusern arbeiten. Presseberichten zufolge scheint der Amerikaner Engelberger dabei am erfolgreichsten zu sein, dessen „Helpmate“ nach dem Motto „stets zu Diensten“ künftig Krankenhauspatienten das Essen bringen soll.

Wir brauchen aber nicht einmal so hoch anzusetzen, und etwa die fehlende Zeit für die menschengerechte Betreuung durch Gespräch und menschliche Zuwendung im Krankenhaus zu beklagen. Das Problem ist schon im Alltag von jedermann zu beobachten. Wer beispielsweise in einer fremden Stadt die öffentlichen Verkehrsmittel benutzen will, kommt sich nicht selten vor wie auf einem fremden Stern, weil ihm niemand behilflich ist, das richtige Verkehrsmittel und den richtigen Fahrpreis herauszufinden. Alles ist automatisiert. Wo früher ein vielleicht grantiger, aber immerhin ansprechbarer Schaffner Auskunft und Fahrschein lieferte, steht heute ein Automat zu Diensten.

Zusammen mit meiner Frau habe ich vor Jahren einmal auf Kreta Urlaub gemacht. Wir sind dabei auch öfters mit dem Bus gefahren. Neben dem Fahrer war in jedem Bus ein Schaffner, der die Fahrkarten verkaufte. Und auf jeder zweiten Fahrt tauchte noch ein Kontrolleur auf, so daß im Durchschnitt etwa 2,5 Personen pro Bus eingesetzt und beschäftigt waren. Bei uns ist es nur einer, und wir sind vermutlich noch stolz darauf. Jedenfalls können wir uns als reiches Land keinen zweiten leisten – dafür aber mehrere Millionen Arbeitslose.

Irgend etwas stimmt nicht in unserem System. Ein wesentlicher Fehler liegt sicherlich in der abgabenpolitischen Diskriminierung der lohnabhängigen Erwerbsarbeit, die jede arbeitsintensive Beschäftigung maßlos überteuert und deshalb unter dem Kostendruck immer weiter schrumpfen läßt.

Angesichts all dieser Fragen scheint die immer wieder aufflackernde Diskussion um die Einführung eines garantierten Grundeinkommens für jedermann als verfrüht. Sie mutet an wie eine Flucht in die Illusion. Wie soll das Grundeinkommen denn finanziert werden? Durch noch größere Lasten für die Lohnarbeit? Soll der Anteil der Personalkosten, der als verfügbares Nettoeinkommen dem Lohnempfänger zur Verfügung steht, noch weiter gesenkt werden?

Wir haben heute eine Situation, in der der Lohnabhängige rund ein Drittel der durch ihn verursachten Personalkosten als verfügbares Einkommen ausbezahlt erhält. Diesem armen Schlucker soll nach dem Willen der Befürworter des garantierten Grundeinkommens der Erwerbslose zur Seite stehen, der ein annähernd gleiches Einkommen brutto für netto bezieht. Wo soll dann noch die Motivation für die mühselige Suche nach einem Arbeitsplatz herkommen, und wie soll reaktionären Bürgern und Politikern gegenüber argumentiert werden, die lauthals beklagen, daß die Sozialhilfe für kinderreiche Familien heute schon an das Einkommen der unteren Tarifgruppen heranreicht oder dieses übersteigt?

Wir müßten eigentlich begeifen, daß ein so gegensätzliches Nebeneinander unerträglich ist, daß es hier der Übergänge bedarf. Meiner Überzeugung nach kann sich nur glaubwürdig für ein garantiertes Grundeinkommen einsetzen, wer sich zuvor für einen massiven Abbau der lohnbezogenen Abgaben verwendet hat. Beides würde den radikalen Umbau unseres Steuersystems und der Finanzierungsformen für unser Sozialsystem voraussetzen, weil der Schwerpunkt der Erhebung von Abgaben aus dem Einkommen hin zur höheren und natürlich auch differenzierten Belastung des Verbrauchs verlagert werden müßte. Einer nach sozialen Gesichtspunkten differenzierten Belastung des Einkommens muß eine soziale und umweltpolitische Differenzierung der Verbrauchssteuern zur Seite treten. Es ist beispielsweise nicht einzusehen, daß auf einem umweltfreundlichen Produkt dieselbe Mehrwertsteuer liegt wie auf einem umweltbelastenden Produkt. So ließe sich der Umstieg von Einwegverpackung auf mehrfach benutzbare Verpakkung ganz einfach über massive Differenzierung der Besteuerung erzwingen. In gleicher Weise ist nicht einzusehen, weshalb ein dicker Daimler oder BMW mit demselben Mehrwertsteuersatz verkauft wird wie ein Fahrrad. Dies ist umso widersinniger, als der Käufer eines solchen Wagens in aller Regel als Gewerbetreibender bei der Bezahlung der Mehrwertsteuer seine Vorsteuer abziehen kann, wodurch sich der effektive Steuersatz dramatisch verringert.

Eine solche Politik der Verlagerung der Lasten vom Einkommen hin zum Verbrauch ließe sich ohne große Schwierigkeiten schrittweise, also auf politisch vorstellbarem Weg, vollziehen. Das garantierte Grundeinkommen dagegen setzt, wenn es mit der Entlastung des Lohneinkommens verbunden wird, eine so radikale Wende in der Steuer- und Abgabenpolitik voraus, daß dafür in der überschaubaren Zukunft nicht der Schatten einer Realisierungsmöglichkeit zu sehen ist.

Aber selbst wenn große Reformen unmöglich erscheinen, so sollten doch Korrekturen möglich sein. Damit kommen wir zurück auf die Diskusssion der Vorschläge von Lafontaine. Wenn die öffentlichen Arbeitgeber kein Geld haben, Arbeitszeitverkürzungen und die dadurch erforderlich werdenden Neueinstellungen zu finanzieren und gleichzeitig Einkommensverbesserungen zu gewähren, so scheint es doch eine vertretbare Forderung der Arbeitnehmer zu sein, wenigstens in den unteren Einkommensgruppen den Reallohn zu sichern oder gar anzuheben. Nach überkommener Denkweise bedeutet aber Reallohnsicherung die Anhebung des Bruttoeinkommens, was für die Arbeitgeber eine Kostensteigerung mit sich brächte. Die Reallöhne können aber bei gleichbleibendem Bruttoeinkommen gesichert oder gar erhöht werden durch Senkung der lohnbezogenen Abgaben. Dadurch würde die Kluft zwischen Netto- bzw. Bruttolohn einerseits und Personalkosten andererseits verringert.

Die Frage beschäftigungswirksamer Arbeitszeitverkürzungen und die Sicherung des Lebensstandards zumindest für die unteren Einkommensgruppen kann wohl nur auf dem Wege einer konzertierten Aktion zwischen Regierung und Tarifpartnern beantwortet werden. Ernsthafte Arbeitszeitverkürzungen würden dann zur Durchsetzbarkeit nicht den vollen Bruttolohnausgleich voraussetzen, weil die Regierung durch Senkung der lohnbezogenen Abgaben für einen Netto- bzw. Reallohnausgleich sorgen würde. Isolierte Schritte der einen oder anderen Seite bedeuten nichts anderes als Flickwerk, das allenfalls der Arbeitsplatzsicherung dient, den Arbeitslosen aber keine Hoffnung bietet.

Für die Senkung der lohnbezogenen Abgaben würde sich als erstes eine Änderung der Finanzierung der Arbeitslosenversicherung anbieten. Dies ist schon deshalb überlegenswert, weil die ursprüngliche Vorstellung von der Solidargemeinschaft der Lohnabhängigen, die gemeinsam die Arbeitslosenversicherung finanzieren, um bei Arbeitslosigkeit finanziell abgesichert zu sein, der Wirklichkeit unserer Zeit nicht mehr gerecht wird. Die Finanzierung des Lebensunterhalts der Arbeitslosen durch die Solidargemeinschaft aller Lohnabhängigen ist nämlich moralisch nur so lange gerechtfertigt, wie Arbeitslosigkeit eine Ausnahmeerscheinung darstellt, die zeitlich kurz befristet ist, also nur bei saisonalen oder konjunkturellen Tälern auftritt oder eine unvermeidliche Lücke zwischen zwei Anstellungen darstellt. Die anhaltende Arbeitslosigkeit einer wachsenden Minderheit einer Gesellschaft stellt aber ein ganz anderes Phänomen dar, das letztlich von der ganzen Gesellschaft zu verantworten ist. Die einseitige Inanspruchnahme der Solidargemeinschaft der Lohnabhängigen ist nicht länger zu rechtfertigen. Ein Beispiel mag das verdeutlichen.

In der Abwägung von Lohn- und Kapitalstückkosten kommt ein Unternehmen zur Entscheidung, Zug um Zug die menschliche Arbeit in der Produktion durch computergesteuerte Fertigungsstraßen zu ersetzen. Als Folge davon wird die Zahl der Beschäftigten schleichend und unauffällig und/oder durch Massenentlassungen verringert. Dadurch sinken die Personalkosten und in entsprechendem Umfang auch die Beiträge zur Arbeitslosenversicherung, weil diese bekanntlich auf der Basis des Bruttolohns berechnet werden und als Arbeitgeber- und Arbeitnehmeranteil in die Personalkosten eingehen. Vom Standpunkt der Arbeitslosenversicherung aus betrachtet, wird dieses Unternehmen für die Entlassungen durch geringere Beitragszahlungen belohnt. Würde gar irgendwann das „Idealziel“ der menschenleeren Produktionsstätte erreicht, so flösse von der darin erwirtschafteten Wertschöpfung schließlich kein Pfennig mehr in die Finanzierung der Arbeitslosenversicherung.

Umgekehrt wird ein Unternehmen dafür bestraft, wenn es an arbeitsintensiven Verfahren festhält und eine gleichbleibende oder gar wachsende Zahl von Mitarbeitern beschäftigt. Die Personalkosten wachsen, nicht nur weil die Tariflöhne steigen, sondern weil tendenziell auch die Beiträge zur Arbeitslosenversicherung wachsen, so daß aus diesem Unternehmen eine ständig größer werdende Beitragssumme an die Arbeitslosenversicherung abgeführt werden muß.

Die bisher praktizierte Form der Finanzierung der Arbeitslosenversicherung trägt nicht zur Reduzierung der Arbeitslosigkeit bei, im Gegenteil. Sie liefert einen Anreiz dafür, sie zu erhöhen. Ob ein solch kontraproduktives Finanzierungssystem auf Dauer beibehalten werden kann, scheint zumindest fragwürdig zu sein.

Denkbar wäre eine Mischform der Finanzierung. Dabei könnte der Arbeitnehmerbeitrag zur Arbeitslosenversicherung in der bisherigen Form, das heißt als Lohnabzug, beibehalten werden, während der Arbeitgeberbeitrag nicht länger aus dem Bruttolohn wie bisher berechnet wird, sondern aus der gesamten Wertschöpfung des Unternehmens bzw. aus der vergleichbaren Größe im nicht-kommerziellen Bereich. Aus der Wertschöpfung als Berechnungsgrundlage dürfte aber der Export nicht herausgerechnet werden, wie dies bei der Mehrwertsteuer der Fall ist, weil natürlich auch die Exportwirtschaft Nutznießer des Sozialsystems ist.

Da der Anteil der Personalkosten an der gesamten Wertschöpfung in einem arbeitsintensiven Betrieb, etwa bei einem Malermeister, wesentlich höher ist als in einem kapitalintensiven Unternehmen, etwa in der Petrochemie, würde die Verschiebung des Bezugspunkts für den Arbeitgeberanteil zur Arbeitslosenversicherung vom Bruttolohn zur Wertschöpfung den Malermeister entlasten und den Petrochemiker stärker belasten, wie die folgende Modellrechnung beweist:

Anstelle eines Arbeitgeberanteils von angenommen 3% aus der Lohnsumme sollen 2% aus der Wertschöpfung abgeführt werden. Liegt beim arbeitsintensiven Betrieb der Lohnanteil an der Wertschöpfung bei 80%, so ergibt sich nach dem heutigen System ein Beitrag von 3% aus 80% = 2,4% der Wertschöpfung.

Beim kapitalintensiven Betrieb mit einem Lohnanteil von beispielsweise 60% ergäbe sich ein Beitrag von 1,8%. Die vorgeschlagene Änderung auf 2% direkt aus der Wertschöpfung würde eine Entlastung von 0,4% für den arbeitsintensiven Betrieb bedeuten und eine zusätzliche Belastung von 0,2% für den kapitalintensiven.

Der andere Sektor, auf dem Korrekturarbeit zu leisten wäre, ist die Besteuerung von Lohn und Gehalt. Dabei müßte allerdings zunächst einmal die Fehlentwicklung der Steuerreform von 1988 rückgängig gemacht werden. Man stelle sich die nackten Zahlen einmal vor:

Der Anteil des Einkommens aus unselbständiger Arbeit am gesamten Nettoeinkommen in der Bundesrepublik ist von 67,3 im Jahr 1981 auf 56,9% im Jahr 1987 gesunken. Die Differenz zu 100%, also 32,7% im Jahr 1981 und 43,1% im Jahr 1987, bildet das Einkommen aus Unternehmertätigkeit und Vermögen. Aus diesen Zahlen wäre der Logik nach zu folgern, daß im gleichen Zeitraum die steuerliche Belastung der Unselbständigen gesunken, die der Selbständigen gestiegen sei. Weit gefehlt. Die Lohnsteuersumme wuchs von 117 Mrd. DM auf 171 Mrd., während die Einkommensteuer von 31 Mrd. auf 29 Mrd. zurückging.[2] Ein Kommentar erübrigt sich.

Wenn wir vermeiden wollen, daß sich die Situation des Lohnabhängigen bzw. der lohnabhängigen Erwerbstätigkeit weiter verschlechtert und noch mehr Menschen in die Arbeitslosigkeit getrieben werden, hätten wir einige Korrekturarbeit zu leisten an den Relationen zwischen Netto- und Bruttolöhnen und zwischen Löhnen und Personalkosten. Sind wir der Herausforderung gewachsen?

[2] Quelle: DER SPIEGEL

Wir schlucken jede Kröte

Über das Anwachsen unmenschlicher Arbeitszeiten

Mitte April 1988 berichteten die bundesdeutschen Medien, der Betriebsrat der IBM in Sindelfingen habe mit großer Mehrheit der Einführung der Sonntagsarbeit für 400 Mitarbeiter eines Werks zugestimmt, in dem besonders hoch integrierte Mikrochips hergestellt werden. Dieser Beschluß markiert das Ende einer heißen Diskussion, die schon vor zwei Jahren begonnen hatte, als Siemens für ein ähnliches Werk in Regensburg die Genehmigung für Sonntagsarbeit beantragte und auch erhielt.

Beide Fälle erinnern in bedrückender Weise an die Geschichte von den beiden Landstreichern, die auf regennasser Straße eine Kröte über die Straße hüpfen sehen. Der eine fragte den anderen, was er ihm zahle, wenn er sie auffräße. Der andere bot ihm fünf Mark. Fünf Mark sind eine Menge Geld, dachte der eine, aber eine Kröte ist eine Kröte. Und doch überwand er Ekel und Brechreiz und würgte die Kröte hinunter. Der andere zahlte, wenn auch schweren Herzens. Als aber nach kurzer Zeit nochmals eine Kröte auftauchte, sah der Zahler eine Gelegenheit, nun seinerseits auch zu Geld zu kommen. Der erste Krötenfresser bot ihm ebenfalls fünf Mark, und so vollzog auch der zweite das eklige Geschäft. Nachdem er die fünf Mark eingesteckt hatte, blieb er plötzlich stehen und sagte zu seinem Kumpel: „Was sind wir doch für Idioten. Jetzt hat jeder von uns eine Kröte gefressen, ohne daß er nun mehr Geld in der Tasche hätte als zuvor."

Siemens und IBM also als Landstreicher beim Krötenfraß ohne wirtschaftlichen Nutzen im Sinne von Wettbewerbsvorteilen? Genau so ist es. Bei diesen beiden Fällen von Sonntagarbeit und den vielen, die ihnen folgen werden, geht es nur um die

Frage der Wirtschaftlichkeit. Und den wirtschaftlichen Vorteil der unterbrechungslosen Produktion, 24 Stunden täglich, an 7 Tagen der Woche, hat nur der jeweils erste einer Branche. Er kann die fünf Mark unserer kleinen Geschichte tatsächlich in die Tasche stecken. Sobald der andere oder die anderen es nachvollziehen, muß er die fünf Mark zurückzahlen: Der Wettbewerbsvorteil ist verloren, die anderen haben aufgeholt.

Stimmt dieser Vergleich tatsächlich? Sind die Leute wirklich so verrückt? Sie sind es.

Der Streit um die Sonntagsarbeit ist in unseren Tagen in eine neue Phase getreten, bei der es nur noch um Wirtschaftlichkeit geht.

Wenn wir die Geschichte der Sonntagsarbeit zurückverfolgen, so ist zu erkennen, daß die Sonntagsarbeit als gesellschaftliches Tabu schon seit längerer Zeit Ausnahmen kennt. Eine radikale Sabbatruhe kennt nur der Staat Israel, und in anderen Ländern bestimmte religiöse Gruppen, z. B. orthodoxe Juden. In christlichen Ländern waren kaum aufschiebbare Dienstleistungen an Mensch und Tier eigentlich schon immer zulässig. Die Güterproduktion, die ihrem Wesen nach keine Sofortarbeit ist, sondern in aller Regel Aufschub duldet, blieb bis in unsere Zeit am Sonntag verboten, soweit der Produktionsprozeß den kontinuierlichen Betrieb nicht zwingend voraussetzte, z. B. bei chemischen Prozessen, aber auch in der Stahlproduktion. Die Unternehmen, die heute um die Genehmigung der Sonntagsarbeit kämpfen, tun dies aber nicht wegen technischer Zwänge, sondern allein aus wirtschaftlichen Gründen. Bei Siemens und IBM wurden hohe Ausschußraten als Folge der Stillegung am Sonntag vorgeschoben, letztlich geht es aber vor allem um die Nutzungszeit der Betriebsmittel, wie eine einfache Rechnung beweist:

Moderne Betriebsmittel wie beispielsweise eine Produktionsanlage für Mikrochips werden über eine kalkulatorische Lebensdauer von etwa fünf Jahren betriebswirtschaftlich und steuerlich abgeschrieben bzw. amortisiert. Darüber hinaus muß das investierte Kapital, gleichgültig ob es Eigenmittel oder Fremdmittel sind, verzinst werden. Bei linearer Abschreibung beträgt die jährliche Amortisationslast in diesem Fall 20% des

Anschaffungswerts, die Zinslast, über den Daumen gepeilt, im fünfjährigen Durchschnitt, den üblichen Schuldzins multipliziert mit dem halben Anschaffungswert. Wir gehen vom halben Anschaffungswert aus, weil durch die Abschreibung der Wert der Anlage Jahr für Jahr um 20% sinkt und etwa in Anspruch genommene Darlehen jährlich um die Abschreibungssumme reduziert werden können. Bei einer Anlage mit einer Investitionssumme von beispielsweise 10 Millionen DM beläuft sich die jährliche Abschreibung also auf 2 Millionen und die jährliche Zinslast etwa auf 1/2 Million (10% von 5 Millionen). Die Anlage muß also an direkten Kapitalkosten jährlich 2,5 Millionen erwirtschaften. Die weiter zuzurechnenden Gemeinkosten können diese Summe leicht verdoppeln oder noch mehr vervielfachen. Sie sollen aber hier der Einfachheit halber nicht berücksichtigt werden.

Würde eine solche Anlage nur einschichtig genutzt, und zwar mit einer 40-Stunden-Woche, so ergäbe dies rechnerisch eine jährliche Nutzungszeit von rund 2000 Stunden. Legen wir die obigen 2,5 Millionen auf diese 2000 Stunden um, so ergibt sich eine Belastung von 1.250 DM pro Betriebsstunde. Im Dreischichtbetrieb an fünf Wochentagen verdreifacht sich die Zahl der Betriebsstunden auf 6000 Stunden. Die Stundenlast sinkt dabei auf 417 DM. Gelingt es nun aber, die Nutzungszeit auch auf den Samstag und den Sonntag auszudehnen, dann erweitert sich die wöchentliche Nutzungszeit auf 168 Stunden. Bei 50 Wochen ergibt die Jahresrechnung 8400 Stunden und damit eine Stundenlast von rund 300 DM. Der Übergang von der Fünftagewoche auf die Siebentagewoche bringt also eine Senkung der Stundenkosten um rund 28%. Bei teuren Einrichtungen ist das eine so erkleckliche Zahl, daß die Diskussion und der Widerstand dagegen auf der betriebswirtschaftlichen Ebene aussichtslos ist. Die Zahlen sprechen eine zu deutliche Sprache. Und doch wird das „Krötensyndrom“ nicht außer Kraft gesetzt. Denn immer haben nur die ersten den Wettbewerbsvorteil. Sobald alle die Kröte geschluckt haben, ist er dahin.

Der Druck, die Betriebszeit auszudehnen, „idealerweise“ auf die Maximalzahl von 168 Wochenstunden, die sich aus 7 Tagen x 24 Stunden ergeben, ist die logische Folge des technischen

Fortschritts und der unaufhörlich wachsenden Investitionssummen pro Arbeitsplatz. Diese haben im gesamtgesellschaftlichen Durchschnitt von 19.700 DM im Jahr 1960 auf 181.000 DM im Jahr 1985 zugenommen[1]. Sie haben sich also in 25 Jahren fast verzehnfacht. In den Unternehmen, die die massive Ausweitung der Betriebszeit anstreben, liegen die entsprechenden Zahlen bei 500.000 DM und mehr. Der Produktivitätsfortschritt wird also mit wachsendem Kapitalbedarf buchstäblich bezahlt. Angesichts des fehlenden komplementären sozialen Fortschritts hat der durchaus wünschenswerte Produktivitätsfortschritt somit drei negative Konsequenzen:

Zum ersten Arbeitslosigkeit als Folge der Tatsache, daß Arbeitszeitverkürzung und Wirtschaftswachstum hinter dem Produktivitätsfortschritt zurückbleiben. Zum zweiten, als Folge des wachsenden Einsatzes von Kapital und dessen Anspruch auf Verzinsung und Rendite, ein wachsender Anteil der Einkünfte aus Geld- und Kapitalvermögen am Volkseinkommen zu Lasten der lohnabhängigen Arbeit, und dritten fortschreitend länger werdende Betriebszeiten mit Übergängen vom Einschicht- zum Zweischichtbetrieb, vom Zweischicht- zum Dreischichtbetrieb, also von der Tagesarbeit zur Nachtarbeit, und natürlich auch in all diesen Fällen von der Fünftagewoche zur Sechstagewoche und zur Siebentagewoche.

Die Mitarbeiter selbst arbeiten natürlich nicht wie in der Frühzeit der Industrialisierung an sechs oder gar sieben Wochentagen. Mit den im folgenden Kapitel skizzierten rollierenden Arbeitszeitsystemen lassen sich diese verlängerten Betriebszeiten auch mit Vier- oder Fünftagewochen für die Mitarbeiter organisieren. Hier wird die Kehrseite der Medaille der aufgezeigten Möglichkeiten sichtbar. In den vergangenen Jahren haben sich die Unternehmen zunehmend die organisatorische Fähigkeit angeeignet, die Betriebszeiten von den Arbeitszeiten abzukoppeln. Aber das Primat der Wirtschaftlichkeit läßt es in unserer Gesellschaft offensichtlich nicht zu, in diesem Prozeß irgendwelche vernünftigen Grenzen zu ziehen und diese dann auch einzuhalten.

---

[1] Zahlen des Stat. Bundesamts in Wiesbaden

Diese Grenzen wären im wesentlichen an zwei Flanken notwendig:

Beschränkung der Nachtarbeit um der menschlichen Gesundheit und um der sozialen Beziehungen willen. Schon die Einführung einer zweiten Schicht verweigert dem Schichtarbeiter die regelmäßige Teilnahme an Abendveranstaltungen, etwa der Chorprobe oder dem Fußballtraining, es sei denn, der Arbeitgeber räumt dem Mitarbeiter ein Wahlrecht für einen freien Abend ein – was so gut wie niemand tut. Die Nachtarbeit ist noch schlimmer. Die Arbeitsmedizin weist immer wieder darauf hin, daß sich der Mensch an die Nachtarbeit nie gewöhnt und auf Dauer ernsthaft Schaden leidet.

Beschränkung der Sonntagsarbeit um der menschlichen Kultur, Zivilisation und wohl auch der Gesundheit willen. Wir haben allmählich gelernt, daß das Primat der Wirtschaftlichkeit dann seine Grenze findet, wenn unsere Umwelt verschmutzt und zerstört wird. Wie lange werden wir brauchen, es auch dann außer Kraft zu setzen, wenn unsere Innenwelt, und zwar sowohl die soziale, also in der kollektiven Dimension, wie auch die psychische, also in der individuellen Dimension, verschmutzt und zerstört wird. Wir scheinen das Sensorium dafür verloren zu haben, wie wichtig die Sonntagsruhe, und ich meine wirklich „Ruhe", für uns alle ist oder wäre, ob wir nun in die Kirche gehen oder nicht. Aber das ist zugegebenermaßen nicht nur ein Problem für die Unternehmer. Wer sich die rastlose Betriebsamkeit der meisten Zeitgenossen am Sonntag ansieht, den überfällt mehr als nur ein Unbehagen.

In einem SPIEGEL-Bericht über die Einflüsse des Mondes auf das Leben war die Rede von Einzellern mit siebentägigem Stoffwechselzyklus. Die halten sich dran. Ist die Hoffnung zu kühn, daß wir es wieder lernen könnten, bevor wir es vollends verlernt haben, in unseren Lebensrhythmen das Niveau dieser Einzeller zu halten oder wieder zu erreichen?

Zunächst scheint es eher weiter bergab zu gehen mit unserer Kultur und Zivilisation. Das geplante Arbeitszeitgesetz unserer Bundesregierung wird jedenfalls die Ausnahmeregelungen, die Sonntagsarbeit zulassen, dramatisch erweitern, so daß Fälle wie

Siemens und IBM nicht mehr lange zu den Ausnahmen zählen werden.

Wie wenig in Bonn über diese Probleme nachgedacht wird, beweist der nicht hergestellte Zusammenhang zwischen der Steuerreform, die die Steuerfreiheit für Zuschläge für Nacht- und Sonntagsarbeit ursprünglich aufheben, nun aber wenigstens verringern will, und dem neuen Arbeitszeitgesetz. Der geplante Abbau der steuerlichen Begünstigung solcher Arbeitszeiten ist zwar vom Ansatz her durchaus richtig, führt aber zu erheblicher Unruhe bei den Betroffenen, weil er massive Einkommenseinbußen zur Folge hat. Das Anliegen der Bundesregierung würde eher erfolgreich sein, wenn flankierend zur Steuerreform im neuen Arbeitszeitgesetz neben klaren Einschränkungen hohe Zuschläge für Nacht- und Sonntagarbeit festgeschrieben würden, die nicht nur für einen Lohnausgleich sorgen müßten, sondern darüber hinaus auch Zeitgutschriften festzulegen hätten, um einen Ausgleich für die sozialen und gesundheitlichen Belastungen zu schaffen.

Arbeitsumverteilung – reale Möglichkeit oder Utopie?

Die Arbeitslosigkeit in der Bundesrepublik gilt als die bestprognostizierte Krise der letzten Jahrzehnte mit der paradoxen Folge, daß neue Prognosen, mögen sie noch so dringenden Handlungsbedarf anzeigen, von der Öffentlichkeit kaum mehr wahrgenommen werden. Haben wir erst einmal die Warnungen solcher Prognosen in den Wind geschlagen, bleibt uns wohl nichts anderes übrig, als die Beachtung der Ergebnisse weiterer Hochrechnungen zu verweigern. Dies gilt insbesondere für die bereits im ersten Kapitel erwähnten Prognosen der Bund-Länder-Kommission für Bildungsplanung und Forschungsförderung (BLK) und des Instituts für Arbeitsmarkt- und Berufsforschung der Bundesanstalt für Arbeit in Nürnberg. Beide wurden von den Medien nur am Rande erwähnt, aber nicht öffentlich diskutiert. Es scheint, als hätte sich die Öffentlichkeit mit der anhaltenden Arbeitslosigkeit als einem unlösbaren Problem abgefunden, so wie unheilbare Krebs- oder Aidsfälle eben hingenommen werden müssen.

Tatsächlich bestünde aber kein Grund zur Resignation. Wenn wir nur den Willen dazu hätten, könnte dem Problem sehr wohl die Spitze genommen werden. Allerdings würde dies zunächst einmal bei den Verantwortlichen den Mut zur Wahrheit und Aufrichtigkeit voraussetzen.

Der erste Schritt dazu wäre die Anerkennung der schlichten Tatsache, die aus allen Prognosen hervorgeht, nämlich daß keine Aussicht darauf besteht, die Zahl der vorhandenen Arbeitsplätze in den kommenden Jahren in nennenswertem Umfang zu vermehren. Die im ersten Kapitel abgebildete Grafik der Nürnberger weist für den günstigsten Fall eine gleichbleibende Zahl von Arbeitsplätzen aus. Tatsächlich muß aber realistischerweise in Extrapolation der Sägezahnkurve damit gerechnet werden, daß selbst bei anhaltendem Wirtschaftswachstum per Saldo die Zahl der durch Strukturwandel und technischen wie organisatorischen Fortschritt verloren gehenden Arbeitsplätze größer sein wird als die Zahl der in Wachstumsbranchen neu entstehenden Stellen.

Darüber hinaus muß man wissen, daß den Berechnungen der Nürnberger eine durchschnittliche jährliche Arbeitszeitverkürzung von 1,0 bis 1,3 Prozent zugrundeliegt. Eine solche Arbeitszeitverkürzung könnte arbeitsmarktentlastend wirken, da sie wenigstens teilweise den Produktivitätsfortschritt ausgleichen würde. Eine solche Quote dürfte aber im gesellschaftlichen Durchschnitt kaum erreicht werden. Für Pionierindustrien wie die Metallindustrie oder die Druckindustrie mag dies zwar zutreffen, nicht aber für viele andere Beschäftigungsbereiche, wo nicht nur die Arbeitgeber, sondern auch die Gewerkschaften eher hinhaltend taktieren.

Bei realistischer Betrachtungsweise sollten wir davon ausgehen, daß bis zum Jahr 2000 einem Potential von mehr als 28 Millionen Erwerbswilligen ein Bedarf an vielleicht 24 Millionen Arbeitskräften gegenübersteht. Angesichts dieser kaum bestreitbaren Fakten und Aussichten müßte eine ernstzunehmende Politik mit dem Ziel der Vollbeschäftigung deshalb darauf abzielen, die vorhandenen Stellen zu teilen. Alles andere ist ein Spiel mit Illusionen.

Bei 24 Millionen Stellen für 28 Millionen Erwerbswillige ergibt sich eine dabei sehr einfache Rechnung:

Es geht darum, im gesellschaftlichen Durchschnitt auf jeweils 6 Stellen 7 Mitarbeiter einzusetzen und zu beschäftigen.

Am einfachsten ließe sich dieses Ziel erreichen durch die gesetzliche Einführung von Sabbatjahren im biblischen Zeitraster, nachzulesen im dritten Buch Mose (Levitikus). Während dort allerdings das Sabbatjahr im Abstand von sechs Jahren einheitlich für die ganze Landwirtschaft vorgeschrieben war, müßten die Sabbatjahre jahrweise gestaffelt werden, so daß jeweils nur ein Siebtel der Erwerbsbevölkerung ein Sabbatjahr feiert. Diese Staffelung oder Rotation ließe sich durch die Einführung eines sogenannten rollierenden Arbeitszeitsystems verwirklichen, das wie folgt aussehen würde:

	1.	2.	3.	4.	5.	6.	7. Jahr
A	S	1	1	1	1	1	1
B	1	S	2	2	2	2	2
C	2	2	S	3	3	3	3
D	3	3	3	S	4	4	4
E	4	4	4	4	S	5	5
F	5	5	5	5	5	S	6
G	6	6	6	6	6	6	S

Auf sechs Arbeitsplätzen 1 . . . 6 sind sieben Mitarbeiter A . . . G beschäftigt. Dies ist dadurch organisatorisch relativ leicht zu bewerkstelligen, daß in jedem Jahr ein anderer sein Sabbatjahr (S) feiert. Im ersten Jahr fällt das Sabbatjahr A zu, im zweiten Jahr B, im dritten C usw.

Ein solches Arbeitszeitmodell wird seit September 1987 von sieben Pastoralreferenten der Erzdiözese Freiburg auf sechs Planstellen praktiziert. Es ist das erste Beispiel dieser Art in der Bundesrepublik.

Die Vorstellung von der allgemeinen Einführung von Sabbatjahren auf gesetzlicher Grundlage klingt zunächst völlig utopisch, aber immerhin hat der britische Industrieverband CBI auf seiner Jahrestagung 1985 eine Resolution verabschiedet, durch die die Regierung aufgefordert wurde, eine gesetzliche Grundlage für die Einführung von Sabbatjahren und deren gemeinsame Finanzierung durch Staat und Arbeitgeber mit dem Ziel der lebensbegleitenden Fortbildung zu schaffen.

Aber selbst wenn wir nicht so weit gehen wollen, so erweist sich doch das Grundmuster des rotierenden Arbeitszeitsystems als ein allgemein brauchbares System zur Verwirklichung von Mehrfachbesetzungen in den verschiedensten Beschäftigungsbereichen. Dabei wird lediglich das Jahr als Zeiteinheit ersetzt durch jede beliebige andere Zeiteinheit, also durch den Tag, den Doppeltag, die Woche oder den Monat. In solchen Arbeitszeitsystemen kann auch das Verhältnis zwischen der Zahl der Mitarbeiter zur Zahl der verfügbaren Stellen von 7 zu 6 auf andere Verhältnisse verändert werden.

Bei der Wahl des Tags als Zeiteinheit kann beispielsweise eine 5-tägige Betriebswoche mit einer 4-tägigen Arbeitswoche für die Mitarbeiter nach folgendem Muster organisiert werden:

	Mo	Di	Mi	Do	Fr
A	0	1	1	1	1
B	1	0	2	2	2
C	2	2	0	3	3
D	3	3	3	0	4
E	4	4	4	4	0

Fünf Mitarbeiter besetzen dabei rollierend vier Arbeitsplätze. Sie erreichen bei einem 9-Stunden-Tag mit vier Arbeitstagen eine 36-Stunden-Woche, während die Arbeitsplätze an 45 Wochen-Stunden besetzt sind.

Bei der Wahl des Doppeltages als Zeiteinheit kommt auf diese Weise eine 6-tägige Betriebswoche mit der berühmt-berüchtigten Rückkehr zur Samstagsarbeit zustande:

	Mo	Di	Mi	Do	Fr	Sa
A	0	0	1	1	1	1
B	1	1	0	0	2	2
C	2	2	2	2	0	0

Zwei Arbeitsplätze 1 und 2 werden im Wechsel von drei Mitarbeitern A, B und C besetzt. Die Mitarbeiter leisten eine 36-Stunden-Woche. Die Betriebszeit dagegen beträgt 54 Wochenstunden.

Über den Beschäftigungseffekt darf man sich allerdings keine Illusionen machen. In beiden Fällen bedeutet die Erweiterung der Betriebszeit eine Erweiterung der Ausbringung, die über die gesamtgesellschaftliche Wachstumsquote hinausgeht. Der Mehrumsatz geht also zu Lasten anderer Beschäftigungsbereiche, es sei denn, die erweiterte Betriebszeit wurde bereits bei der Investitionsplanung berücksichtigt, d. h. die Maschinenkapazität ist von vornherein entsprechend geringer, wodurch Investitionsmittel gespart werden. In jedem Fall reduziert sich der Beschäftigungsgewinn auf die Quote, die sich aus der effektiven Arbeitszeitverkürzung ergibt.

Für viele Beschäftigungsbereiche wäre die Einführung solcher rollierender Arbeitszeitsysteme mit ihren festen Wechselzyklen zu starr und schwerfällig, um den Anforderungen sowohl der Arbeitsplätze als auch der Mitarbeiter gerecht zu werden. In solchen Fällen empfehlen sich Schritte in einer Entwicklungsrichtung, deren ideales Endziel die zeitautonome Gruppe ist. Das ist eine Gruppe von Mitarbeitern, in unserem Konzept an Zahl größer als die Zahl der Arbeitsplätze, die die Besetzung im zeitlichen Verlauf völlig selbständig regelt. Sie entscheidet also selbst, in welchen Abständen und mit welchen Freizeitphasen wer wen an welchen Arbeitsplätzen ablöst. Solche zeitautonomen Gruppen finden sich heute schon in EDV-Abteilungen und anderen rechnergestützten Tätigkeitsfeldern, aber auch in Krankenhäusern, wo beispielsweise Jungärzte ihre Dienstpläne einschließlich der Bereitschaftsdienste jeweils im Vormonat selbst gemeinsam festlegen. All diesen Modellen ist gemeinsam die mehr oder weniger systematische Führung von Zeitkonten, auf denen Zeitguthaben, entstanden durch Mehrarbeit, und Zeitschulden, entstanden durch die Inanspruchnahme von Freizeit, in mehr oder weniger langen Zeiträumen gegeneinander verrechnet werden.

Das Elektronikunternehmen Hewlett-Packard (HP) hat das Konzept der, kurzzyklisch betrachtet, relativen Mehrarbeit mit entsprechender Ausgleichsfreizeit systematisch entwickelt und umgesetzt. Die in der Metallindustrie 1985 begonnene, schrittweise zu vollziehende Arbeitszeitsverkürzung von 40 auf 37 Wochenstunden wird wie folgt verwirklicht:

Es wird nach wie vor eine Arbeitswoche mit 40 Stunden geleistet. Die Differenz zur tariflichen Wochenarbeitszeit von zunächst 1,5 Stunden, ab April 1989 von 3,0 Stunden wird einem Freizeitkonto gutgeschrieben. In dasselbe Konto werden auf Wunsch des Mitarbeiters Überstunden und Resturlaub gutgeschrieben. Die auf diese Weise angesparte Freizeit wird in Anspruch genommen entweder stundenweise oder als halbe oder ganze Tage im Rahmen einer Gleitzeitregelung. Verzichtet der Mitarbeiter darauf, so kann er Zusatz- oder Langzeiturlaub ansparen, der sich über mehrere Wochen oder Monate erstrecken kann. Auf diese Weise können auch Sabbatjahre angespart werden. Ja, das Unternehmen läßt sogar das Ansparen solcher Freizeitansprüche während des ganzen Erwerbslebens zu, so daß der betreffende Mitarbeiter vorzeitig oder in Stufen in den Ruhestand treten kann, ohne für die Übergangszeit seinen Status als Vollzeitmitarbeiter zu verlieren. Er zehrt lediglich sein über viele Jahre angespartes Zeitguthaben auf.

Das HP-Modell läßt sich selbstverständlich auch auf Teilzeitregelungen übertragen. Dabei wird eben die Differenz zwischen der vertraglichen Arbeitszeit (etwa 75% oder durchschnittlich 6 Stunden täglich) zur tatsächlich geleisteten Regelarbeitszeit (etwa 8 Stunden täglich) gutgeschrieben. In allen Fällen kann in Intervallen von variabler Länge das Erwerbsleben für „Brachzeiten" von variabler Dauer unterbrochen werden.

Die Badische Evangelische Landeskirche liefert ein Beispiel für die Möglichkeit, mit Teilzeitvereinbarungen „Brachzeiten" anzusparen. In der „Verordnung zur Veränderung der Teilzeitverordnung", die am 26. 11. 86 verabschiedet wurde, heißt es unter Paragraph 4a „Gestaltung des eingeschränkten Dienstes durch zusätzlichen Urlaub" im zweiten Absatz:

> Der Zusatzurlaub beträgt bei einer Einschränkung
>
> von 10% 28 Kalendertage im Jahr,
> von 15% 42 Kalendertage im Jahr,
> von 20% 56 Kalendertage im Jahr,
> von 25% 69 Kalendertage im Jahr.
>
> Zusatzurlaub für Einschränkungen über 25% kann nur in Ausnahmefällen gewährt werden.

So lobenswert die Initiative der Badener in der Sache grundsätzlich ist, so problematisch ist sie im Detail. Die aufgemachte Rechnung ist nämlich falsch und zwar in erheblichem Umfang – selbstverständlich zuungunsten des Mitarbeiters –, wie die nachstehende Darstellung zeigt:

1) Arbeitszeitreduzierung um . . . %
2) entspricht Teilzeitvereinbarung über . . . %
3) ergibt bei durchgängig gleichbleibendem Einkommen ein Verhältnis zwischen Arbeitszeit und Zusatzurlaub wie . .

1)	2)	3)
10%	90%	90 : 10
15%	85%	85 : 15
20%	80%	80 : 20
25%	75%	75 : 25

Daraus ergeben sich folgende Gutschriften für Zusatzurlaub pro Kalenderjahr bei vollzeitig geleisteter Arbeit:

365 : 90 x 10 = 40,55 Kalendertage
365 : 85 x 15 = 64,35 Kalendertage
365 : 80 x 20 = 91,24 Kalendertage
365 : 75 x 25 = 121,50 Kalendertage

(Eine vergleichbare Rechnung könnte selbstverständlich auch auf der Basis von Arbeitstagen erstellt werden.)

Die Kontrollrechnung für die obige Darstellung läßt sich leicht durchführen. Nach den Regeln der Vernunft, der Logik und der Gerechtigkeit (eines der wichtigsten Anliegen der Bibel), die beispielsweise im englischen Sprachraum bei Ansparmodellen für Sabbatjahre üblich sind, dauert das Ansparen eines Sabbatjahres bei einem 90%-Vertrag 9 Jahre, bei einem 80%-Vertrag 4 Jahre und bei einem 75%-Vertrag 3 Jahre. Das heißt, daß nach Ablauf der genannten Zahl von Arbeitsjahren mit voller Arbeitszeitleistung und entsprechend reduzierten Bezügen Anspruch auf ein Sabbatjahr mit gleichem Einkommen, also Teilzeiteinkommen, wie in den Arbeitsjahren besteht. Beim 90%-Vertrag werden bei 100% Arbeitszeitleistung neun Jahre lang jährlich 10% des Einkommensanspruches gewissermaßen zurückgelegt, also einbehalten. Nach neun Jahren sind 90% eines Vollzeitjahreseinkommens angespart, so daß im zehnten Jahr dasselbe Teilzeiteinkommen wie in den Arbeitsjahren ausbezahlt werden kann. Bei einem 80%-Vertrag sind es jährlich 20%, also nach vier Jahren 80%, die angespart sind, bei einem 75%-Vertrag jährlich 25%, nach drei Jahren also 75%.

Wenn wir, um sicher zu gehen, die Rechnung mit Kalendertagen überprüfen, so erhalten wir folgende Zahlen:

9 Jahre x 40,55 Kalendertage ergeben 364,95 Kalendertage,
4 Jahre x 91,24 Kalendertage ergeben 364,96 Kalendertage,
3 Jahre x 121,50 Kalendertage ergeben 364,50 Kalendertage,

Die Rechnung stimmt also.

Trotz mehrerer Briefe und einer Reihe von Gesprächen mit den Verantwortlichen war eine Korrektur der falschen Rechnung der Badener Landeskirche bislang nicht zu erreichen. Es muß deshalb vermutet werden, daß hier die Verwaltung in Koalition mit reaktionären Kräften die Bestrebungen der Initiatoren dieses Konzepts auf dem Schleichweg blockiert. Diese betrügerischen Manipulationen sollen deshalb nicht länger verschwiegen werden.

HP und – mit großem Vorbehalt – auch die Badische Evangelische Landeskirche haben einen Weg eingeschlagen, der sowohl für den einzelnen Mitarbeiter als auch für die gesamte Gesellschaft von außerordentlicher Bedeutung ist:

In bezug auf die Gestaltung der Erwerbsbiographie war die Nachkriegsentwicklung dadurch gekennzeichnet, daß der Einstieg in das Erwerbsleben sich immer weiter hinausgezögert hat, während der Ausstieg auf der Zeitachse immer weiter rückwärts wanderte. Den Berufsanfänger der frühen Nachkriegsjahre erwartete ein Erwerbsleben von durchschnittlich fünfzig Jahren, nämlich von 15 bis 65. Der Durchschnittsbürger von heute dagegen geht höchstens noch vierzig Jahre einer Erwerbstätigkeit nach, nämlich von 18/20 bis 58/60. Ob die fortschreitende Verkürzung und Verdichtung des Erwerbslebens auch in Zukunft sinnvoll ist, muß ernsthaft bezweifelt werden. Sehr viel vernünftiger erschiene es, das Erwerbsleben abgestuft zu beginnen und zu beenden und es immer wieder durch Brachzeiten zu unterbrechen. Jedenfalls wird eine variable und differenzierte Gliederung des Erwerbslebens mit längeren Unterbrechungen für Aufgaben der Familie, für Eigenarbeit und Fortbildung, für die Regeneration und für die befristete Übernahme von ehrenamtlichen, gemeinnützigen Aufgaben den menschlichen Bedürfnissen sehr viel eher gerecht als etwa eine Vorruhestandsregelung, wie sie vor einiger Zeit gesetzlich verankert wurde und jetzt mangels Erfolg wieder abgeschafft werden soll. Vor allem würden befristete Unterbrechungen des Erwerbslebens dafür sorgen, daß zur Deckung des Arbeitskräftebedarfs unserer Gesellschaft eine entsprechend große Zahl von Erwerbswilligen beschäftigt würde. Wenn ständig ein Siebtel der Erwerbstätigen ein Sabbatjahr oder eine Brachzeit feiern würde, so würde sich die Gesamtzahl der Beschäftigten entsprechend erhöhen. Von 28 Millionen Erwerbswilligen wären dann ständig 4 Millionen nicht arbeitslos, sondern würden eine Brachzeit feiern, und alle Erwerbswilligen könnten in einer Art Rotationsverfahren an der Erwerbsarbeit teilnehmen.

Das eingangs vorgeschlagene Verhältnis von sieben Mitarbeitern für sechs Stellen würde unter Beibehaltung der heute üblichen Betriebs-, Dienst- und Funktionszeiten von vierzig Wochenstunden folgende Zeitrechnung ergeben:

40 Wochenstunden für 6 Stellen ergeben eine Zeitsumme von 240 Wochenstunden, die auf 7 Mitarbeiter zu verteilen sind. Das bedeutet, daß sich die Wochenarbeitszeit dieser Mitarbeiter im Langzeitdurchschnitt auf rund 34 Wochenstunden verringert. Wichtig ist dabei die Einsicht, daß eine Arbeitszeitverkürzung nicht zwingend auf die Woche als Bezugsperiode festgeschrieben werden muß. Ein Mitarbeiter, der sechs Jahre lang vollzeitig mit vierzig Wochenstunden arbeitet und im siebten Jahr ein Sabbatjahr feiert, verringert seine Arbeitszeit im Langzeitdurchschnitt auf rund 34 Wochenstunden.

Wie ließe sich relativ kurzfristig die durchschnittliche Wochenarbeitszeit von heute knapp vierzig Wochenstunden auf rund 34 Wochenstunden verringern?

Vier Wege stehen dabei grundsätzlich offen, die alle gleichzeitig begangen werden sollten:

(1) Kollektive Arbeitszeitverkürzungen durch Tarifvertrag mit Lohnausgleich. Wie schon ausführlich dargestellt, geht es dabei im Grunde genommen um die einfache Formel „Zeit oder Geld", d. h. Arbeitszeitverkürzungen mit gleichem Einkommen oder gleiche Arbeitszeit mit höherem Einkommen. Eine Tarifpolitik des Verzichts auf Einkommenszuwachs zugunsten von solidarischen Arbeitszeitverkürzungen muß zwingend un-

terstützt werden durch gesetzliche Maßnahmen der Senkung der lohnbezogenen Abgaben, d. h. durch Anhebung der Nettolöhne auch bei gleichbleibenden Bruttolöhnen. (Vgl. Kapitel „Lohnarbeit als Lastesel")

(2) Individuelle Arbeitszeitverkürzungen durch Teilzeitarbeit mit entsprechenden Einkommenseinbußen. Die Zahl der Teilzeitbeschäftigten in der Bundesrepublik liegt im internationalen Vergleich immer noch sehr niedrig. Das rührt vor allem daher, daß sich Teilzeitarbeit bei uns im wesentlichen auf Halbtagsarbeit für schlecht bezahlte Frauen beschränkt. Teilzeitarbeit sollte aber auch für Männer erstrebenswert und zulässig sein, und vor allem sollte Teilzeitarbeit sowohl nach ihrer Dauer als auch nach ihrer Verteilung sehr viel stärker differenziert werden. Ein Lehrer, der beispielsweise vier Jahre lang vollzeitig unterrichtet, sich aber nur 80% seiner Bezüge auszahlen läßt, um das fünfte Jahr als Sabbatjahr frei nehmen und finanzieren zu können, ist auch eine Teilzeitkraft. So etwas ist in der Bundesrepublik noch unerhört und für die Kultusminister unvorstellbar, in englischsprachigen Ländern aber schon längst verbreitet.

(3) Abbau der bezahlten Überstunden. Wie schon im ersten Kapitel erwähnt, leisten wir in der Bundesrepublik Jahr um Jahr mehr als 1,5 Milliarden bezahlte Überstunden. Das entspricht einem Beschäftigungsvolumen von mehr als 900.000 Vollzeitkräften. Selbst wenn nur die Hälfte beschäftigungswirksam umgesetzt werden könnte, wäre viel erreicht! Die Überstundensituation ist um so skandalöser, als längst flexible Arbeitszeitsysteme entwickelt und erprobt sind, die ohne bezahlte Überstunden auskommen. Dabei wird die unvermeidliche Mehrarbeit nicht länger bezahlt, sondern zum Abfeiern gutgeschrieben nach dem Grundsatz „Keine Mehrarbeit für die Kapazitätsausweitung, sondern nur noch zur Kapazitätsverschiebung." Kapazitätsausweitung sollte nur durch Neueinstellungen, auch wenn diese befristet sind, zulässig sein.

(4) Einführung belastungsspezifischer Arbeitszeiten durch Umrechnung von Zuschlägen jeder Art, z. B. für Nachtarbeit, körperlich schwere Arbeit usw., in Zeitgutschriften anstelle von mehr Lohn. Vom arbeitsmedizinischen Standpunkt aus be-

trachtet, stellen Geldzuschläge für außergewöhnliche Belastungen keine Entschädigung im eigentlichen Wortsinn dar. Zusätzliche Freizeit durch Umrechnung der Zuschläge in Arbeitszeitverkürzungen würden der Notwendigkeit, Regenerationsmöglichkeiten zu schaffen, sehr viel eher gerecht.

Ein gesellschaftlicher Konsens, durch Arbeitsplatzteilung und Arbeitszeitverkürzungen für die nötige Arbeitsumverteilung zu sorgen, könnte in wenigen Jahren zu einer Wende auf dem Arbeitsmarkt führen. Bleibt er aus, so verbinden sich die tragischen Schicksale der wachsenden Zahl beruflich Ausgeschlossener zu einem wahren Krebsschaden unserer Gesellschaft, einer sozialen Katastrophe. Bedauerlicherweise weigern wir uns bislang, das Problem in seinem ganzen Umfang auch nur wahrzunehmen. Wir stecken ganz einfach den Kopf in den Sand und warten auf ein Wunder, das natürlich nicht von selbst kommt.

Angesichts der Bewegungslosigkeit der Gesellschaft und der geringen Neigung der Tarifpartner zu radikalen Schritten in die richtige Richtung obliegt es mehr und mehr den einzelnen und einsichtigen Minderheiten, durch Einzelaktionen und gemeinsame Maßnahmen auf betrieblicher Ebene die wachsende Flut von Resignation, Gleichgültigkeit, Rücksichtslosigkeit und Egoismus einzudämmen.

Nur der erste der vier oben beschriebenen Wege zur Arbeitszeitverkürzung mit dem Ziel der Arbeitsumverteilung setzt kollektive Maßnahmen auf gesetzlicher oder tarifvertraglicher Ebene voraus. Alle anderen Wege können von einsichtigen Einzelnen und Gruppen erschlossen und begangen werden. Nachdem für die meisten Tarifbereiche auf Jahre hinaus die Entwicklung auf dem ersten Weg festgeschrieben ist, bedarf es umso mehr des verantwortlichen Handelns auf den Wegen zwei, drei und vier.

Jeder einzelne sollte überprüfen, ob er auf Vollzeitarbeit wirklich angewiesen ist oder nicht besser irgendeine Form von Teilzeitarbeit anstreben sollte. Ob dabei 90, 80, 70% oder irgendein anderer Prozentsatz, bezogen auf die Regelarbeitszeit, vereinbart wird und ob dabei die Arbeitszeit im Vergleich zum Standard am Tag verkürzt wird oder ob nur zwei, drei oder vier Wochentage gearbeitet wird oder nur zwei oder drei Wochen im Monat oder eine bestimmte Zahl von Monaten im Jahr, all das sollte offen sein bis hin zur Ansparung von Brachzeiten, also Langzeiturlaub oder Sabbatjahren[1].

Jeder einzelne, der bislang Überstunden gleich in welcher Form leistet, sollte überprüfen, ob er diese künftig nicht verweigert und idealerweise zusammen mit Kollegen auf die Einstellung neuer Mitarbeiter zur Schaffung der nötigen Mehrkapazität drängt.

Jeder einzelne, der zuschlagspflichtige Arbeit leistet, sollte überprüfen, ob er sich nicht wenigstens einen Teil der Zuschläge als Freizeitanspruch gutschreiben läßt.

Die Entwicklung der Gesetzgebung und der Tarifpolitik in den vergangenen Jahren macht in schmerzlicher Weise deutlich, daß die Machteliten in unserer Gesellschaft, die Parteien, die Arbeitgeber und die Gewerkschaften, allen Lippenbekenntnissen zum Trotz die anhaltend große, tendenziell wachsende Arbeitslosigkeit stillschweigend akzeptiert haben. Bedauerlicherweise können auch die Kirchen von diesem Urteil nicht ausgenommen werden. Allen Erklärungen und allen Solidaritätsinitiativen zum Trotz führt auch ihre Personal- und Beschäftigungspolitik mit ihrer unkritischen Anbindung an die Tarifpolitik des öffentlichen Dienstes unweigerlich – wie auch dort – zu tendenziell wachsenden Einkommen für die Arbeitsplatzbesitzer und zu einer tendenziell schrumpfenden Zahl von tatsächlich besetzten Planstellen.

Woher soll eine Umkehr kommen? Auf „die da oben“ zu hoffen, wäre eine Illusion. Das bedeutet nicht, daß wir aufhören sollten zu mahnen, zu klagen und zu drängen. Aber es bedeutet eben gleichzeitig, systematisch an der Basis all diejenigen zu suchen und zu unterstützen, die bereit sind, sich selbst in die Pflicht zu nehmen und neue Wege der Solidarität zu suchen und zu gehen.

Wir müssen uns allerdings darüber im klaren sein, daß es nicht nur darum geht, den möglichen Einkommenszuwachs der gut

[1] Siehe auch Haller/Neher, Arbeiten wir zeitgemäß? Wiesbaden, 1986

beschäftigten Leistungselite aus Solidarität mit den Ausgegrenzten zu beschneiden. Dies könnte das kleinere Übel sein. Schwieriger wird es, das Besitzstandsdenken, den Arbeitsplatz betreffend, zu überwinden. Die Entkoppelung von Arbeitszeit und Betriebszeit, die mit der Arbeitsplatzteilung verbunden ist, und die daraus resultierte Mehrfachbesetzung führt zur Aufhebung der Einheit von Mitarbeiter und Arbeitsplatz, von Person und Funktion. Für Lohnempfänger im Schichtbetrieb in der Industrie, aber auch für Lokomotivführer und Piloten, ist dies längst selbstverständlich. Aber für all die Angestellten und Beamten, denen ihr Schreibtisch und ihr Büro eine unantastbare Welt ist, bricht diese Welt zusammen. Teamorientierte Strukturen und teamorientiertes Arbeiten sind ihnen fremd, und es ist unvorstellbar für sie, ihren eigenen Arbeitsplatz und einen anderen abwechselnd mit Kollegen oder Kolleginnen zu besetzen. Diese Schreibtischindividualisten stellen das breite Fundament unserer Gesellschaft dar. Sie entscheiden letztlich, wohin die Reise bei uns geht. Das heißt, es geht vor allem darum, in diese gesellschaftliche Gruppe Bewegung zu bringen. Das dürfte nicht leicht sein, zumal der Unentbehrlichkeitswahn weit verbreitet ist, aber billiger sind die nötigen Veränderungen nicht zu haben.

Die Krise der Wettbewerbsgesellschaft

Wer sich als verantwortungsbewußter Mensch die wirtschaftliche Entwicklung in der Bundesrepublik, in Europa und in der ganzen Welt in der Nachkriegszeit bis in unsere Tage hinein ansieht, kann sich der wachsenden Hilflosigkeit, ja des Entsetzens, nicht erwehren. Zu groß sind die Berge des Abfalls im wörtlichen wie übertragenen Sinne, die unseren Weg zu wachsendem Wohlstand für die Privilegierten säumen. Obwohl die meisten Bundesbürger alles haben, was sie wirklich brauchen, werden die Auseinandersetzungen auf den Märkten und um die Märkte immer verbissener, immer rücksichtsloser. Trotz jährlich wachsender Exportüberschüsse werden alle möglichen fremden Länder, zum Beispiel Japan, zu Sündenböcken gemacht, um einen beispiellosen Wettbewerb zu rechtfertigen.

Das eigentliche Ziel allen Wirtschaftens, nämlich die Befriedigung der menschlichen Bedürfnisse, tritt in den Hintergrund. Wirtschaftswachstum, Gewinnmaximierung und technischer Fortschritt werden zum Selbstzweck, weshalb unser Wirtschaftssystem schließlich gezwungen ist, nicht nur Scheinbedürfnisse des menschlichen Konsums zu wecken und sie dann zu befriedigen, sondern sogar Scheinwelten mit Scheingefahren und Scheinsicherheiten aufzubauen. Dies wird an dem ungeheuren Aufwand für Werbung Tag für Tag deutlich und zur Zeit wohl am klarsten erkennbar an den Star-war-Konzepten (SDI) der Amerikaner. Hollywood mit seinen Traumfabriken wird allgegenwärtig, und es scheint geradezu symptomatisch zu sein, daß ein Schauspieler Präsident der USA war.

Der Wettbewerb, der auf spielerischer Grundlage nach dem Motto „Leben und leben lassen" durchaus gesund wäre, wird hart und verbissen geführt und schreckt schließlich auch vor der Vernichtung der Existenzgrundlage des jeweiligen Gegenübers nicht zurück. Dabei ist es gleichgültig, in welcher Gestalt das Gegenüber in der jeweiligen Situation auftritt, als Mitarbeiter, als Kollege, als Konkurrent, als Kunde, als Lieferant oder gar als nationaler Feind.

Unsere Wettbewerbsgesellschaft mit ihrem Prinzip der freien Marktwirtschaft nimmt mehr und mehr selbstzerstörerische Züge an. Dies gilt nicht nur für die nationalen Märkte innerhalb der sogenannten freien kapitalistischen Welt, sondern auch für die internationalen Beziehungen im Welthandel, an denen auch die staatskapitalistischen Länder, z. B. des Ostblocks, nach denselben Spielregeln teilnehmen.

Die fortschreitende Verschärfung des Wettbewerbs wird vor allem verursacht durch wachsende Überkapazitäten. Die Märkte, auf denen Kaufkraft vorhanden ist, reichen als Abnehmer nicht aus, die vorhandenen Kapazitäten voll auszulasten, und den Märkten mit ungedecktem Bedarf fehlt die nötige Kaufkraft.

Diese Entwicklung führt zu einer Erhöhung des Leistungsdrucks, der nur eine Elite gewachsen ist. Diese Elite erreicht durch Spitzenleistungen, daß sie sich aus der Masse und aus den Märkten mit preisdrückenden Überkapazitäten absetzen kann. Eine immer größer werdende Minderheit verliert aber den Anschluß und schafft auf den Märkten der sogenannten Minderleister immer größere Überkapazitäten. Die Leistungselite nützt dies selbstverständlich rücksichtslos aus. Nach den Spielregeln der freien Marktwirtschaft werden die Minderleister gegeneinander ausgespielt, und da ihr Angebot wesentlich größer ist als die Nachfrage, ist der Preisverfall für ihre Leistungen und damit ihre fortschreitende wirtschaftliche Verelendung unaufhaltsam.

Das Bild, das sich uns bietet, gleicht dem des Sports. So lassen sich beispielsweise die Mannschaften der Fußballbundesliga in drei Gruppen aufteilen: die Spitzenkandidaten, das Mittelfeld und die Abstiegskandidaten. Die Spitzenkandidaten haben Aussicht auf das große Geld durch hohe Zuschauerzahlen, Teilnahme an europäischen Wettbewerben usw, das Mittelfeld kämpft um den Anschluß nach oben und den Abstand von unten, und die Letzten wehren sich gegen den drohenden Abstieg, der immer auch mit drastischen wirtschaftlichen Konsequenzen verbunden ist. So gliedert sich die Bundesliga, ein Beispiel darstellend, in drei Zonen, die grüne Zone der Leistungselite, die gelbe Zone des Mittelstands und die rote Zone der Minderleister. Darunter liegt schließlich noch die schwarze Zone der Abgestiegenen oder derjenigen, die nie den Aufstieg schaffen. Sie entsprechen den Randständigen der Gesellschaft. Allerdings unterscheidet sich die Situation im Sport dramatisch von der Situation in der Gesellschaft. Während unterhalb der Bundesliga sehr wohl Sport getrieben werden kann, auch mit gesellschaftlicher Anerkennung und wirtschaftlichem Auskommen, ist in der Gesellschaft die wirtschaftliche Verelendung und gesellschaftliche Isolation der Absteiger und der nie Aufgestiegenen unausweichlich.

Diese Situation und Entwicklung ist auf allen Ebenen und in allen Bereichen der Wirtschaft zu beobachten.

Auf dem sogenannten Arbeitsmarkt hat die Leistungselite mehr als genug zu tun. Die ständige Klage über den Mangel an Fachkräften beweist dies. Die anhaltende Nachfrage nach Spitzenkräften sorgt auch dafür, daß diese mit hohen, tendenziell wachsenden Einkommen und anderen Privilegien rechnen können.

Auf dem Markt für weniger qualifizierte Tätigkeiten besteht ein krasses Mißverhältnis zwischen Angebot und Nachfrage mit all den damit verbundenen üblichen Erscheinungen. Der Preisdruck ist unübersehbar. Die Arbeitgeber und die Liberalen sprechen ganz offen von der Notwendigkeit der Spaltung der Tariflöhne und fordern wesentlich niedrigere Einstiegslöhne für die unteren Tarifgruppen. Die sozialen Absicherungen für diese Arbeitnehmergruppe werden durch Gesetz und betriebliche Praxis systematisch gekappt. Zum einen werden zeitlich befristete Arbeitsverhältnisse und verlängerte Leiharbeitsfristen ermöglicht und erleichtert (Beschäftigungsförderungsgesetz), und zum anderen werden gut bezahlte und gut abgesicherte Dienstleistungsarbeitsverhältnisse innerhalb eines Unternehmens in zunehmendem Umfang aufgelöst und die damit verbundenen Aufgaben an Fremdfirmen vergeben, z. B. an Reinigungsunternehmen, die nicht selten dubiose Beschäftigungspraktiken haben.

Auf der nächst höheren Ebene der Wirtschaft, den nationalen Märkten für Waren und Dienstleistungen, ist dieselbe Entwicklung zu beobachten.

Die Spitzenleister unter den Unternehmen, Firmen wie Daimler-Benz, IBM, Siemens, Deutsche Bank usw., aber auch die Asse unter den Mittelständlern, haben nicht nur mehr als genug zu tun; sie verdienen auch mehr als je zuvor. Am anderen Ende der Leistungsskala dagegen breitet sich der Krebsschaden immer weiter aus. Die Zahl der Firmenzusammenbrüche wächst von Jahr zu Jahr. Sie hat sich seit 1980 mehr als verdoppelt und 1986 mit über 19000 eine deprimierende Rekordmarke erreicht.

In der Landwirtschaft zeichnet sich dasselbe Bild ab. Im Vergleich zur Industrie zählt sie zu den Minderleistern mit enormen Überkapazitäten. Der daraus resultierende Preisdruck ist so groß, daß die Landwirtschaft in den Industrieländern nur mit ungeheuren Subventionen am Leben erhalten werden kann. Selbst diese Subventionen können nicht verhindern, daß die kleineren Betriebe in klimatisch und von der Bodenqualität weniger begünstigten Gebieten keine Überlebenschance haben. Sie sollen deshalb durch gesetzliche Maßnahmen in die Zwangsbrache getrieben werden und spiegeln damit die Situation der Arbeitslosen wieder.

Auch die höchste Ebene der Wirtschaft, nämlich die Weltwirtschaft mit ihren globalen Beziehungen und Abhängigkeiten, wird von denselben Mechanismen geprägt. Hier sind die industriell weniger entwickelten Länder, die sogenannten Schwellenländer und die Länder der sogenannten Dritten Welt, die Minderleister, deren Leistungsangebot an landwirtschaftlichen Erzeugnissen oder Rohstoffen aus Bodenschätzen sich zusammengefaßt als Überangebot manifestiert mit all den bereits beschriebenen Konsequenzen bis hin zum Preisverfall oder doch zu einer Preisentwicklung, die nicht Schritt hält mit der Entwicklung der Preise für hochentwickelte Industrieerzeugnisse. Das Preisverhältnis bei Exportgütern zwischen industriell hoch und weniger entwickelten Ländern hat sich in den zurückliegenden zwei Jahrzehnten dramatisch verschlechtert, und zwar mindestens um den Faktor 2 : 1.

Die Preisentwicklung auf dem Ölmarkt seit Herbst 1985 ist ein weiteres Beispiel für die Mechanismen der freien Marktwirtschaft. Bekanntlich wollte die OPEC durch Bildung eines Preiskartells die Ölpreise diktieren und sich einen größeren, wohl auch überzogenen Anteil an der Wertschöpfung der Industrieländer sichern. Dieses Kartell ist im Laufe der Jahre zerbröckelt, zum einen durch mangelnde Solidarität und Disziplin innerhalb der OPEC und zum anderen durch die ölproduzierenden Industrieländer wie Großbritannien und Norwegen, die nicht zur OPEC zählen und ihre Förderkapazität ohne Rücksicht auf die Weltmarktsituation und die Preisentwicklung voll nutzen. Die Folgen des Preisverfalls für all die Länder, die auf Deviseneinnahmen aus angemessenen Ölpreisen angewiesen wären, sind nicht abzusehen.

Wir beobachten also auf allen Ebenen der Wirtschaft eine fortschreitende Tendenz der Spaltung in gut beschäftigte und gut bezahlte Spitzenleister und in Minderleister, deren Leistungsangebot nur teilweise von der Nachfrage in Anspruch genommen und deshalb schlecht bezahlt wird. Die schlechte Bezahlung und der Angebotsüberhang gefährden die Minderleister in ihrer Existenz und drängen sie in großer Zahl ins wirtschaftliche Elend und ins gesellschaftliche Abseits.

Angesichts dieser unübersehbar fortschreitenden Verschlechterung der wirtschaftlichen Lage der Schwächeren und Unterprivilegierten fragt man unwillkürlich nach den Rezepten der Verantwortlichen in Politik und Wirtschaft, mit denen sie sich als Herr der Lage erweisen wollen.

Drei verschiedene Strategien werden erkennbar:

Die erste zielt auf die Erhaltung und Verbesserung der internationalen Wettbewerbsfähigkeit durch Förderung und Beschleunigung des technischen und organisatorischen Fortschritts ab. Genau betrachtet wird damit die Flucht nach vorn angetreten. Wir wollen sicherstellen, auch in Zukunft zu den Spitzenleistern im internationalen Wettbewerb und damit zu den Siegern zu zählen. Dabei können wir natürlich keine Rücksicht auf die Minderleister weder bei uns noch anderswo nehmen. Sie bleiben als Verlierer unweigerlich auf der Strecke, gleichgültig, ob es sich bei ihnen um leistungsschwächere Arbeitnehmer, Unternehmen, Regionen (Nord-Süd-Gefälle in der Bundesrepublik!) oder ganze Staaten oder Staatengruppen handelt. Lothar Späth ist hier besonders tüchtig, aber auch Helmut Kohl versucht, ihm nachzueifern. Er hat seine Überzeugung in dieser Frage kürzlich in aller Offenheit deutlich zum Ausdruck gebracht, daß er seine Hauptaufgabe darin sieht, dafür zu sorgen, daß die Bundesrepublik im olympischen Wettkampf der Weltwirtschaft bis zum Jahr 2000 auf dem Siegertreppchen stehen wird. Es muß nach Helmut Kohl nicht immer und überall zur Goldmedaille reichen, aber eine Medaille muß es sein.

Einzelwirtschaftlich mag eine solche Strategie bei kurzsichtiger Betrachtungsweise noch vertretbar sein. Gesamtwirtschaftlich und langfristig gesehen gleicht die ganze Szenerie einem untergehenden Schiff, bei dem alles in die Rettungsboote drängt. Jedermann weiß, daß ihre Kapazität nicht ausreicht, und obwohl sich das Schiff im Eismeer befindet und weit und breit keine Hilfe in Sicht ist, kämpft jeder gegen jeden um seine Chance, und sei diese noch so winzig.

Die zweite Strategie baut auf die Schaffung immer größerer wettbewerbsfreier Binnenräume durch den Zusammenschluß von Unternehmen zu Konzernen, und die dritte Strategie sucht Produkt- und Leistungsbereiche, die von Natur aus weitgehend wettbewerbsfrei sind, zum Beispiel die Rüstung.

Die Zahl der Fusionen erreicht wie die Zahl der Firmenzusammenbrüche immer wieder neue Rekordhöhen. Sie beweist, wie wichtig die Industrie diese Strategie nimmt. Daimler-Benz liefert ein Musterbeispiel für die zweite Strategie und deren Kombination mit der dritten. Mit den Firmenaufkäufen – AEG, Dornier und MTU – im Jahr 1985 wurde das Unternehmen nicht nur zu einem Imperium ausgebaut, der Schwerpunkt der Neuerwerbungen lag zudem auf dem Rüstungssektor. Die zugekauften Unternehmen machen insgesamt mehr als die Hälfte ihres Umsatzes mit Rüstungsgütern. Auch die jetzt geführte Diskussion um die Übernahme von MBB durch Daimler-Benz geht in dieselbe Richtung. MBB erzielt den Großteil seines Umsatzes im Rüstungsbereich.

Ganz offensichtlich versprechen sich Vorstand und Aufsichtsrat von Daimler-Benz in den kommenden Jahrzehnten bessere Geschäfte auf dem militärischen als auf dem zivilen Sektor, vor allem, weil sie vom internationalen Wettberwerb kaum beeinträchtigt werden dürften. Diese Haltung wird auch am Fall MBB deutlich, da Daimler-Benz ausdrücklich erklärt, kein Interesse am Airbus-Bereich, dem (verlustreichen) zivilen Sektor von MBB, zu haben.

Von den Aussichten einer fortschreitenden internationalen Abrüstung halten diese Herren, nebenbei gesagt, wohl nicht gerade viel. Sie dürften auch, um ihre Investitionen nicht zu gefährden, nichts dazu beitragen, diese Aussichten zu verbessern.

Es ist geradezu eine Ironie der Weltgeschichte, daß ausgerechnet der Bereich der Industrie, der mehr als jeder andere vom Wettbewerbsprinzip, dem Prinzip der Gegnerschaft, der Rivalität, ja der Feindschaft, lebt, weitgehend außerhalb des Wettbewerbs steht. Der Staat als Geschäftspartner schränkt den Wettbewerb wegen der sogenannten Sicherheitsrisiken von vornherein ein, schreibt die Entwicklung und Produktion von neuen Waffen und Waffensystemen aus, für die ihm die Anbieter (wer denn sonst?) die Konzeption und das Pflichtenheft geliefert haben und zahlt dann später klaglos die Entwicklungs- und Herstellkosten, auch wenn diese weit über die ursprünglichen Planzahlen hinausgehen. Schließlich steht die nationale Sicherheit auf dem Spiel, für die kein Preis zu hoch ist.

Wer sich vor diesem Hintergrund der Frage zuwendet, wie die fortschreitende Verschärfung des Wettbewerbs auf allen Ebenen gedrosselt werden könnte und wie eine Mäßigung des Wettbewerbs zu erreichen sei, dem wird es nicht gerade leicht fallen, der Resignation zu widerstehen. Die eingefahrenen Gleise sind so tief und gründen so sehr auf fest verwurzelten Verhaltensmustern, daß die Aussichten für die Verwirklichung einer neuen Wirtschaftsphilosophie in überschaubarer Zeit nicht gerade sehr rosig sind. Dies rührt vor allem daher, daß die bislang praktizierte Förderung des Egoismus als der Haupttriebfeder für wirtschaftlichen und technischen Fortschritt und seine Rechtfertigung durch die Schaffung und Pflege von Feindbildern und Sündenböcken uns in eine Sackgasse geführt haben. Letztlich müssen wir andere Triebkräfte fördern und entwickeln, wenn wir aus dieser Sackgasse herauskommen wollen.

Es scheint, als hätte der Vater des deutschen Wirtschaftswunders, *Ludwig Erhard,* die Entwicklung der letzten Jahrzehnte vorausgesehen. Nachdrücklich hat er davor gewarnt. Aber seine Forderung „Maß halten“ verhallte ungehört. Mehr noch, er wurde von seiner eigenen Partei als lästiger Mahner in die Wüste geschickt.

Auch Japan, neben der Bundesrepublik ein Spitzenkandidat in der Weltmeisterschaft beim Tanz ums Goldene Kalb, hat seinen ungeliebten Prediger einer Umkehr. *Nobutane Kiuchi,* Präsident des Instituts für Weltwirtschaft in Tokio und einer der großen alten Männer Japans, hat ausgehend von buddhistisch-shintoistischem Denken eine neue Wirtschaftsphilosophie formuliert[1]. Er schreibt, daß die von uns allen erstrebte freiheitliche Wirtschaftsordnung nur lebensfähig bleiben wird, wenn sie Wege zur Mäßigung des Wettbewerbs beschreitet. Zwei Schritte sind für Kiuchi dafür Voraussetzung. Die freiwillige Einschränkung der Exporte der technisch hoch entwickelten Industrieländer auf das Volumen, das zur Finanzierung der lebensnotwendigen Importe notwendig ist. Wie die Geschichte zeigt, fördert der maßlose Export die Entwicklung anderer Länder nicht, sondern hemmt oder verhindert sie. Der andere Schritt steht im Zusammenhang damit. Nach Kiuchi kann der freie Welthandel nur aufrecht erhalten bleiben unter dem Prinzip der Anerkennung der Ungleichheit, wie er es nennt. Das Prinzip der Anerkennung der Ungleichheit bedeutet die Rücksichtnahme auf den Schwächeren und seine lebenswichtigen Interessen.

Auch wenn Kiuchi bislang noch wenig Erfolg mit seinen Konzepten hat, so ist es doch in Japan schon wiederholt zu mehr oder weniger freiwilligen Exportbeschränkungen gekommen. Unter internationalem Druck und aus der eigenen Einsicht, daß langfristige Ziele wichtiger sind als kurzfristige Erfolge, haben die Japaner wenigstens zeitweilig die Exporte von Autos

---

[1] Nobutane Kiuchi, The Upcoming Economics, Tokio, 1981

und Geräten der Unterhaltungselektronik durch Quotenregelungen für die verschiedenen Hersteller mengenmäßig eingeschränkt.

Eine Wirtschaftsphilosophie, wie sie Kiuchi vertritt, ist uns zwar von der Bergpredigt her vertraut, wo sie in anderen Worten, aber mit ähnlichem Sinn und Inhalt, in der sogenannten Goldenen Regel formuliert ist. Sie lautet: „Behandelt die Menschen so, wie ihr selbst von ihnen behandelt werden wollt."[2] Da uns aber die Spaltung der Ethik in eine Verantwortungs- und eine Gesinnungsethik, wie sie der Volkswirtschaftler und Soziologe Max Weber formuliert hat, erlaubt, die jesuanische Ethik auf den Privatbereich zu beschränken, haben wir keine Probleme mit Moral und Gewissen, uns in der Wirtschaft zu gebärden wie tollwütige Hunde.

Wir sind sogar im Rüstungswahnsinn des Ost-West-Konflikts schon weiter vorangekommen. Im Zusammenhang mit der sogenannten militärischen Sicherheit sprechen immerhin die Einsichtigeren schon von einer Sicherheitspartnerschaft mit dem potentiellen Gegner. Sie sehen ein, daß die militärische Sicherheit nur so weit vorhanden ist, wie sich auch der potentielle Gegner einigermaßen sicher fühlt und nicht durch Unsicherheit und Bedrohung zu Kurzschlußreaktionen getrieben wird. Das Fernziel im militärisch-strategischen Denken liegt für diese Einsichtigeren in der strukturellen Nichtangriffsfähigkeit aller Beteiligten.

In der Wirtschaft sind wir noch lange nicht so weit, nicht einmal in der theoretischen Diskussion, geschweige denn in der Praxis. Schließlich würde dies so etwas wie Partnerschaft im Wettbewerb, und zwar sowohl Partnerschaft zwischen den Anbietern als auch Partnerschaft zwischen Anbietern und Käufern bedeuten.

Konkret würde dies für den Austausch von Waren und Dienstleistungen auf nationaler wie internationaler Ebene die Verwirklichung von Gebiets-, Mengen- und Preisabsprachen bedeuten, allerdings nicht im Sinne von Kartellen zur Monopolisierung von Märkten. Da es weder um die Vergewaltigung von

---

[2] Matthäus 7, 12

Kunden noch um die Ausplünderung von Lieferanten gehen kann, könnte dies nur durch neue Beziehungen zwischen den Erzeugern einerseits und den Abnehmern andererseits und wechselseitig zwischen beiden erreicht werden. Da solche neuen Beziehungen die Verlagerung von Teilen der erzielbaren Wertschöpfung vom jeweils Stärkeren zum jeweils Schwächeren bedeuten, sind sie ohne die grundsätzliche Bereitschaft zum Teilen, zum Verzicht auf die egoistische Gewinnmaximierung nicht realisierbar.

Diese zwingende Voraussetzung verringert natürlich die Begeisterung für die Teilnahme an einem solchen Spiel zugunsten unserer Zukunft. Deshalb sind zur Zeit solche Regelungen und Vereinbarungen in großem Maßstab noch unvorstellbar. Weil sie aber immer dringender gebraucht werden, sollten wir darangehen, sie von der Basis her in kleinen Schritten in überschaubaren Bereichen zu lernen und einzuüben.

Drei Gebiete bieten sich dafür an: der Arbeitsmarkt, also unsere Erwerbstätigkeit, der Umgang mit dem Geld[3], sowie die Erzeugung und der Verbrauch von landwirtschaftlichen Gütern. Auf all diesen Gebieten schreien die Mißstände zum Himmel, und fast jeder von uns hat die Möglichkeit, einen konstruktiven Beitrag zur Verbesserung der Verhältnisse, zur Einleitung einer wirklichen Wende im Sinne einer Umkehr von der Basis her zu leisten.

Auf dem Arbeitsmarkt kann die erstrebte Partnerschaft im Wettbewerb nur durch eine systematische Arbeitsumverteilung verwirklicht werden, wie sie im vorausgehenden Kapitel skizziert wurde.

Für die Landwirtschaft sieht unsere Herausforderung ähnlich aus. Dabei gilt es, der Öffentlichkeit die bestehenden Probleme bewußt zu machen. Darüber hinaus liegt es an uns, einen eigenen Beitrag zu neuen Erzeuger-Verbraucher-Beziehungen zu leisten, und zwar mit einer zweifachen Zielsetzung: Zum einen kann der Kauf von naturgerecht erzeugten Produkten zur Gesundung der Landwirtschaft beitragen und sie veranlassen, Schritt für Schritt auf den Einsatz von Kunstdüngern, Herbizi-

[3] Vgl. Kapitel „Geist und Zins“

den und Pestiziden zu verzichten und dadurch die Qualität der Produkte, des Bodens und des Grundwassers wieder zu verbessern. Zum anderen verschafft die Überwindung der „Aldi-Mentalität“ der Billigstpreise dem biologischen Landbau mit artgerechter Tierhaltung eine Überlebenschance.

Natürlich ist klar, daß dies zunächst eine Herausforderung an den Mittelstand ist, der vom verfügbaren Einkommen her gewisse Spielräume hat, bei der Deckung des Lebensbedarfs wenigstens teilweise auf Billigstkäufe zu verzichten. Aber selbst bei geringem Einkommen wäre es für die Bewußtseinsentwicklung förderlich, wenigstens symbolisch bei dem einen oder anderen Gebrauchsartikel den alternativen Weg zu gehen.

Wenn dann noch unser verantwortliches Denken und Handeln über die Grenzen Europas und der reichen Welt hinausreicht und versucht, die Menschen der ärmeren Länder mit einzubeziehen bei unserer Rücksichtnahme auf die lebenswichtigen Interessen des anderen, dann sind wir auf dem richtigen Wege. Ein gutes Beispiel dafür liefern die sogenannten Dritte-Welt-Läden, in denen unter Umgehung der transnationalen Konzerne Waren aus den industriell weniger entwickelten Ländern verkauft werden. Dieses Beispiel bedarf weiterer Förderung und Nachahmung, umso mehr als dabei zwei Fliegen mit einer Klappe geschlagen werden können durch die Förderung der Entwicklung im Inland wie in Übersee. Im Inland läge dabei der Schwerpunkt auf umweltgerechten Produkten, etwa Naturkost, biologische Reinigungsmittel und dergleichen. Hier liegt ein weites Feld für das Engagement verantwortungsbewußter Gruppen. Die Kirchen könnten diese Arbeit fördern durch die Bereitstellung eines Teil ihres Kapitals, das heute zinsbringend irgendwo angelegt ist.

Ideal wäre die Ausweitung der Aktivitäten der Ökumenischen Entwicklungsgenossenschaft (EDCS) auf die Finanzierung solcher Projekte auch in den Industrieländern. Dies würde eine Grundlage schaffen für den dringend erforderlichen Schritt der Einführung von Verrechnungseinheiten als Grundlage der Darlehensgewährung und -rückzahlung. Bislang wird in aller Regel in harter Währung, zumeist in Dollar, abgerechnet, wodurch das ganze System nicht nur abhängig wird von den Folgen des Irrsinns der Währungsspekulation, sondern auch von der ebenso irrsinnigen Preisentwicklung auf den internationalen Warenmärkten. Verrechnungseinheiten, basierend auf einem Warenkorb oder einem einzelnen Produkt, etwa Kaffee, würden die Transaktionen erleichtern. Der Schuldner könnte dann seine Schuld mit einer vorher vereinbarten Menge bestimmter Naturalien tilgen. Diese Naturalien sollten in den Industrieländern von den oben beschriebenen Läden vertrieben werden, so daß ein Stück transnationale alternative Gesellschaft durch weltweite wirtschaftliche Vernetzung abseits der Handelsstraßen der Großkonzerne entstünde.

Die wirtschaftlichen Heilstheorien

Die im vorstehenden Kapitel beschriebenen Strategien zur Bewältigung des Problems des sich weltweit immer mehr verschärfenden Wettbewerbs entbehren natürlich nicht völlig einer theoretischen Grundlage. Die Hoffnungen, das ständig schneller werdende wirtschaftliche Hunderennen werde irgendwann doch zum guten Ziel führen, gründen im wesentlichen auf zwei Theorien, ob dies nun im einzelnen zugestanden wird oder nicht: Die eine davon ist die Kondratieff-Theorie der langen Wellen, eines langzyklischen wirtschaftlichen Auf und Ab's. Die andere ist die Dreisektorentheorie, die sich mit der Verlagerung der wirtschaftlichen und beschäftigungspolitschen Dominanz der verschiedenen Produktions- und Erwerbssektoren beschäftigt.

Im folgenden soll der Frage nachgegangen werden, ob die beschriebenen Hoffnungen berechtigt erscheinen und was von den Theorien wirklich zu halten ist.

In den zwanziger Jahren unseres Jahrhunderts hat ein Russe namens Kondratieff die nach ihm benannte Wirtschaftstheorie der langen Wellen formuliert. Kurz gefaßt besagt diese Theorie, daß sich die wirtschaftliche Entwicklung in langen Wellen mit einer Zyklusdauer von 40 bis 60 Jahren auf und ab bewegt. Dieser erste Teil seiner Theorie läßt sich historisch leicht nachvollziehen und wurde schon wenige Jahre später durch den schwarzen Freitag von 1929 und die dadurch eingeleitete Weltwirtschaftskrise in bedrückender Weise bestätigt. Im vorausgehenden Jahrhundert hatten die langzyklischen Konjunkturwellen ihre Täler – grob gesagt – in den dreißiger und achtziger Jahren, so daß die Weltwirtschaftskrise der dreißiger Jahre dieses Jahrhunderts genau in den Zeitplan paßte. Auch die großen Probleme der Weltwirtschaft, die uns heute beschäftigen, traten für die Fachleute gewissermaßen programmgemäß auf. Insoweit hat Kondratieff also recht behalten.

Der zweite Teil seiner Theorie hat eher spekulativen Charakter. Kondratieff hatte beobachtet, daß beispielsweise im vergangenen Jahrhundert das erste Konjunkturtal durch den Eisenbahnbau und das zweite durch die Anfänge der Elektrotechnik und der Großchemie überwunden wurde und folgerte daraus, daß der Aufschwung aus dem Wellental jeweils durch die großtechnische Umsetzung von Basisinnovationen ausgelöst wird, wobei die nötigen Erfindungen zwar schon früher gemacht, aber erst am Ende des Wellentals auf breiter Basis verwirklicht wurden. Die Vergangenheit schien Kondratieffs Theorie zweifelsfrei zu bestätigen, doch wird es schwierig, für den Aufschwung aus dem Tal der dreißiger Jahre „die großtechnische Umsetzung von Basisinnovationen" dingfest zu machen. Die Verfechter der Kondratieff-Theorie bemühen dafür zwar das Zeitalter der Massenproduktion mit dem Schwerpunkt des Automobilbaus, doch scheint mir das – vor allem zeitlich – ziemlich weit hergeholt. Bei aufrichtiger Betrachtung müßten wir eingestehen, daß der Aufschwung aus dem Wellental der dreißiger Jahre durch Kriegsvorbereitung, Krieg und Behebung der Kriegsschäden ausgelöst wurde. Und auch für das jetzige Wellental dürfte es schwierig werden, einen technischen Heilsbringer dingfest zu machen, auch wenn alle Verantwortlichen in Politik und Wirtschaft krampfhaft nach ihm suchen. Diese Suche wird umso problematischer, wenn man weiß, daß unsere Produktionsmethoden weit genug entwickelt sind, um selbst die großtechnische Umsetzung einer oder mehrerer Basisinnovationen zu bewältigen, ohne die weltweite Arbeitslosigkeit und die fortschreitende Verelendung großer Teile der Weltbevölkerung zu bremsen und zu verringern.

Die allenthalben wahrnehmbare Reaktion auf diese Tatsache kann eigentlich nur blanker Zynismus sein oder ein volks- und weltwirtschaftliches Kredo bei unseren Machteliten, das auffallende Ähnlichkeit mit dem „Wurstzipfelsyndrom" eines Tübinger Weinbauern, auch Gog genannt, hat. Besagter Gog beklagte sich, einer überlieferten Geschichte zufolge, am Stammtisch bitter darüber, wieviel Wurst er verzehren müsse, um seine Familie mit den Wurstzipfeln satt zu bekommen. Ist damit Kondratieff widerlegt?

Keinesfalls. Es erscheint lediglich notwendig, mit der Suche nach einer Antwort tiefer als Kondratieff anzusetzen. Dieser tiefere Ansatz fällt leicht, wenn wir erkennen, daß der Kondratieff- und der Erlaßjahr-Zyklus der Bibel eng miteinander verwandt sind.

Im dritten Buch Mose (Levitikus) heißt es im 25. Kapitel:

> Wenn ihr das Sabbatjahr siebenmal gefeiert habt und also insgesamt 49 Jahre vergangen sind, laßt ihr am zehnten Tag des siebten Monats, dem Versöhnungstag, im ganzen Land das Signalhorn blasen. Dies ist das Zeichen dafür, daß alle seine Bewohner wieder in ihre ursprünglichen Rechte eingesetzt werden. Das 50. Jahr muß für euch als ein Jahr gelten, das mir gehört. Es ist das Erlaßjahr, in dem eine allgemeine Wiederherstellung erfolgt. Jeder Israelit, der seinen erblichen Landbesitz verpfändet hat, bekommt ihn wieder zurück, und wer sich einem anderen als Sklaven verkauft hat, darf zu seiner Sippe zurückkehren.

Aufgrund dieses Textes kann vermutet werden, daß auch den alten Israeliten ein Langzeitzyklus schon bekannt war. Kondratieff hat ihn also nur neu entdeckt. Allerdings haben ihn die alten Israeliten anders interpretiert als Kondratieff. Während Kondratieff die Lösung des Problems in technischen Innovationen sah - was für die Frühzeit des Industriezeitalters nicht weiter verwunderlich ist –, fanden die alten Israeliten einen geistig-sozialen Ansatz als Auslöser für einen neuen Aufschwung. Legt man den Ansatz der alten Israeliten zugrunde, so wird deutlich, daß das Wellental so etwas wie eine Phase der Ermattung, der Resignation und der Ratlosigkeit darstellt, die vielleicht teilweise daher rührt, daß die Generation, die von der Not des vorherigen Wellentals geprägt wurde und die den Aufschwung geschafft hatte, abtritt und einer Generation Platz macht, die als Kind der Fülle weniger dynamisch ist. Den nötigen Motivationsschub für den Aufschwung sollte nach Auffassung der alten Israeliten ein Neuanfang liefern, für den durch Schuldenerlaß und Sklavenbefreiung alle wirtschaftlichen Fehlentwicklungen und kumulierten Ungerechtigkeiten der vergangenen fünfzig Jahre korrigiert und dadurch ein reiner Tisch geschaffen werden sollte. Aber das Erlaßjahr sollte mehr sein als ein zyklisch wiederkehrendes Jahr der wirtschaftlichen und sozialen Reformen.

In ähnlicher Weise wie das Sabbatjahr sollte es ein „Jahr des Herrn" sein, also ein Jahr der Besinnung, der inneren Einkehr, der Frage und der Suche nach dem tieferen Sinn der menschlichen Existenz. Bedingt durch die vorgeschriebene Brache ist diese Zeit der Besinnung aber auch eine Zeit wirtschaftlicher Unsicherheit und Knappheit, die wohl als notwendige Voraussetzung für die Umkehr und den Weg nach innen betrachtet wurde.

Vom rein wirtschaftlichen und sozialen Standpunkt aus gesprochen, geht es bei den Maßnahmen im Erlaßjahr um Impulse, die als Motivationsschub die Gesellschaft wieder mobilisieren und die veranlassen, ihre geistigen und materiellen Ressourcen neu zu aktivieren. Daß sich diese Impulse im beginnenden Industriezeitalter als technische Innovation manifestierten, ist für diese Zeit eigentlich ganz selbstverständlich, nur muß das ebenso selbstverständlich nicht immer so sein, jedenfalls nicht jetzt, wo jedermann schon vom postindustriellen Zeitalter spricht. Insofern scheinen die Epigonen von Kondratieff das Heil auf dem falschen Weg zu suchen, wenn sie über den technischen Fortschritt auf rettende Innovationen hoffen.

Gehen wir von der tiefer schürfenden Erklärung der Bibel für den Kondratieff-Zyklus aus, so fällt uns auch die Erklärung für den Aufschwung aus dem Tal der dreißiger Jahre leichter. Es war tatsächlich ein geistig-sozialer Impuls, der den Aufschwung mit sich brachte. Er war allerdings von der übelsten Sorte: In Deutschland, Italien, Spanien und Japan waren es faschistische und quasi-faschistische Bewegungen, die die Gesellschaft mobilisierten. In den USA versuchte Präsident Roosevelt mit dem „New Deal" ebenfalls einen geistig-sozialen Impuls zu geben, wenn auch mit geringerem Erfolg, und in anderen Ländern entstand ein Motivationsschub als Reaktion auf die Ereignisse in Mitteleuropa.

Die Frage stellt sich nun, welcher Impuls kann uns aus der Krise der achtziger Jahre herausführen? Sicherlich kommt das Heil nicht von irgendeiner neuen Technik. Mir scheint, wir sollten eher lernen, die Botschaft Jesu ernst zu nehmen und mit dem paulinischen Menschenbild von einem Leib und seinen Gliedern, also von der Menschheit als Organismus, anzufangen. Wir sollten beginnen, unsere Güter in Liebe miteinander zu teilen, zumal wir die Fähigkeiten, für die Weltbevölkerung die Güter des täglichen Bedarfs in ausreichender Menge herzustellen, längst entwickelt haben. Es geht also weniger um neue Produkte als um eine neue Verhaltensweise.

Für den Christen wird die Rückkopplung an die Anfänge des Christentums noch bedeutsamer, wenn er erfährt, daß möglicherweise der Beginn der öffentlichen Wirksamkeit Jesu auf ein Erlaßjahr fiel. Nach einer Zeittafel im Anhang der Übersetzung des Neuen Testaments ins Englische durch den jüdischen Historiker Hugh J. Schonfield ist der Zeitpunkt dafür wohl auf das Jahr 34 festzusetzen. Das vorausgehende Jahr 33/34 war ein Sabbatjahr, so daß mindestens eine Chance 1 : 7 bestand, daß das betreffende Jahr ein Erlaßjahr war. Die Chance wird größer, wenn wir den Bericht von Lukas ernst nehmen, demzufolge Jesus seinen öffentlichen Auftritt einleitete mit einer Lesung aus Jesaja 61, die wie folgt lautet:

> SEIN, meines Herrn, Geist ist auf mir,
> weil ER mich gesalbt hat,
> mich entsandt hat,
> Glücksmär zu bringen den Demütigen,
> zu verbinden die gebrochenen Herzens,
> zuzurufen Gefangenen: Loskauf!
> Eingekerkerten: Auferhellung!
> auszurufen ein Jahr seiner Gnade.[1]

Das Jahr seiner Gnade kann der damit verbundenen Botschaft zufolge sehr wohl ein Erlaßjahr nach einer überlieferten Chronologie gewesen sein. Jedenfalls hätte dies Jesus ohne Zweifel eine zusätzliche Motivation und Legitimation verliehen, seine öffentliche Tätigkeit aufzunehmen, umso mehr als das messianische Friedensreich nach der Lehre Jesu für diejenigen, die sie ernst nahmen, ja eine Art „Dauererlaßjahr" zunächst für das Gottesvolk und später für die ganze Welt bedeuten sollte. Wenn also keine alte Chronologie vorlag, könnte man das Jahr 1 der messianischen Tätigkeit Jesu als das erste Erlaßjahr „neuerer Zeitrechnung" bezeichnen. Jedenfalls implizie-

---

[1] nach Martin Buber

ren die von Lukas zitierten Jesajaverse die Überzeugung, daß der „Gesalbte“, also der Messias, ein Gnadenjahr des Herrn, also ein Erlaßjahr verkündete.

Wie die Sachlage auch immer gewesen sein mag, bemerkenswert ist jedenfalls, daß die damalige Zeit, also die frühen dreißiger Jahre n. Chr., bei Fortrechnung der Erlaßjahr- und Kondratieffzyklen sich nahtlos einfügt in die Wellentäler aller dreißiger und achtziger Jahre, so daß durch all die Jahrhunderte eine bruchlose Kontinuität gewahrt bleibt. Diese Kontinuität könnte ein Anstoß für uns sein, auch uns einzuordnen und unseren Beitrag zu leisten, „die Schulden zu erlassen und die Gefangenen zu befreien.“

Wenn wir in gleicher Weise der anderen wirtschaftlichen Heilstheorie unserer Zeit, nämlich der Dreisektorentheorie nachgehen, werden wir in verblüffender Weise zu ähnlichen Schlußfolgerungen kommen.

Die Dreisektorentheorie beruht auf der schlichten und von jedermann nachvollziehbaren Einsicht, daß sich seit Beginn der Industrialisierung die wirtschaftliche Bedeutung der einzelnen Produktions- und Erwerbssektoren dramatisch verändert hat. Während in der vorindustriellen Zeit die Urproduktion im sogenannten primären Sektor, der vor allem die Landwirtschaft, den Waldbau, die Jagd und den Fischfang umfaßt, wirtschaftlich dominierte und die meisten Menschen beschäftigte, verlagerte sich die wirtschaftliche Dominanz im aufkommenden Industriezeitalter Schritt für Schritt in den sekundären Bereich, die gewerbliche Güterproduktion, die vor allem in der Industrie zu Hause ist. In den meisten Industrieländern war diese Verlagerung in der zweiten Hälfte des vergangenen Jahrhunderts abgeschlossen. Während in der ersten Hälfte des 19. Jahrhunderts noch rund zwei Drittel aller Beschäftigten in der Landwirtschaft arbeiteten, hatte schon um die Jahrhundertwende die Industrie die Mehrzahl aller Beschäftigten übernommen. Die Entwicklung blieb aber dabei nicht stehen. Mit fortschreitender Mechanisierung und Automatisierung der Produktionsmethoden wurde schon bald deutlich, daß die industrielle Produktion in ihrer Bedeutung als Wirtschaftsfaktor und als Arbeitgeber früher oder später den Weg der Landwirtschaft gehen und an Bedeutung verlieren würde. In den USA wurde diese Phase schon in den fünfziger Jahren erreicht, in den europäischen Industrienationen zehn bis zwanzig Jahre später.

Der Dienstleistungsbereich, der tertiäre Sektor, wurde auf diesem Weg zum Hoffnungsträger für die Verantwortlichen in Politik und Wirtschaft, und zwar als Garant des Wirtschaftswachstums und der Vollbeschäftigung.

Das Zusammenwirken der Kondratieff- und der Dreisektorentheorie scheint die Hoffnung zu rechtfertigen, daß der Aufschwung aus dem wirtschaftlichen Wellental unserer Zeit durch Aktivitäten im Dienstleistungsbereich herbeigeführt werden kann. Deshalb sind heute Begriffe wie Kommunikations- oder Informationsgesellschaft als Hoffnungsträger in aller Munde. Bei näherem Hinsehen scheint aber ein altes Wort wieder einmal Wirklichkeit zu werden, mit dem schon der Prophet Jeremia einen damals wie heute häufig auftretenden Trugschluß aus oberflächlichem Denken beklagte:

> Denn zweifach Böses getan hat mein Volk:
> sie verließen mich,
> Born des lebendigen Wassers,
> um sich Gruben zu hauen,
> brüchige Gruben,
> die das Wasser nicht halten.
> (Jeremia 2, 13 nach Martin Buber)

Bedauerlicherweise zeigt die Entwicklung der Beschäftigungszahlen der Nachkriegszeit, daß uns die Kommunikations- oder Informationsgesellschaft des dominierenden tertiären Sektors das Heil nicht bringen wird, daß die Fortschrittsgläubigen „brüchige Gruben hauen, die das Wasser nicht halten".

Nach Angaben des Statistischen Bundesamts in Wiesbaden haben sich die Beschäftigungszahlen der verschiedenen Sektoren wie folgt entwickelt:

Primärer Sektor:	1950 5,0 Mio. (25%)
	1960 3,5 Mio. (14%)
	1970 2,3 Mio. (8%)
	1980 1,5 Mio. (6%)

Sekundärer Sektor:	1960	10,2 Mio. (39%)
	1970	10,0 Mio. (38%)
	1980	8,3 Mio. (32%)
Tertiärer Sektor:	1960	12,5 Mio. (48%)
	1970	14,4 Mio. (54%)
	1980	16,0 Mio. (62%)

Zu dieser Auflistung ist zunächst noch anzumerken, daß für den sekundären und den tertiären Sektor die Zahlen für 1950 fehlen, weil in dieser Zeit Westberlin statistisch noch nicht eingerechnet wurde. Bei den Zahlen für den sekundären Sektor fehlen die Angestellten. Sie wurden ihrer Dienstleistungsfunktion wegen dem tertiären Sektor zugerechnet.

Wenn wir diese Zahlen im Zusammenhang betrachten, so erkennen wir, daß mehr oder weniger erwartungsgemäß im primären Sektor 3,5 Millionen Arbeitsplätze verloren gingen. Wie wir alle wissen, ist dieser Prozeß noch nicht abgeschlossen. Im gewerblichen Bereich des sekundären Sektors gingen 1,9 Mio. Arbeitsplätze verloren, während sich der tertiäre Bereich um 3,5 Mio. Arbeitsplätze erweitert hat. Die Saldenbildung ergibt folgende Rechnung:

Primärer Sektor	- 3,5 Mio.
Sekundärer Sektor	- 1,9 Mio.
Tertiärer Sektor	+ 3,5 Mio.
Fehlmenge	- 1,9 Mio.

Die nackten Zahlen beweisen zunächst die Dreisektorentheorie insofern, als tatsächlich eine Verlagerung vom primären und sekundären Sektor zum tertiären Sektor stattfindet. Sie beweisen aber auch, daß der tertiäre Sektor nicht in der Lage ist, all die aufzunehmen, die in den anderen Sektoren überflüssig werden. Die oben errechnete Fehlmenge entspricht ziemlich genau der Sockelarbeitslosigkeit der frühen achtziger Jahre.

In der oberflächlichen und vordergründigen Art, wie die Dreisektorentheorie bei uns vertreten wird, ist sie diesen Zahlen zufolge ganz offenkundig „eine brüchige Grube, die das

Wasser nicht hält". Die Seifenblase Kommunikations- und Informationstechnologie als Heilsbringer platzt.

Vielleicht lohnt es sich auch bei der Dreisektorentheorie, tiefer zu schürfen.

Bekanntlich lebt der Dienstleistungsbereich von der fortschreitenden Arbeitsteilung in der Gesellschaft. Solange der Produzent oder der Konsument seine Ware selbst transportiert, braucht es kein Transportgewerbe. Solange der Geldbesitzer seine überflüssigen Mittel selbst ausleiht, bedarf es keiner Bank. Solange der Mensch seine Risiken trägt oder auf eine Solidargemeinschaft bauen kann, braucht es keine Versicherung. Solange der Produzent seine Ware selbst vermarktet, braucht es keinen Handel. Solange die Kranken im Haus versorgt und gepflegt werden, braucht es kein Krankenhaus, usw. usw.

Erst die Spezialisierung und die damit verbundene Arbeitsteilung liefert dem Dienstleistungsbereich eine Geschäftsgrundlage. Wenn also nach der Dreisektorentheorie der Dienstleistungsbereich auch in Zukunft weiter wachsen soll, so setzt dies eine fortschreitende Spezialisierung und Arbeitsteilung voraus. Wie sehen die Aussichten dafür aus?

Im kommerziellen Teil des Dienstleistungsbereichs, also der Geldwirtschaft, dem Verkehrs- und Transportwesen und dem Handel, kann weiteres Wachstum erwartet werden. Es wird aber nur wenigen zugutekommen, nämlich den Geld- und Kapitalbesitzern. Die Kommunikations- und Informationstechnologie bietet gerade diesen Branchen enorme Rationalisierungsmöglichkeiten, die bislang nur teilweise ausgeschöpft werden. Die dafür nötigen Investitionen müssen amortisiert und verzinst werden, so daß der Lohnanteil an der Wertschöpfung wie auch in den übrigen Sektoren sinken wird.

Im nicht-kommerziellen Teil des tertiären Sektors, den sozialen Diensten, wird die künftige Entwicklung von zwei Faktoren beeinflußt:

Zum einen ist fraglich, ob die Spezialisierung und Arbeitsteilung auch in Zukunft ungebrochen vorangetrieben werden soll. Ist es wirklich wünschenswert, daß alle Kinder im Krankenhaus geboren werden, daß alle Krankheiten im Krankenhaus behandelt werden, daß alle Alte in Altenheimen ihren Lebensabend verbringen, daß alle Pflegebedürftige in Pflegeheimen versorgt werden?

Die fortschreitende Spezialisierung und Professionalisierung der sozialen Dienste reduziert den Menschen am Ende auf zwei Funktionen, den im Sinne von Erwerbsarbeit aktiven Produzenten von Waren und Dienstleistungen und den als Käufer von Waren und Dienstleistungen auftretenden passiven Konsumenten. Der Mensch würde am Endpunkt einer solchen Entwicklung gerade noch amateurhaft gezeugt, aber möglicherweise schon kommerziell durch eine Leihmutter ausgetragen und geboren. Sein Lebensweg beginnt im Krankenhaus. Über die Stationen Kinderheim und Internat kommt er ins Erwerbsleben. Dabei wohnt er im Hotel und ißt im Restaurant. Seine Freizeit konsumiert er als Kunde der Freizeitindustrie. Den Ruhestand beginnt er zunächst in einer Seniorenkolonie. Im Alters- und Pflegeheim erreicht er dann den Wartesaal für den Tod, bis er schließlich von einem professionellen Beerdigungsunternehmen noch einmal auf Hochglanz gebracht wird und dann im Krematorium oder unter der Erde verschwindet. Armer homo oeconomicus.

Das ist das Szenarium, das dem Dienstleistungssektor das ach so nötige Wachstum liefern könnte. Aber ist das ernstlich der wünschenswerte Weg in die Zukunft?

Glücklicherweise wird er allein aus Kostengründen nicht gegangen werden. Wie wir erkennen können, reichen die Mittel, die unsere Gesellschaft für soziale Dienste und das Gesundheitswesen abzuzweigen bereit ist, heute schon nicht mehr aus. Wenn ein Platz in einem Alters- und Pflegeheim heute schon monatlich mehrere tausend Mark kostet, so kann die Frage, wer das alles bezahlen soll, realistischerweise eigentlich niemand beantworten. Diese Frage ist nicht nur ein vordergründiges Umverteilungsproblem. Schließlich erfolgt die eigentliche Wertschöpfung im primären und sekundären Sektor, d. h. in der Landwirtschaft und in der Industrie. Hier werden die Grundlagen des Wohlstands gelegt, während der tertiäre Sektor letztlich lediglich am Wohlstand der beiden anderen Sektoren partizipiert.

Wir werden also den sozialen Strukturen unserer Gesellschaft neu unsere Aufmerksamkeit widmen müssen. Die Auflösung der Familie, nicht nur als einer materiellen Risikogemeinschaft, sondern vor allem als Träger sozialer Dienstleistungen, hat geradezu katastrophale Folgen für unsere Gesellschaft, nicht nur in finanzieller Hinsicht, sondern vor allem im Sozialen und im Psychischen. Der Mensch ist eben vor allem ein soziales Wesen, dem es nicht genügt, durch alle möglichen Versicherungen materiell abgesichert zu sein. Er bedarf der Gemeinschaft und nicht nur der unverbindlichen, wie sie der Kegelklub bietet. Auch der viel zitierte Prozeß der Selbstverwirklichung und Individuation kann sich nur im warmherzigen und verantwortlichen Umgang mit anderen vollziehen.

Wenn wir den finanziellen und sozialen Aspekten der notwendigen gesellschaftlichen Dienstleistungen die erforderliche Bedeutung beimessen, so müssen wir die Dreisektorentheorie zu einer Viersektorentheorie ausbauen, indem wir die drei kommerziellen Sektoren ergänzen um den informellen, den quartären Bereich der schon beschriebenen Schattenwirtschaft mit ihrem Schwerpunkt der uneigennützigen und unentgeltlichen Eigenarbeit, die vor allem von Frauen im Haushalt und in der Familie geleistet wird.

Allerdings gelingt auf diese Weise die Lösung des Problems nicht ohne innere Umkehr. Die Dreisektorentheorie baut letztlich auf die Professionalisierung und Kommerzialisierung aller menschlichen Aktivitäten und Lebensbereiche. Die „Viersektorentheorie", wenn wir sie so nennen wollen, lehnt dies ab und versucht, vor allem Teile der sozialen Dienste und des Gesundheitswesens der Professionalisierung und Kommerzialisierung (wieder) zu entziehen und sie in den informellen Bereich zurückzuführen oder dort zu belassen. Dies kann sich durchaus im traditionellen Sinn innerhalb der Familie vollziehen, muß es aber nicht ausschließlich. In den vergangenen zwei Jahrzehnten sind Tausende von Selbsthilfegruppen für die verschiedensten Probleme und Ziele entstanden. Sie beweisen, daß es sehr wohl ergänzende Wege zu den bisherigen Praktiken gibt. Sie sind zumeist im informellen Sektor angesiedelt und stellen neue Formen zweckgebundener Gemeinschaftsbildung dar, denen allein schon angesichts der wachsenden Probleme der

Finanzierung unseres Gesundheitswesens mehr und mehr Bedeutung zukommt.

Diese Gruppeninitiativen können und sollten verstärkt auch auf lokale und regionale Aktivitäten im primären und sekundären Bereich ausgedehnt werden. Um des Menschen willen, der überschaubare Strukturen und soziale Beziehungen, aber auch Beschäftigung ohne den enormen Leistungsdruck der Berufstätigkeit braucht, sollte mehr und mehr Raum geschaffen werden für Freundschafts- und Nachbarschaftshilfe, für gemeinsame konstruktive Aktivitäten in Vereinen und anderen Gemeinschaften. Das wären brauchbare Perspektiven!

Beschäftigungspolitisch sind all diese Aktivitäten zumindest neutral oder gar positiv, wenn sie nicht im Sinne einer Doppelbelastung neben einer vollzeitigen Erwerbstätigkeit geleistet, sondern von einer Teilzeitbeschäftigung begleitet werden. So kann sich in einer Familie die Frage stellen, einen mehr und mehr unselbständig oder gar pflegebedürftig werdenden Großvater in ein Alters- und Pflegeheim zu bringen und dafür seine ganze Rente zu verbrauchen. Die Alternative dazu könnte der Verzicht auf die Vollzeitbeschäftigung beider Ehepartner sein. Dadurch könnte nicht nur die nötige Zeit für die Betreuung des Großvaters gewonnen werden; auch die hohen Pflegesätze ließen sich sparen, wodurch die durch die Teilzeitbeschäftigung verursachten Einkommenseinbußen mehr als ausgeglichen würden. Darüber kann das durch die Teilzeitbeschäftigung freiwerdende Arbeitsvolumen zu einer neuen Voll- oder Teilzeitstelle für andere zusammengefaßt werden.

Unsere wirtschaftlichen Probleme sind dadurch allerdings noch nicht gelöst. Ansätze dafür lassen sich im Rahmen der Diskussion der beiden großen Heilstheorien unserer Zeit nur finden, wenn wir zum einen der jüdisch-christlichen Tradition folgen und die alten Fäden wieder aufnehmen, die wir schon vor Jahrhunderten verloren haben. Das läge auf der Linie der Kondratieff-Theorie. Die Dreisektorentheorie liefert uns zwei andere Stichworte, die aber in die gleiche Richtung weisen: Arbeitsteilung und Dienstleistung.

In technisch-organisatorischer Hinsicht haben wir längst gelernt, die Erwerbsarbeit in vernünftiger Weise aufzuteilen. In sozialer Hinsicht im Sinne eines allgemeinen Menschenrechts auf Teilhabe von jedermann an der Erwerbsarbeit stehen wir auf dem Weg der Arbeitsteilung, der Arbeitsumverteilung, noch ganz am Anfang. Die entscheidenden Schritte auf diesem Wege setzen „Dienstleistung", die Bereitschaft, einander Dienste zu leisten, voraus. So einfach und so schwierig ist es.

Geld und Zins

Mit dem Hinterfragen der wirtschaftlichen Heilslehren unserer Zeit ist unsere Bestandsaufnahme der „brüchigen Gruben, die das Wasser nicht halten“, noch nicht abgeschlossen. Unser Umgang mit dem Geld ist das nächste Thema, dem wir uns zuwenden müssen. Dabei erscheint es angebracht, etwas tiefer zu schürfen.

„Das Wort ward Fleisch und wohnte unter uns.“ Dieser Satz aus dem ersten Kapitel des Johannesevangeliums ist eine der zentralen Aussagen christlichen Glaubens. Er wird bezogen auf ein einmaliges historisches Ereignis: die Geburt und das Leben Jesu. Dabei wird allerdings meist übersehen, daß diese Aussage gleichzeitig einen der faszinierendsten Prozesse des menschlichen Lebens symbolisch beschreibt, nämlich die Inkarnation und Materialisation von Ideen und Vorstellungen aus dem Reich des Geistes.

Jeder, der an der Entwicklung technischer Produkte, an der Entstehung von Werken der Kultur oder an der Realisierung von Projekten gleich welcher Art beteiligt war oder einen solchen Prozeß beobachtet hat, muß beeindruckt sein von dem Weg, den eine Idee, eine vage Vorstellung, auf dem Weg über die detaillierte Ausarbeitung bis hin zur sichtbaren und greifbaren Wirklichkeit nimmt. Nicht ohne Grund heißt es, die schöpferische Begabung sei eine der „göttlichen“ Gaben des Menschen.

Daß bei diesen Prozessen das Geld eine ganz entscheidende Rolle spielt, wird häufig genug übersehen. Wenn beispielsweise ein forschender Ingenieur eine Idee von einem neuen Erzeugnis hat, so kann er sie nur realisieren, wenn irgendwelche Geldgeber die Kosten vom Lebensunterhalt bis zu den Hilfsmitteln und Materialien so lange finanzieren, bis eine mehr oder weniger große Zahl von Abnehmern des fertigen Erzeugnisses über den Kaufpreis die Rückerstattung der Vorfinanzierung ermöglicht. Diese Gesetzmäßigkeit der Kreditierung aller Anfänge gilt aber nicht nur für die Entwicklung und Produktion von Gütern aller Art, vom Arzneimittel bis zur Zahnbürste. Sie gilt in gleicher Weise im Dienstleistungbereich, etwa für die Schaffung sozialer Einrichtungen wie Altersheime oder Krankenhäuser. Ja, sie gilt für das Leben schlechthin, denn fast alle Lebewesen „finanzieren" ihre Entwicklung in Kindheit und Jugend auf Kosten anderer, etwa der Eltern.

Diese schlichte Tatsache hat dramatische Konsequenzen: Wer über mehr Geldmittel verfügt, als zur Finanzierung seines Lebensunterhalts erforderlich sind, entscheidet letztlich durch die Verfügung über diese Mittel als Leih- oder Schenkgeld für andere darüber, welche Impulse aus dem Reich des Geistes konkrete Wirklichkeit zu werden vermögen. Mit diesem Geld werden also die Weichen gestellt für die Inkarnation und Materialisation von Anstößen aus der Ideenwelt. Dieses Geld bestimmt – um biblische Begriffe zu gebrauchen – welches Wort bei uns Fleisch zu werden vermag, das Wort der Ausplünderung, der Ausbeutung, der Zerstörung, der Habgier und des Hasses oder das Wort der Gerechtigkeit, der Barmherzigkeit, der Solidarität und der Liebe.

Wir müssen begreifen, daß Geldvermögen – ob viel oder wenig – eine aus nicht konsumierten Früchten der Arbeit destillierte und gespeicherte Energie ist und daß diese Energie den Treibstoff für die Verwirklichung menschlicher Ideen – ob gut oder schlecht – liefert. Ohne diesen Treibstoff bleiben diese Ideen einer Traumwelt verhaftet. Der Eigentümer des Treibstoffs trägt also eine ungeheure Verantwortung, die sogar noch weiter reicht als die Verantwortung bei der Wahl des richtigen Worts bei unseren Gesprächen und Reden.

Diese schlichte Tatsache scheint gerade in den Kirchen weitgehend unbekannt oder zumindest verdrängt zu sein. Zwar spiegeln ihre mündlichen und schriftlichen Verlautbarungen nicht selten den Geist des Evangeliums wieder, aber das ist nicht mehr als die erste Phase der Inkarnation, nämlich die Artikulation von Ideen und Vorstellungen. Die Inkarnation selbst kommt aber ins Stocken, vor allem weil der Umgang mit dem Geld völlig andersartigen Gesetzen unterworfen ist.

Die Milliarden, die die Kirchen auf ihren verschiedenen Ebenen und in ihren verschiedenen institutionellen Ausformungen allein an Rücklagen angesammelt und verfügbar haben, werden von den Finanzfachleuten der Kirche, die häufig genug Banker oder Ex-Banker oder, was noch bedenklicher ist, sachunkundige Juristen sind, fast ausschließlich nach den Kriterien der Rendite und der Sicherheit ausgeliehen, d. h. angelegt. Welche Projekte die Empfänger des Geldes damit finanzieren, ist dem Geldgeber de facto völlig gleichgültig. Ob damit die Produktion von Nervengas oder die Abholzung der Regenwälder in den Tropen finanziert werden, interessiert nicht. Die Anonymisierung der Geldströme durch die Banken und andere Geldinstitute liefert den Kirchen das gewünschte Alibi. Sie werden allerdings dadurch nicht freigesprochen. Ganz und gar nicht. Sie werden mitschudig am Unrecht dieser Welt, und zwar nicht nur gewissermaßen als Mitläufer, sondern genau so wie die deutsche Großindustrie in den dreißiger Jahren, als sie sich darauf einließ, Hitler und die Nazis zu finanzieren. Was für die Kirchen im großen gilt, trifft für jeden von uns im kleinen zu.

Um die Schuld sichtbar und einsichtig zu machen, ist es notwendig, einige grundsätzliche Anmerkungen zu machen.

Wir haben ein merkwürdig gespaltenes Verhältnis zum Geld. Jedes Kind weiß, daß es in der arbeitsteiligen Gesellschaft unabdingbar ist für die menschliche Existenz. Geldgeschäfte gelten aber dennoch als schmutzig. Man hat möglichst wenig damit zu tun. Dabei wird übersehen, daß Geld als Hilfsmittel zur Erleichterung des Austauschs von Gütern und Dienstleistungen und als Treibstoff für Inkarnationsprozesse eine der großartigsten Erfindungen des menschlichen Geistes ist. Wir gehen nur nicht verantwortlich damit um. Durch die Anonymisierung der Geldströme auf ihrem Weg durch die Banken wird der Geldgeber scheinbar von seiner Verantwortung befreit, aber eben nur scheinbar. Er muß wissen, und das ist den Kirchen mit allem Nachdruck ins Stammbuch zu schreiben, daß er auf diese Weise die Inkarnation von Ideen fördert, die in vielen Punkten im Widerspruch zu den Inhalten der christlichen Lehre stehen. Er fördert nämlich die herrschende Ideologie unserer Zeit mit ihren fünf Erzübeln, nämlich:

erstens Wirtschaftswachstum um jeden Preis, auch um den Preis der Zerstörung der Umwelt und der Vergeudung von unwiederbringlichen Ressourcen für überflüssige oder gar schädliche Produkte;

zweitens fortschreitende Verschärfung des Wettbewerbs mit der damit verbundenen Elimination aller Leistungsschwächeren aus dem aktiven Wirtschaftsleben (der heraufziehende europäische Binnenmarkt wird uns hier sicherlich noch einige Lektionen beibringen);

drittens technischer Fortschritt, auch wenn er weder Mensch noch Natur irgendeinen wirklichen Nutzen bringt;

viertens Ausplünderung der Rohstoffländer durch miserable Preise und Schuldknechtschaft und schließlich

fünftens Profitmaximierung verbunden mit der Akkumulation von frei verfügbaren Geldmitteln, wie dies am besten bei Daimler-Benz und bei Siemens zu beobachten ist, mit dem Ergebnis, daß sich mit diesen Mitteln die teuflische Spirale weiter drehen läßt.

Solange wir unsere verfügbaren Mittel rendite- und sicherheitsbewußt über Banken und andere Geldinstitute ohne strikte Zweckgebundenheit (wie etwa bei Bausparkassen) in die Finanzmärkte einschleusen, wird zwar konstruktiv-aufbauend geredet und gepredigt, aber destruktiv-zerstörend gehandelt. Glaube und Werke stehen im Gegensatz zueinander. Die Werke sind keine Inkarnation des Glaubens. Ober vielleicht doch? Steht uns Mammon vielleicht doch näher als Gott.

Dieses Problem muß aufgedeckt werden. Das Geschrei über die Weltschuldenkrise hat keine Glaubwürdigkeit und damit kein Gewicht und keine Wirkung, wenn wir nicht unsere eigenen Häuser in Ordnung bringen. Es genügt nicht länger, fremdes Vergehen, etwa das Bankenengagement in Südafrika, anzuprangern. Wir müssen endlich lernen, daß wir selbst durch das Verleihen von Geld (auch über das Sparbuch und über Versicherungsprämien) verantwortlich darüber entscheiden, ob sich, extrem ausgedrückt, Gutes in unserer Welt inkarniert oder Böses. So weit reicht tatsächlich unsere Verantwortung.

Damit ist aber das Kapitel über unseren verantwortungslosen Umgang mit dem Geld noch nicht abgeschlossen. Wie der schon lange schwärende Krankheitsherd der internationalen Schuldenkrise jedem Einsichtigen deutlich macht, muß auch die Frage nach der Berechtigung des Anspruchs auf Geldvermehrung durch Zins und Zinseszins gestellt werden. Dabei geht es nicht nur um die Ursachen für das enorme Wachstum der Schulden der industriell weniger leistungsfähigen Länder dieser Welt. Auch die Verschuldung der öffentlichen Hand in den Industrieländern, auch in der Bundesrepublik, hat beängstigende Ausmaße angenommen.

In der Nummer 3 vom 18. Januar 1988 veröffentlichte der SPIEGEL die nachstehende Grafik, die die Entwicklung der Verschuldung des Bundes in der Zeit von 1970 bis 1988 darstellt. (Abb. 2)

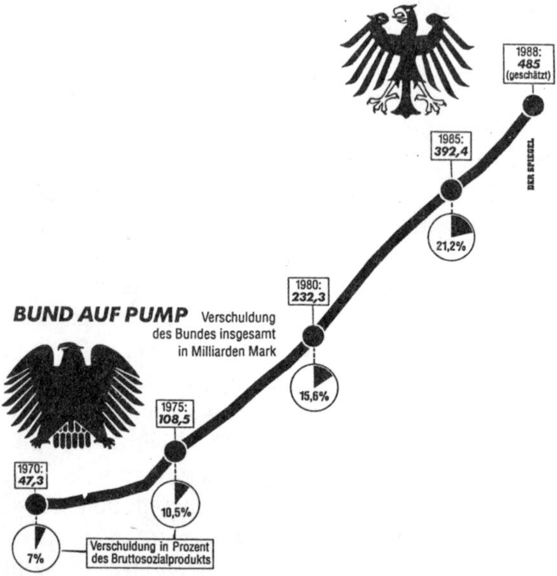

Jeder, der etwas von Mathematik versteht, wird durch diese Darstellung an eine Exponentialkurve erinnert, die sich bei Wachstum ergibt, und zwar wenn bei gleichbleibendem Wachstumskoeffizienten, etwa ausgedrückt in einer Prozentzahl, die Ausgangsmenge für die Berechnung jeweils um die Wachstumsmenge vergrößert wird (Abb. 3). Ist die Ähnlichkeit dieser beiden Kurven rein zufällig oder resultiert sie gar nur aus der besonderen Darstellungsform des „SPIEGEL“?

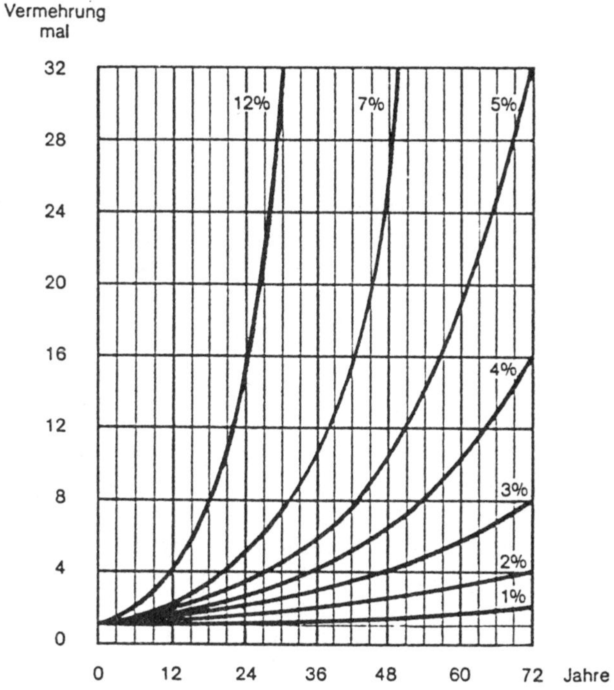

Bei näherer Betrachtung erweist sich, daß die Ähnlichkeit der Kurven nicht zufällig ist, sondern daß das Wachstum des Schuldenbergs tatsächlich den Gesetzen exponentiellen Wachstums unterliegt. Und so werden an der Entwicklung der Verschuldung des Bundes exemplarisch die Ursachen der internationalen Schuldenkrise wie auch des Börsenkrachs vom Herbst 1987 deutlich:

Das Prinzip von Zins und Zinseszins, das die Grundlage unseres ganzen Geld-, Kapital- und Finanzsystems liefert, führt immer dann zu exponentiellem Wachstum von Geldvermögen einerseits und Schulden andererseits, wenn einerseits die Besitzer von Geldvermögen mehr Zinsen einnehmen als sie verbrauchen, so daß auch der Zins wieder zinsbringend angelegt werden kann und muß, und andererseits die Schuldner mehr Zinsen zahlen müssen als sie trotz Einschränkung des Lebensstandards aufzubringen imstande sind, so daß die nicht bezahlten Zinsen den Schulden zugeschlagen und damit selbst zinspflichtig werden. Wie die Abbildung 2 zeigt, führt das Prinzip von Zins und Zinseszins zu exponentiellem Wachstum, dessen Kurve sich im Unendlichen verliert.

Für unser Finanzsystem bedeutet dies, daß es zwangsläufig in einer Katastrophe endet, da „unendliche" Schulden keine Größen sind, mit der ein Wirtschaftssystem existieren kann. Ob diese unausweichliche Katastrophe früher oder später eintritt, wird ebenfalls aus der Abbildung erkennbar: der Zeitpunkt wird von der Höhe des mittleren Zinssatzes bestimmt. Ist dieser hoch, so tritt die Katastrophe früher ein, ist er niedrig, dann eben später; eintreten wird sie in jedem Fall.

Der konkrete Zeitpunkt des Eintritts der Katastrophe in Form des sozialen Notstands in einer Volkswirtschaft hängt ab von dem Verhältnis zwischen der Wachstumskurve des Volkseinkommens und der Wachstumskurve des Anteils am Volkseinkommen, der für den Kapitaldienst abgezweigt werden muß, und zwar sowohl in Form des Schuldendienstes, etwa dem Ausland gegenüber, als auch dem in der Wirtschaft und von der öffentlichen Hand zinspflichtig investierten Kapital. Wachsen die Aufwendungen für das Kapital aufgrund hoher Zinsen rascher als das Volkseinkommen allgemein, so steigt die eine Exponentialkurve sehr viel steiler an als die andere. So verdoppeln sich beispielsweise Aufwendungen für Kapital bei einem Zinssatz von 6% in zwölf Jahren, während sich das Volkseinkommen bei einer Steigerungsrate von beispielsweise 2% erst in sechsunddreißig Jahren verdoppelt. Je größer der Abstand zwischen den Zinssätzen ist, desto nebensächlicher wird der Abstand der beiden Ausgangspunkte der Kurven.

Wie kritisch die Entwicklung tatsächlich ist, zeigt nicht nur die Grafik zu Beginn dieses Kapitels. Dies wird noch deutlicher, wenn wir wissen, daß die Verschuldung von Bund und

Ländern bis in die siebziger Jahre unter den jährlichen Steuereinnahmen lag, in der Zwischenzeit aber auf mehr als das Doppelte angewachsen ist. Eher noch düsterer sieht es mit der Verschuldung der Wirtschaft aus. Während 1950 diese Verschuldung mit 44 Mrd. DM noch deutlich unter der Hälfte der Jahresleistung in Höhe von 98 Mrd. DM lag, hatte die Verschuldung 1970 die Leistungskurve erreicht und lag 1985 mit rund 2.400 Mrd. DM bereits ein knappes Drittes über dem Bruttosozialprodukt mit 1.840 Mrd. DM.[1]

Wann sich ein solches Kurvenpaar für Kapitaldienst und Einkommen annähert und schließlich schneidet, kann jeder leicht ausrechnen, wenn er von den jeweiligen konkreten Anfangszahlen ausgeht. Die Abbildung 2 mag dafür die nötigen Anhaltspunkte liefern.

Daß auf diesem Wege die Katastrophe fast unvermeindlich ist, geht schon aus der Tatsache hervor, daß die Schuldzinsen praktisch nie unter 6% fallen, in vielen Fällen und für viele Schuldner, hauptsächlich bei größerem Risiko, aber wesentlich höher liegen. Langfristig ähnliche Wachstumsraten für das Volkseinkommen durchzuhalten, ist kaum vorstellbar.

Letztlich lassen sich entsprechende Wachstumsraten nur auf dem Wege der fortschreitenden Inflation erreichen. Die Inflation benachteiligt aber die Lohnarbeiter, weil die Lohnentwicklung fast immer hinter der Inflation zurückbleibt. So haben sich die Realeinkommen in vielen lateinamerikanischen Ländern in weniger als zehn Jahren halbiert[2]. Darüber hinaus fördert die Inflation auch die Kapitalflucht und schafft so einen Teufelskreis, weil sie fast zwangsläufig die Zinsen nach oben treibt, um die Kapitalflucht zu verhindern und um ausländisches Kapital ins Land zu locken. Ein bedrückendes Beispiel dafür liefert sogar ein wirtschaftlich so bedeutendes und leistungsfähiges Land wie die USA, wo die Schuldzinsen lange Zeit um die 20-Prozent-Marke schwankten. Im übrigen nützt auch bei rela-

---

[1] nach Helmut Creutz, zitiert aus dem Protokoll einer Tagung der Kath. Akademie Trier zusammen mit der Initiative für Arbeitsumverteilung vom 22. bis 24. Mai 1987

[2] Vgl. Susan George, Sie sterben an unserem Geld, Hamburg, 1988

tiv niedrigen Schuldzinsen die Binneninflation nichts, wenn die Schulden auf Fremdwährung lauten. In einem solchen Fall muß der Schuldendienst aus Exporterlösen in aller Regel seit Jahren mit sinkenden Preisen finanziert werden. Völlig unabhängig von der Preisentwicklung im Inland wird so die Höhe der Exportpreise zum buchstäblichen lebensentscheidenden Faktor.

Jedenfalls folgt aus einer solchen Situation mit mathematischer Gesetzmäßigkeit, daß der Anteil am Volkseinkommen, der als Kaufkraft für den Verbrauch durch die Erwerbsbevölkerung zur Verfügung steht, zwangsläufig immer kleiner wird. Das ist an den hochverschuldeten Ländern, z. B. in Südamerika und Afrika, aber beispielsweise auch an Polen, leicht nachzuvollziehen. Selbst in einem so reichen Land wie der Bundesrepublik geht der Anteil am Volkseinkommen, der der lohnabhängigen Arbeit zufließt, seit Jahren – scheinbar unaufhaltsam – zurück. Er lag 1975 noch bei 67,6%, 1980 bei 67,3%, 1985 bei 59,9% und 1987 schließlich noch bei 56,9%[3]

Theoretisch kommt es schließlich so weit, daß die schneller steigende Exponentialkurve des Kapitaldienstes die Kurve des Volkseinkommens schneidet. Das würde konkret bedeuten, daß das gesamte Volkseinkommen für den Kapitaldienst aufzuwenden wäre. Als Kaufkraft für die vermögenslose Bevölkerung bliebe nichts übrig.

Angesichts dieser zwingenden Gesetzmäßigkeit muß man sich wundern, wie die Zinsfrage mit ihren tödlichen Konsequenzen so lange in unserer Gesellschaft tabuisiert werden konnte. Dies war und ist nur möglich, weil alle gesellschaftlichen Kräfte, von den Banken über die Industrie, die Gewerkschaften, die Kirchen und die Politiker als die großen Nutznießer dieses Systems eifrig am Bau der Mauer des Schweigens mitgewirkt haben. Nicht nur das; mit den Mitteln primitiver Volksverdummung, die auf blanke Habgier setzt, hat man dem Volk goldene Berge versprochen.

Am schlimmsten hat es ausgerechnet die Bank für „Gemeinwirtschaft“ getrieben, die vor einigen Jahren, als die Zinsen

---

[3] Quelle: DER SPIEGEL

besonders hoch waren, mit einer Anzeigenserie ihren Kunden aus der „Arbeiterklasse" versprach: „Wie Sie zu Geld kommen, ohne einen Finger krumm zu machen." 9 Prozent Zinsen wollte sie zahlen, die Bank für Gemeinwirtschaft. Mit der Zinseszinsrechnung bringen 9 Prozent Zinsen bei 10.000 Mark Anlagekapital nach acht Jahren die erste Verdopplung auf 20.000 Mark, nach 16 Jahren die zweite auf 40.000 Mark. Nach der vierten Verdopplung die nach 32 Jahren erreicht ist, und mit der der Anleger bei 160.000 Mark angekommen ist, könnte dieser bescheiden von den Zinsen leben. Das wären immerhin schon monatlich 1200 Mark. Verzichtet er darauf, so wird er nach 56 Jahren mit der siebten Verdopplung Millionär. Nach 88 Jahren sind für die lachenden Erben 20 Millionen beisammen. Das bedeutet es im Klartext, was die BfG ihren Kunden angeboten hat.

Angesichts dieser ungeheuren Geldvermehrung erhebt sich die Frage, wie dieser Zuwachs zustandekommt und vor allem, wo er herkommen soll.

Das kleine ABC der Volkswirtschaft lehrt, daß Wertschöpfung nur durch menschliche Arbeit entsteht, wodurch das, was die Natur bietet, auf irgendeine Art verarbeitet und verwertet wird. Die Empfehlungen der Banken an ihre Kunden, ihr „Geld arbeiten zu lassen", sind schlichte Lügen. Geld arbeitet nicht. Wie auch? Wenn für die Bereitstellung von Geld, also für die Kreditgabe, Zinsen verlangt werden, so bedeutet dies volks- und betriebswirtschaftlich nichts anderes, als daß den Kreditnehmern, also den Arbeitenden, und das schließt natürlich auch die aktiven Unternehmer ein, ein Teil ihrer Wertschöpfung weggenommen wird.

Es würde zu weit führen, die Gründe auszubreiten, weshalb Geld bzw. der Geldbesitzer dazu kommt, für die Bereitstellung seines Gelds eine Verzinsung beanspruchen zu können. Sie tun es mit Erfolg, und es ist gesellschaftlich durchaus moralisch und rechtlich legitimiert. Dies war nicht immer so. Im Mittelalter galt die Zinsnahme als unmoralisch. Sie wurde von der Kirche scharf verurteilt. Auch bei Luther ist die Stellungnahme noch eindeutig ablehnend. Bis vor wenigen Jahrhunderten galt also die Zinsnahme als moralisch verwerflich. Die gewerblichen

Geldverleiher und Zinsnehmer wurden gesellschaftlich den Prostituierten und ähnlich verachteten Gewerben gleichgestellt, weshalb sie sich auch im wesentlichen aus den Kreisen gesellschaftlicher Außenseiter rekrutierten.

Wir wir alle wissen, hat sich das dramatisch geändert. Wer nach Frankfurt kommt, sieht auf einen Blick, daß die prachtvollen Hochhäuser der Großbanken zu den großen Tempeln unserer Gesellschaft geworden sind. Allein die Tatsache, daß der Chef eines so gigantischen Konzerns, wie es die Daimler-Benz AG ist, von der Deutschen Bank gewissermaßen „ernannt“ wird, wie dies vor kurzem bei der Ablösung von Breitschwert durch Reuter wieder einmal sichtbar geworden ist, spricht Bände.

Da mag die Geschichte von dem Kreditsystem eines westafrikanischen Volksstammes wie ein rührseliges Märchen klingen, auch wenn es jetzt durch den Entwicklungsdienst übernommen wurde. In der Regel zur Familiengründung, aber auch aus anderen Anlässen, leiht ein Freund dem jungen Paar eine Kuh. Der Kredit hat eine variable „Laufzeit“, die einvernehmlich festgelegt wird. Die „Laufzeit“ wird auf eine bestimmte Zahl von Kälbern festgelegt, die die Kuh zur Welt bringen soll, bevor sie an den Besitzer zurückgegeben wird. Die Kälber gehören dem Kreditnehmer. Hier wandert der Zins also nicht zum Gläubiger.

Diese Art von Kreditsystem basiert auf dem Prinzip des natürlichen Wachstums, das an jedem Organismus beobachtet werden kann. In der Jugend gibt es eine Phase raschen Wachstums, das beim „Erwachsen“-sein durch eine Phase der Stagnation abgelöst wird. Der Stagnation folgt der natürliche Niedergang. Der Wert der Kuh steigt also zunächst einmal an, stagniert und sinkt anschließend, so daß sie für den Kreditgeber immer weniger wert ist, je länger die vereinbarte „Laufzeit“ des Kredits dauert. In diametralem Gegensatz zu dieser Art des Kreditsystems mit natürlichem Wachstum steht unser System mit Zins und Zinseszins, mit dem die Liquidität und die leichte Austauschbarkeit des Geldes um den Preis exponentiellen Wachstums honoriert wird, das – wie erwähnt – ins Unendliche und damit früher oder später zum Kollaps führt.

Das exponentielle Wachstum produziert nämlich ein solch phantastisches Wachstum des Geldvermögens, wenn auf den Verbrauch des Zinses verzichtet wird, und in gleicher Weise zu einem so phantastischen Wachstum der Schulden, wenn die Zinsen nicht ohne große Opfer erwirtschaftet werden können, daß die Besitzer schließlich zu einer unübersehbar werdenden Ansammlung von Geldvermögen kommen, während die Schuldner im Elend zugrundegehen.

Für die Besitzer liefert der ehemalige Kaufhaus-Konzernchef Horten ein typisches Beispiel: Er verkaufte vor zwanzig Jahren seinen Konzern für 1,2 Milliarden Mark. Als er 1987 starb, hinterließ er seiner Frau Zeitungsberichten zufolge ein Vermögen im Wert von 4,5 Milliarden Mark. Natürlich ist dieser Vermögenszuwachs nicht allein durch Zins und Zinseszins entstanden. Und doch wäre dies möglich. Eine – grob gerechnet – Vervierfachung des Vermögens in zwanzig Jahren würde bei Verzicht auf Zinsverbrach nach der Zinseszinsrechnung einen Zinsfuß für die ganze Zeitspanne von etwa 7 Prozent voraussetzen. Aber selbst in der Verbindung von Zins und Zinseszins mit erfolgreicher Spekulation liefert Horten ein anschauliches Beispiel für die leistungslose Vermehrung von Geld und Kapital.

Für die Schuldner sind die Länder der sogenannten Dritten Welt in bedrückender Weise beispielhaft: In den achtziger Jahren hat sich die Schuldenlast dieser Länder nach Angaben der Weltbank von über 600 auf über 1200 Mrd. Dollar praktisch verdoppelt. Diese Entwicklung ist umso erschreckender, weil in den meisten dieser Länder seit Jahren der Kapital*ab*fluß größer ist als der -*zu*fluß. Der negative Kapitalfluß wurde aber nicht als Rahm vom Wohlstand abgeschöpft, sondern der Kaufkraft des ohnehin am Existenzminimum vegetierenden Durchschnittsbürgers abgepreßt. Selbst gutwilligen Regierungen bleibt keine Alternative zu einer solchen Politik, weil sie die Kapitalbesitzer, die nationalen wie die internationalen, nicht verprellen dürfen.

Wenn sich die internationale Finanzwelt allmählich Gedanken zu machen beginnt, ob sich der Sturz ins Bodenlose durch Schuldenerlaß vermeiden ließe, so scheint es, als sei ein Sieg der

Vernunft eine Minute vor zwölf vielleicht doch noch möglich, auch wenn die zentrale Frage nach der eigentlichen Ursache der katastrophalen Entwicklung nicht gestellt wird.

Die globale Entwicklung der internationalen Finanzmärkte in den letzten Jahren legt für das wachsende mörderische Ungleichgewicht unübersehbar Zeugnis ab. Fachleute gehen davon aus, daß ständig Hunderte von Milliarden Dollar („DER SPIEGEL“ schätzt die Summe auf mindestens 500 Milliarden) rund um den Globus schwappen auf der krampfhaften Suche nach gewinnbringender Anlage. Sie gehören ganz offensichtlich Leuten, die sie nicht brauchen. Sie sind also über-flüssig im eigentlichen Wortsinn.

Es ist deshalb kein Wunder, wenn die Gier dieser Anleger in den vergangenen Jahren die Aktienkurse in völlig irrsinnige Höhen getrieben hat. Der Börsenkrach vom Herbst ’87 ist nur eine Bestätigung des Wahnsinns und zeigt, daß die Exponentialkurve den Knick nach oben längst gemacht hat und die Zone der Instabilität erreicht ist.

Die Situation der US-amerikanischen Banken stellt das wohl erschreckendste Beispiel dieser Instabilität dar:

Nach einem Bericht der amerikanischen Wochenzeitschrift „TIME“ vom 29. 8. 88 ist die Zahl der jährlichen Bankenzusammenbrüche in den USA von 10 im Jahre 1981 auf 203 im Jahre 1987 gewachsen. Die Reserven der staatlichen Einlagenversicherungsgesellschaften sind deshalb fast völlig aufgezehrt. So hat allein die Federal Deposit Insurance Corp. (FDIC) zwischen 1982 und 1987 rund 10 Milliarden Dollar aufwenden müssen. Die Welle der Zusammenbrüche gefährdet aber nicht nur rund 1500 kleinere Banken. Selbst die zehn größten Banken der USA haben zweifelhafte Forderungen von einem Umfang, der das Eigenkapital erreicht oder gar übersteigt, so daß jeder größere Verlust sie in ihrer Existenz gefährdet.

Die Aktienmärkte, aber auch die Preisentwicklung für Kunst und andere Sammlerobjekte, etwa alte Autos, sind Kennzeichen dafür, daß die Geldschwemme auf Teilmärkten eine Inflation kaum vorstellbaren Ausmaßes ausgelöst hat. Daß diese Inflation nur auf Teilmärkten stattfindet, beweist, daß der Geldüberfluß in den Händen von Leuten ist, die keinen Bedarf an Gebrauchsgütern mehr haben, jedenfalls nicht in dem Umfang, um auch auf den Märkten für Gebrauchsgüter eine ähnliche Inflation auszulösen. Es sind also die Reichen und die Superreichen.

Während eine kleine Minderheit auf dieser Welt durch den Zinsmechanismus zu unvorstellbarem Vermögen gekommen ist und kommt, hungern und krepieren Millionen, um diese wahnsinnige Verlagerung von Geldvermögen und Kaufkraft zu vollziehen und weiter zu beschleunigen. Die Banken haben dabei die Rolle der Zuhälter gespielt, zunächst mit großem eigenen Nutzen. Nun sind sie (vor allem die US-amerikanischen) aber selbst ins Trudeln geraten.

In diesem aberwitzigen Prozeß hat sich der Wert des Geldes verselbständigt und vom Waren- und Sachwert abgekoppelt. Geld ist vom Tauschmittel zur eigenständigen Ware und zum Spekulationsobjekt verkommen, und die Finanzmärkte sind zur Spielhölle und zum Tollhaus herabgesunken. Die dadurch verursachten Kursschwankungen und Unsicherheiten erschweren und gefährden den Welthandel ernstlich, so daß sogar konservative Wirtschaftsbosse, etwa *Akio Morito,* der Chef der japanischen Sony, oder bei uns der Sprecher der Arbeitgeber, *Stihl,* sich offen darüber beklagen, daß die Finanzwelt,für die Geld Spekulationsobjekt ist, die reale Wirtschaft schädigt. Die tieferen Gründe unserers Dilemmas scheint niemand von den Prominenten offenlegen zu wollen.

Wie sehr die Zinsfrage zum großen Tabu in unserer Gesellschaft geworden ist, zeigt auch die Diskussion um die Quellensteuer. Während dem armseligsten Lohnempfänger mit größter Selbstverständlichkeit die Steuer von seinem Einkommen abgezogen wird, bevor er es zu Gesicht bekommt, schreien die Geldleute Zeter und Mordio, wenn dasselbe Prinzip auch bei Einkommen aus Geldvermögen angewendet werden soll. Weshalb? Weil jeder von ihnen mit größter Selbstverständlichkeit und Selbstgerechigkeit dafür Einkommensteuer hinterzieht. Am wehleidigsten gebärden sich dabei die Kirchen. Sie entlarven sich in niederschmetternder Weise, geben sie damit doch offen zu, daß sie aus riesigen Geld- und Anlagevermögen Millionen für Zins und Zinseszins einnehmen. Daß Zins leistungsloses Einkommen bringt und letztlich legitimierter Diebstahl ist, wird verschwiegen. Aber der Widerstand gegen die Quellensteuer entlarvt die windige Moral der Kirchen in dieser Frage: Da Diebesgut schon immer steuerfrei war, ist natürlich nicht einzusehen, weshalb plötzlich Zinsen steuerpflichtig sein sollen.

Die Tatsache, daß durch das Prinzip von Zins und Zinseszins die Reichen automatisch immer reicher und die Armen immer ärmer werden, ist aber nicht das einzige Elend, das unsere Art, mit Geld umzugehen, produziert. Die fortschreitend sich beschleunigende Verlagerung der Kaufkraft und des Geldvermögens von den Schuldnern, also den Armen, zu den Gläubigern, also den Reichen, hat auch zur Folge, daß der Wunsch nach zinsbringender Anlage der ins Ungeheuerliche wachsenden Geldvermögen mehr und mehr ins Leere stößt. Dadurch stellt sich die Aufgabe der Kapitalvernichtung, aber natürlich nicht zu Lasten der Geldbesitzer, sondern der Allgemeinheit. Der beste Weg dazu ist die Rüstung und deren Finanzierung durch eine wachsende Staatsverschuldung, wodurch das Geldvermögen wieder eine zinsbringende Anlagemöglichkeit findet. Ronald Reagan lieferte für diese Strategie, vermutlich ohne es zu wissen, das beste Beispiel. Er hat nämlich nicht nur den Rüstungshaushalt geradezu ins Astronomische gesteigert, sondern auch eine größere Staatsverschuldung aufgehäuft als alle Präsidenten der US-amerikanischen Geschichte vor ihm zusammengenommen.

In früheren Zeiten hat dieser Prozeß unausweichlich zum Krieg geführt und zwar spätestens dann, wenn die Rüstung ein Ausmaß erreicht hatte, daß deren Ausweitung selbst der dümmsten Öffentlichkeit nicht mehr zuzumuten war. Heute ist die Lage nicht mehr so kritisch. Wir haben nicht nur finanzpolitische Stellvertreterkriege wie im Mittleren Osten, wo sich die Kapitalvernichtung vollziehen kann, ohne uns weh zu tun. Wir haben weiterhin den technischen Fortschritt, der Waffensysteme veralten läßt und die Ersatzbeschaffung auf neuerem technischen Stand zuläßt. Wir haben darüber hinaus seit Ende 1987 die ersten Abrüstungserfolge. Für die Finanzwelt und die Rüstungsindustrie bedeutet Abrüstung Kapitalvernichtung zu Lasten der Öffentlichkeit. Schließlich hat der Steuerzahler die Raketen ja schon bezahlt, bevor sie vernichtet werden. Das Spiel ist also durchaus erfreulich, solange die Rüstungshaushalte nicht gekürzt werden, und davon ist ja nichts zu sehen.

Die Kapitalvernichtung auf dem Wege der Auf- und Umrüstung zu Lasten der Öffentlichkeit über die wachsende Staatsverschuldung hat eine weitere, äußerst problematische Konsequenz. Um die Schuldenlast nicht allzu rasch ins Unermeßliche wachsen zu lassen, muß der Staat alles tun, um über ebenso exponentielles Wirtschaftswachstum das nötigste Steueraufkommen zu erzielen. Dieselbe Notwendigkeit ergibt sich auch für jedes Wirtschaftsunternehmen, wobei es gleichgültig ist, ob Eigen- oder Fremdkapital verzinst werden muß. Auch hier muß über die Steigerung der Umsätze und der Gewinne versucht werden, den Ansprüchen auf Kapitalrendite und Geldverzinsung gerecht zu werden. Für den Fortbestand des Unternehmens würde die Erwirtschaftung der Abschreibung und die Bildung von Reserven durchaus genügen, nicht aber für die unersättliche Gier nach Geld- und Kapitalvermehrung. Insofern erweist sich das Zinssystem auch als die eigentliche Wachstumspeitsche, die uns ohne Frage nach Sinn und Ziel unablässig vorantreibt.

Was ist zu tun?

An der Zinsfrage zeigt sich mit einer Deutlichkeit wie nirgendwo sonst, wie sehr der politische Reformismus in eine existentielle Krise geraten ist. Ja, es ist sogar zu vermuten, daß die Einsicht der Reformpolitiker, das Zinsproblem auf dem Gesetzesweg nicht lösen zu können, der eigentliche Grund für das peinliche Stillschweigen in dieser Frage ist.

Wir erinnern uns, daß vor Jahren die Wahl von Mitterand zum Staatspräsidenten von Frankreich ausreichte, um eine massive Kapitalflucht auszulösen. In dieser Gefahr liegt unser eigentliches Problem. Das Kapital, insbesondere das flüssige und am meisten das überflüssige Geldvermögen, ist eine Hure, die mit jedem ins Bett geht, der eine attraktive Verzinsung bietet. Und diese Hure ist so flüchtig und wenig greifbar wie der

Wind. Deshalb gilt es, das Kapital zu hätscheln und zu pflegen, damit es ja nicht über die Grenzen verschwindet.

Die Internationalisierung der Kapitalmärkte hat die politischen Reformisten in eine solche Hilflosigkeit versetzt, daß beispielsweise einer der wirtschaftspolitischen Vordenker der SPD, Fritz Scharpf, in seinem Buch „Sozialdemokratische Krisenpolitik in Europa“ offen darauf hinweist: Die Gewerkschaften müssen, um sicherzustellen, daß die Kapitalbesitzer auch weiterhin in der Bundesrepublik investieren, „mehr auf die Gewinne der Unternehmen als auf Lohnerhöhungen ihrer Mitglieder achten“. Er schreibt: „Deshalb mußte jeder Versuch, in den frühen achtziger Jahren die Vollbeschäftigung im privaten Sektor zu verteidigen oder wiederzugewinnen, mit einer massiven Umverteilung zugunsten der Kapitaleinkommen bezahlt werden.“

Die nackten Zahlen bestätigen zwar diese Feststellung von Fritz Scharpf, hat sich doch der Anteil der Einkommen aus unselbständiger Arbeit am Nettovolkseinkommen, wie schon erwähnt, seit 1975 von 67,6% Jahr für Jahr verringert. Er lag 1987 nur noch bei 56,9%. Diese Entwicklung als unvermeidlich zu akzeptieren, bedeutet die Bankrotterklärung sozialdemokratischer Umverteilungspolitik. Oskar Lafontaine scheint diesen Schritt schon vollzogen zu haben, wie seine Vorschläge zum Thema Arbeitszeitverkürzung und Lohnausgleich beweisen.

Für die christ-liberale Regierung paßt eine solche Strategie eher ins Gesamtkonzept. So ist es nicht weiter verwunderlich, daß Bundesfinanzminister Gerhard Stoltenberg ehrlich genug war, bei der Ankündigung der Steuerreform in der Pressekonferenz am 22. 3. 88 einzuräumen, es gelte, dem internationalen Trend zur steuerlichen Entlastung der Wirtschaft zu folgen, um die Bundesrepublik auch in Zukunft für das internationale Kapital zu einem attraktiven Investitionsplatz zu machen.

Wenn nun eine deutsche Partei mit Aussicht auf eine regierungsfähige Mehrheit auf die Idee käme, die Abschaffung des Zinssystems ins Parteiprogramm aufzunehmen, so braucht es nicht viel Phantasie, um sich auszumalen, wie die Besitzer von Geld- und Kapitalvermögen reagieren würden. Die Folgen der Diskussion um die Quellensteuer liefert dafür einen kleinen Vorgeschmack. Die Aufgabe scheint unlösbar zu sein.

Und doch gilt es, etwas zu unternehmen. Zunächst einmal sollte sich jedermann klar werden, wie sehr er selbst als Zinsnehmer Nutznießer dieses Ausbeutungssystems ist, und ob er damit auch weiterhin leben kann und will. Diese Verstrickung macht die Commerzbank deutlich, die zur internationalen Schuldenkrise schreibt: „Die Geschäftsbanken sind mit einer einzigen Ausnahme bereit, über viele Lösungsvorschläge zu verhandeln; sie sind bereits dabei, eine ganze Reihe von Maßnahmen zu praktizieren. Die einzige Ausnahme ist ein genereller Schuldenerlaß. Er kommt deshalb nicht in Frage, weil es um das Geld von Eigentümern und Anlegern geht, für die die Banken Zinsen zahlen."[4]

Als nächstes gilt es, den Skandal bewußt und öffentlich zu machen. Die Hauptstoßrichtung unserer Aufklärungsarbeit sollte zunächst den Kirchen gelten. Schließlich vergießen deren Vertreter, gleichgültig welcher Konfession, bei jeder Gelegenheit Krokodilstränen über die armen Schuldnerländer, während sie selbst zu den Vampiren zählen, die sich am Blut, sprich Zins, der Ärmsten mästen. Das EKD-Papier zur Bewältigung der Schuldenkrise vom Mai 1988 ist ein typisches Dokument für diese Haltung. Es ist klar und überzeugend in der Darstellung der Problematik, doch folgt es in den Konsezquenzen für die Kirchen der heute allgemein üblichen Politik der Sieben Schwaben nach dem Motto „Mach Jockele, gang du voran" und fordert „die anderen" auf, etwas zu unternehmen. Konkret heißt es in dem Papier über die Aufgaben für die Kirchen:

> „Die Kirchen in der Bundesrepublik haben weder den Auftrag noch die Mittel, eine Politik, die die zuvor beschriebenen Lösungsansätze verfolgt, durchzusetzen . . . sehen . . . es jedoch als ihre Aufgabe an, an die Verantwortlichen in Staat und Gesellschaft zu appellieren, konkrete Schritte in der beschriebenen Richtung zu gehen."

Das Papier beschreibt die Tatsache, daß über die Hälfte der Schulden Verpflichtungen gegenüber Geschäftsbanken darstellen. Das bedeutet, daß ein Schuldenerlaß – wie die Dresdner Bank richtigerweise argumentiert – mindestens zum Teil von

---

[4] Commerzbank, „Wege zur Lösung der Schuldenkrise", Bericht vom 23. 9. 87 der Zentrale in Frankfurt

den Kunden dieser Geschäftsbanken getragen werden müßte. Man kann als Anleger, und dazu gehören auch die Kirchen, von den Banken wohl kaum einen Schuldenerlaß verlangen, während man von denselben Banken nicht nur mit größter Selbstverständlichkeit erwartet, daß die Einlagen nicht angetastet, sondern auch noch verzinst werden. Das ist schlicht doppelbödige Moral. Schließlich leihen die Banken nur das Geld aus, das ihnen andere, u. a. die Kirchen, anvertraut haben.

Während die öffentliche Hand bei uns wie anderswo bis über die Ohren verschuldet ist, zählt die Kirche insgesamt betrachtet bei uns zu den Superreichen, die aus Milliardenvermögen ungeheure Einkommen beziehen. Wieso angesichts dieser Sachlage die Kirche „weder den Auftrag noch die Mittel" haben soll, nicht wenigstens exemplarisch eine richtige Politik durchzusetzen, bleibt unerfindlich. Eine solche Argumentation ist nichts anderes als ein weiteres Stück politischer Verantwortungslosigkeit der Kirche.

Wie auf dem Symposium der Akademie Bad Boll am 5. 9. 88 deutlich wurde, scheint die einzige durchsetzbare Form des Schuldenerlasses die Behandlung der Probleme „Fall für Fall" (case by case, wie die Banker sagen) und die Vereinbarung von Regelungen, die einen partiellen, konditionierten und diskontierten Schuldenerlaß darstellen. „Partiell" steht dabei für Schuldenerlaß im Einzelfall, also nicht generell, „konditioniert" für Auflagen, mit denen der Schuldenerlaß verbunden ist und „diskontiert" für den Abschlag, der auf die ursprüngliche Schuld gewährt wird und der zwischen 10 und 100% betragen kann. Es ist bekannt und wurde auch auf dem Symposium angesprochen, daß bereits ein sogenannter Sekundärmarkt besteht, auf dem diskontierte Altschulden gehandelt werden. So wurden beispielsweise von Bolivien eigene alte Schulden zu 11% des Nennwerts zurückgekauft. Auch eine amerikanische Umweltschutzorganisation kaufte solche diskontierten Bolivienschulden und erließ Bolivien deren Bezahlung gegen die Verpflichtung, eine bestimmte Region als Naturschutzgebiet auszuweisen. In anderen Fällen ist von Abschlägen von 75% und von 50% die Rede.

Wie auf dem Boller Symposium ebenfalls deutlich wurde,

spielen die Banken, die öffentlichen wie die privaten, trotz der katastrophalen Lage in den Schuldnerländern zunächst einmal auf Zeitgewinn und lassen sich auf Schuldenerlaß, gleich welcher Form und welchen Umfangs, auch „von Fall zu Fall" nur dann ein, wenn es unter keinen Umständen mehr zu vermeiden ist. Der Spielraum der einzelnen Banken ist ohnehin nicht allzu groß, da die Reserven geschont werden sollen (sie reichen bislang nicht für einen generellen Schuldenerlaß aus) und da, wie in Boll ungeschminkt eingeräumt wurde, die erste Auflage der Verantwortlichen der Banken darin besteht, möglichst hohe Gewinne zu machen.

Wer steht angesichts dieser Sachlage für die Armen und Ärmsten dieser Welt ein? Verbal tut dies die Kirche schon, aber an konkreter Hilfe hapert es. Schließlich müssen die Finanzverantwortlichen der Kirche ihre Reserven ebenso schonen wie die Großbanken. Es könnte ja sein, daß 1995 die Kirchensteuer nicht mehr ausreicht, alle Privilegien der Kirchenmänner zu sichern. Und so vollzieht sich etwas Fürchterliches vor unser aller Augen, viel subtiler, aber ebenso schrecklich wie der Holocaust, und er wird von uns allen mangels Engagement stillschweigend sanktioniert. Vermutlich werden auch dieses Mal die öffentlichen Schuldbekenntnisse erst kommen, wenn es zu spät ist.

Ihrem Auftrag, Licht, Salz und Sauerteig der Welt zu sein, könnte die Kirche gerecht werden, wenn sie einen Teil ihrer zinsbringenden Geldanlagen oder wenigstens die Zinserträge, die durch Erlaß der Quellensteuer gespart und damit verfügbar werden, dazu benutzen würde, diskontierte Schulden, also Schulden mit entsprechend hohen Abschlägen von den Gläubigerbanken aufzukaufen, nachdem zuvor über die kirchlichen Entwicklungsdienste in Verhandlungen mit den Schuldnerländern Vereinbarungen über die Tilgung dieser Schulden in Landeswährung getroffen wurden. Wie Susan George darlegt[5], gibt es dafür viele Möglichkeiten, etwa Aufforstung, Verbesserung der Wasserversorgung, Förderung von alternativen Energiequellen, Förderung von Produktionsgenossenschaften in Land-

[5] Susan George, a. a. O.

wirtschaft, Handwerk und Kleingewerbe usw. usw. Vermutlich müßte dafür so etwas wie ein Oekumenischer Schuldenausgleichsfonds gegründet werden, mit dem auch die Oekumenische Entwicklungsgenossenschaft (EDCS) zur Finanzierung von Projekten in der jeweiligen Landeswährung zusammenarbeiten könnte.

An die Verwirklichung derartiger Konzepte wird bislang nicht gedacht. Die Anderen sollen die Probleme lösen. Die Kirche sieht für sich selbst nur eine appellatorische Aufgabe. Schließlich geht es ums Geld, und da hört der Spaß auf. Das Finanzgebaren gerade auch der Kirche zeigt mit erschreckender Deutlichkeit, daß unsere Ethik nicht viel mehr ist als ein sehr dünner Lack, der sofort abblättert, wenn es um Geld und Zins geht. Der Zins ist die große Droge, von der zu viele von uns abhängig sind, die große Nuckelflasche, ohne die sie nicht leben können, auch wenn alle, die das kleine ABC der Volkswirtschaft kennen, wissen müssen, womit die Flasche vor allem gefüllt ist, nämlich mit der Mühsal und der Not der Armen.

Ein Drittes noch: Es genügt nicht, Verantwortung in der internationalen Schuldenkrise wahrzunehmen. Wir brauchen auch im Inland Alternativen. Dazu gilt es, alternative Kreditsysteme auf lokaler und regionaler Ebene neu zu entwickeln bzw. nach dem Niedergang der genossenschaftlichen Idee neu zu beleben, ohne dabei den globalen Bezug und die globale Verantwortung aus dem Auge zu verlieren.

Wir feierten im Jahr 1988 die hundertste Wiederkehr des Todestags von *Friedrich Wilhelm Raiffeisen,* einem der großen Pioniere des deutschen Genossenschaftswesens. Wenn man liest, was diesen Mann bewegt hat[6] und was aus der Genossenschaftsbewegung in unserer Zeit geworden ist, dann wird erkennbar, daß wir noch einmal von vorne anfangen müssen. Raiffeisen hat, um ein Beispiel seiner Gesinnung zu liefern, im Jahr 1885 den Vereinstag der Darlehnsvereine mit einer Auslegung von Matthäus 25, 40 eröffnet. Zu dem Bibelvers „Was ihr getan habt an einem meiner geringsten Brüder, das habt ihr mir getan“ erklärte er:

---

[6] Heinzfried Siegmann: Brüder und Genossen, Köln 1987

„Wir sollen also für Gott, welchem wir alles verdanken, arbeiten, und da er persönlich unserer nicht bedarf, unsere ganze Fürsorge unseren bedrängten Mitmenschen widmen. Vergleichen wir die beiden Richtungen miteinander, so finden wir, daß das Arbeiten für sich selbst, für das Sammeln von Schätzen und für irdische Genüsse eine vermehrte Begehrlichkeit, eine steigende Unzufriedenheit bis ins Grab und über das Grab hinaus ... zur Folge hat. Merken wir wohl, der Sohn Gottes nennt die sogenannten Enterbten, die große Masse der Hilfsbedürftigen, seine Brüder. Wieviel mehr sind wir verpflichtet, sie als unsere Brüder anzusehen, uns ihrer mit Bruderliebe anzunehmen?“

Wer könnte heutzutage bei einer Jahrestagung einer Volksbank oder Raiffeisenbank (aber auch bei einer Tagung eines kirchlichen Finanzausschusses) in überzeugender Weise etwas Ähnliches zum Ausdruck bringen?

Anmerkung: Die Abbildung 2 und auch das Beispiel von der BFG stammen aus der Broschüre „Bauen, Wohnen, Mieten“ von Helmut Creutz.

Zur Geschichte von Kreditgabe und Kreditkosten

Wer sich mit der Problematik der internationalen Schuldenkrise beschäftigt und dabei das Zinssystem als eine der Hauptursachen erkennt, tut gut daran, sich über die geschichtliche Entwicklung von Kreditgabe und Kreditsicherung sachkundig zu machen. Bundespräsident Weizsäcker hat vor kurzem das alte jüdische Sprichwort zitiert, nachdem das Geheimnis der Erlösung in der Erinnerung liegt. Dieser Satz hat sicher allgemeine Gültigkeit, können wir doch die Fehler der Vergangenheit nur überwinden und künftig vermeiden, wenn wir wissen, wie sie zustande gekommen sind.

Blättern wir also in den Geschichtsbüchern! Und da liefert uns Gunnar Heinsohn mit seinem Buch „Privateigentum, Patriarchat, Geldwirtschaft“[1], einer sozialethischen Rekonstruktion der Antike, eine überzeugende Einführung.

Heinsohn berichtet, daß rund tausend Jahre vor unserer Zeitrechnung durch Naturkatastrophen und große klimatische Veränderungen (die Wissenschaftler sprechen vom „Klimasturz“) die Lebensgrundlagen vieler Völker dramatisch verschlechtert oder gar zerstört und damit auch ihre Sozialstrukturen geschwächt oder gar zerschlagen wurden. Die später neu entstehenden Sozialstrukturen waren zunächst geprägt von materieller Not und später auf lange Zeit von der aus traumatischer Erfahrung resultierender Angst vor ihr. Während vor dieser Krisenzeit Grund und Boden zumeist Gemeinschaftseigentum waren – auch wenn sich nicht selten Eliten exklusive Verfügungs- und Nutzungsrechte anmaßten –, führen die Neuanfänge das individuelle Grundeigentum in die Antike ein. Die

[1] suhrkamp taschenbuch, Frankfurt, 1984

soziale Sicherheit der Sippen und Volksstämme war zerfallen. Jetzt suchte sich der einzelne bei der Landnahme und Städtegründung seine Sicherheit durch klar abgegrenztes Grundeigentum, das ihm mit Ackerbau und Viehzucht Existenzgrundlage und Existenzsicherung bieten sollte. Und so ist es nicht verwunderlich, daß die Sicherung des individuellen Grundeigentums auch zur zentralen Aufgabe der neu entstehenden staatlichen Strukturen wurde. Ja, diese rechtfertigten sich fast ausschließlich aus dieser Aufgabe.

Nebenbei sei erwähnt, daß die Germanen andere Wege gingen. So wurden bei der alemannischen Landnahme in Südwestdeutschland drei verschiedene Formen von Eigentums- und Nutzungsrechten für Grund und Boden verwirklicht, die teilweise noch bis in unsere Zeit gültig sind. Neben dem individuellen Grundeigentum gab und gibt es das Gemeinschaftseigentum der Allmende mit individuellen Nutzungsrechten auf Lebenszeit und das Gemeinschaftseigentum für gemeinschaftliche Nutzung, zum Beispiel Weideland und Wald.

Aber zurück zur Antike. Mangels kollektiver Existenzsicherung in Krisenzeiten blieb dem Grundeigentümer nur die „volle Scheuer" und der „volle Stall", also die individuelle Vorratshaltung, die individuelle Schaffung von Reserven. Was geschah, wenn in einer Krisenzeit die Reserven nicht ausreichten? Es blieb nur der Weg zu einem anderen Grundeigentümer mit der Bitte um Kreditgabe, um die leihweise Überlassung von Reserven. Was konnte diesen veranlassen, der Bitte nachzukommen, auch wenn dies nicht aufgrund persönlicher Bindungen nahelag? Was konnte diesen veranlassen, seine eigene materielle Absicherung aufs Spiel zu setzen, den Prellbock, der ihn in Krisenzeiten vor Armut und Verlust der Privilegien des Grundeigentümers schützen sollte?

Das Risiko der aufs Spiel gesetzten eigenen Sicherheit konnte nur durch eine andere Form von Sicherheit ausgeglichen werden. Diese andere Form von Sicherheit, die damals zur Abdekkung des Risikos gefordert und geleistet wurde, war die Schuldknechtschaft, also die Bereitschaft des Schuldners, mit Leib und Leben für den erhaltenen Kredit und damit für den Gläubiger einzustehen. Die Schuldknechtschaft und die damit verbundenen Pflichten waren so etwas wie eine Vorstufe zum Zins, weil dadurch sowohl die Liquidität des Gläubigers, also seine Fähigkeit, überhaupt Reserven zur Verfügung zu stellen, belohnt wurde, als auch seine Bereitschaft, das Risiko der eigenen Notlage einzugehen. Die Schuldknechtschaft lieferte also die erste Liquiditäts- und Risikoprämie. Dazu war noch nicht einmal eine Geldwirtschaft erforderlich, etwa weil der eine Grundeigentümer nach Verbrauch der letzten Vorräte vor der neuen Ernte von einem Nachbarn für die Übergangszeit Lebensmittel leihen konnte mit der Verpflichtung, den Kredit in gleicher „Währung" oder anderen Naturalien wieder zurückzuerstatten.

Die Verabsolutierung des Grundeigentums und der Besitztümer schlechthin wurde von den Römern auf die Spitze getrieben, bis hin zur Festschreibung der Sicherung der entsprechenden Rechte und Privilegien als der zentralen Aufgabe des Staates. Diese römische Rechtsauffassung hat sich fast in der ganzen westlichen Welt durchgesetzt, so daß auch germanische Vorstellungen wie etwa die Allmende nur noch rudimentär existieren. Ähnlich erging es der Rechtsauffassung der alten Israeliten bezogen auf Boden- und Schuldrecht. Sie unterscheidet sich dramatisch von der römischen, was zu großen Gewissenskonflikten innerhalb des Christentums, jedenfalls in den ersten Jahrhunderten, geführt hat. Das Christentum mußte sich entscheiden, ob es der jüdisch-messianischen Linie folgen sollte oder sich römischem Denken unterwarf. Der Ausgang dieses Konflikts ist bekannt. Zwar wird von der Kirche bei eigenem Grundbesitz ähnlich wie im englischen Sprachraum noch die Erbpacht praktiziert, was der englischen „Lease" entspricht, aber das ist bedauerlicherweise das einzige Überbleibsel des jüdisch-messianischen Einflusses. Allein schon dieses Beispiel macht die dramatischen Veränderungen sichtbar, die sich im Christentum auf dem Weg des von jüdischen Vorstellungen geprägten Gottesvolks zur römisch geprägten Religionsgemeinschaft vollzogen haben.

Mit der Erbpacht und der „Lease" wird angeknüpft an die Vorstellungen von „Erlaß-, Heimholer- bzw. Jubeljahren" in fünfzigjährigen Abständen, die die alten Israeliten in den Gesetzen Moses, und zwar im 25. Kapitel des 3. Buches (Levitikus) festgeschrieben hatten. In diesem Kapitel ist die Befreiung von der Schuldknechtschaft und die Rückgabe verpfändeten und verkauften Grundeigentums gesetzlich verankert, d.h. die Übereignung kann nicht auf Dauer erfolgen. Sie bleibt in jedem Fall befristet. Damit werden, oder besser würden, die unsozialen Auswüchse des römischen (und westlichen) Bodenrechts vermieden.

Die Unterschiede zwischen israelitischem und römischem Rechtsempfinden gehen aber noch weiter und treiben den Gewissenskonflikt der Christenheit auf die Spitze. Das gilt insbesondere für die Zinsfrage.

Während in der Antike nach dem Wandel vom Gemeinschafts- zum Privateigentum mit zunehmender Geld- und Kreditwirtschaft der Zins die Schuldknechtschaft als Liquiditäts- und Risikoprämie ergänzen und ersetzen konnte, hielten die Israeliten in der Zinsfrage am Solidargedanken der Stammes- und Volksgemeinschaft fest. Konsequenterweise verwarfen sie das Recht auf Zinsnahme als Liquiditäts- und Risikoprämie innerhalb des Stammesverbandes, bestätigten es aber für Wirtschaftsbeziehungen mit Fremden. Während innerhalb des Stammesverbandes sowohl der Schuldner wie auch der Gläubiger letztlich Solidarschutz genießen, ist dieser weder als Recht noch als Pflicht im Verkehr mit Fremden angebracht.

In diesem Sinn heißt es im 5. Buch Mose im 23. Kapitel: „Du darfst von deinem Volksgenossen keinen Zins nehmen, weder Zins für Geld, noch Zins für Nahrungsmittel, noch Zins für irgendetwas, das man auf Zins verleihen kann. Von den Ausländern darfst du Zins nehmen, aber von deinem Volksgenossen darfst du keinen Zins nehmen."

So wird die Zinsnahme innerhalb des eigenen Volkes in der Bibel verboten und geächtet, während sie nach römischem Denken bis in unsere Tage als Risiko- und als Liquiditätsprämie unabhängig von den Beziehungen zwischen Darlehensgeber und Darlehensnehmer legitim ist und selbst dann gerechtfertigt erscheint, wenn die Risiken etwa durch entsprechende Sicherheiten hinreichend abgesichert sind oder der Darlehensgeber bei einem etwaigen Verlust in seiner Existenz gar nicht gefährdet ist, etwa weil der einzelne Schuldner nur einen Teil seiner flüssigen Mittel erhalten hat.

Die historische Entwicklung macht aber eines klar: In einer Welt, in der jeder gegen jeden steht und für sich allein um Überleben und materielle Sicherheit kämpft, scheint die Zinsnahme unvermeidbar zu sein. Innerhalb von Solidargemeinschaften mit je nach Vorstellungskraft und Verantwortungsbereitschaft eng oder weit gezogenen Grenzen ist sie dagegen überflüssig, ja unmoralisch. Sie wird aber in jedem Fall kriminell, wenn das eingegangene Risiko nicht die eigene Existenz gefährdet und wenn die Zinspflicht den Lebensstandard des Kreditnehmers an oder über die kritische Untergrenze drückt.

Eines wird deutlich: Der Zins ist die Folge zerbrochener Solidarstrukturen, deren Auflösung auf dem Wege der fortschreitenden Individualisierung des Menschen als eine evolutionäre Stufe wohl unausweichlich war. Umgekehrt bedeutet dies, daß die Überwindung von Zins und Zinseszins und des Anspruchs auf leistungslose Geld- und Kapitalvermehrung nicht isoliert betrachtet und mechanistisch betrieben werden kann. Alle Versuche zur Überwindung dieser Fehlentwicklungen haben wohl nur Aussicht auf Erfolg innerhalb umfassender Bemühungen um die Entwicklung eines Bewußtseins der Solidarität und die Verwirklichung neuer Solidarstrukturen, d.h. verbindlicher, tragender Gemeinschaften und deren Vernetzung. Hinzu kommt die bekannte Tatsache, daß das Streben nach materieller Sicherheit auch eine psychische Dimension hat und nicht selten krankhafte Ausmaße annimmt. Sollen Auswüchse vermieden werden, so werden die seelisch-geistige Gesundheit des Menschen, ein Urvertrauen in das Leben, das Gefühl der Geborgenheit nicht nur in den sozialen Beziehungen, sondern auch in den tiefen Schichten der menschlichen Empfindungsfähigkeit letztendlich ebenso wichtig wie die sozialen und wirtschaftlichen Gesetze der Gesellschaft.

Während schon vor Jahrhunderten der Stamm und die große Sippe als Solidargemeinschaft verschwunden sind, hat das Industriezeitalter auch die Auflösung der nächst kleineren sozialen Einheit, nämlich der Großfamilie als einem Pfeiler der

Gesellschaft, mit sich gebracht. Geblieben sind der vereinzelte Mensch und die Kleinfamilie, bestehend aus Eltern und kleinen Kindern oder Jugendlichen. Zwar hat das Industriezeitalter auch die Sozialversicherungen zur Absicherung der materiellen Risiken Krankheit und Arbeitslosigkeit und zur Alterssicherung mit sich gebracht. Aber es zeigt sich zunehmend, daß die Sozialversicherungen für die Kosten der vollständigen Kommerzialisierung und Professionalisierung aller sozialen Dienste nicht aufzukommen vermögen. Man denke nur an das Problem der Kosten für die Pflegefälle im Alter. Darüber hinaus wird an der krankhaften Sucht nach Geld und Vermögensvermehrung über die Sozialversicherungen hinaus erkennbar, daß die rein materielle Absicherung dem Menschen nicht genügt. Er lebt eben nicht vom Brot allein.

Das Ende des politischen Reformismus

Am 6. 4. 88 ging eine Meldung der Associated Press (ap) folgenden Inhalts durch die deutsche Presse:

> „Die Wasserwerke in der Bundesrepublik haben drastische Anwendungsbeschränkungen bis hin zu Verboten von Pflanzenschutzmitteln gefordert. Der Präsident des Bundesverbandes der deutschen Gas- und Wasserwirtschaft, Gerhard Stuber, warnte gestern in Bonn die zuständigen Ministerien sowie die Ausschüsse von Bundestag und Bundesrat, in den Brunnen von Wasserversorgungsunternehmen seien bereits 40 verschiedene Wirkstoffe gefunden worden. Die Trinkwassergewinnung gerate zunehmend in Gefahr. Es fehle aber an durchgreifenden Rechtsvorschriften, um den besorgniserregenden Anstieg der Grundwasserbelastung mit Pestiziden und Nitraten zu begegnen. Stuber erklärte, der Anstieg der Grundwasserbelastung könne nur durch eine strikte Anwendung des Verursacher- und Vorsorgeprinzips vermieden werden."

Was glauben wir wohl, wie in Bonn mit dieser Hiobsbotschaft umgegangen wird? Da sie nicht die erste der letzten beiden Jahrzehnte ist, braucht es nicht viel Phantasie, um sich die Reaktionen auszumalen. Die Erfahrungen vom Umgang Bonns mit der Arbeitslosigkeit und dem Waldsterben, um nur zwei Beispiele zu nennen, lassen vermuten, was geschehen wird. Es wird eine endlose Reihe von widersprüchlichen wissenschaftlichen Untersuchungen und Gutachten und heiße Diskussionen geben. Am Schluß wird die Verantwortung für eigenes Versäumnis und Versagen mit großer Erleichterung nach Brüssel abgeschoben, weil die Verseuchung von Boden und Grundwasser mit Kunstdünger, Herbiziden und Pestiziden von der Landwirtschaft verursacht wird, und die Landwirtschaft ein europäisches Problem ist. Da gegen die Lobby der Großchemie in Bonn genau so wenig durchzusetzen ist wie gegen die der Autoindustrie, wird alles so bleiben wie gehabt. Glücklicherweise eignet sich Brüssel hervorragend als Sündenbock, so daß jeder Verantwortliche in Bonn auch in Zukunft den ungestörten Schlaf des Gerechten finden wird.

Dem aufgeschreckten Bürger wird dies nicht so leicht fallen, da er kaum einzusehen vermag, weshalb nach wie vor mit allen nur denkbaren chemischen Keulen die landwirtschaftliche Überproduktion ins Absurde gesteigert wird, obwohl jedermann weiß, daß nicht nur die dadurch verursachte Verseuchung von Boden und Grundwasser irreparabel wird, sondern daß darüber hinaus mit den auf diese Weise erzeugten Produktionsmengen kein Mensch etwas Sinnvolles anzufangen vermag, weshalb ein wachsender Teil davon verschleudert und vernichtet werden muß. Wo in einem solchen System die Gesetze der Logik und der Vernunft bleiben, ist unerfindlich.

Angesichts all dieser Probleme muß die Frage gestellt werden, ob unser Gesellschaftssystem die Fähigkeit zur Reform und zur Korrektur von Fehlentwicklungen verloren hat. Ist diese Fähigkeit soweit verkümmert, daß die Regierungen zu Statthaltern verkommen sind, deren Aufgabe sich de facto darauf reduziert, den *status quo* zu erhalten und diesen allenfalls durch kosmetische Korrekturen zugunsten der jeweiligen Machthaber und ihrer Sympathisanten zu verbessern? Der Anschein spricht dafür. Strittig wird wohl nur sein, ob der *status quo* ein akzeptabler Zustand ist oder ob er eine schiefe Ebene darstellt, die auch ohne negative Eingriffe zu seiner schleichenden Verschlechterung führt. Beim Bild der schiefen Ebene wäre zu klären, wie groß der Neigungswinkel ist, der die Geschwindigkeit des Niedergangs bestimmt.

Sicherlich haben sich die Gründerväter der Bundesrepublik eine andere Zukunft vorgestellt, auch wenn ihr wichtigstes Ziel, eine Wiederholung der Katastrophe des Zweiten Weltkriegs wenigstens in Mitteleuropa zu verhindern, erreicht wurde.

Was diesen Männern (Frauen waren ja kaum gefragt) sonst noch am Herzen lag, mag ein Blick zurück erhellen.

In der frühen Nachkriegszeit kamen einige der besten politischen Köpfe Westdeutschlands zusammen, um Lehren aus der Vergangenheit zu ziehen und Grundlagen für einen Neuanfang zu schaffen. Für die Gestaltung der Wirtschafts- und Gesellschaftsordnung wurden nach westlichem Vorbild die Prinzipien einer parlamentarischen Demokratie und einer freien Marktwirtschaft zugrundegelegt. Die westlichen Besatzungsmächte standen dabei Pate. Auch die Kirchen bemühten sich nach Kräften, ihre Überzeugungen einzubringen, um Hand in Hand mit den Politikern dafür zu sorgen, daß das entstehende neue Staatswesen auf christlichen Fundamenten gründet. Die Gespräche zwischen den Vertretern der Kirche und den Politikern fanden u. a. in den neu entstehenden kirchlichen Akademien statt. Bad Boll, das 1985 sein vierzigstes Jubiläum feierte, steht als Beispiel dafür. Diese Akademien liefern bis heute den Rahmen für kritische Gespräche zwischen Kirche und Staat. Sie werden alle in freundschaftlicher, gewissermaßen brüderlicher Atmosphäre geführt, da kein grundlegender Konflikt zwischen Kirche und Staat besteht oder gesehen wird. So ist es kein Wunder, daß viele prominente Persönlichkeiten der Nachkriegszeit ohne inneren Zwiespalt Doppelrollen gespielt und verantwortliche Aufgaben sowohl in der Kirche wie auch in der Politik ausgeübt haben. Man denke nur an *Gerstenmayer, Ehlers* oder heute an *Schmude.*

Innerhalb der parlamentarischen Demokratie sollte mit all diesen guten Einflüssen eine Wirtschaft entstehen, in der das sogenannte freie Spiel der Kräfte von Angebot und Nachfrage für die optimale Befriedigung der Bedürfnisse der Bevölkerung sorgt. Auf staatliche Reglementierung sollte weitgehend verzichtet werden. Der Umkehrschluß wurde zwar nicht ausdrücklich betont, war aber für die damalige Zeit selbstverständlich: Wenn der Staat nicht die Wirtschaft gängelt, dürfte in gleicher Weise auch die Wirtschaft nicht versuchen, den Staat zu gängeln.

Die angestrebte Marktwirtschaft wollte aber nicht nur eine freie, sondern auch eine soziale sein. Nicht nur der Leistungsfähige sollte sich nach dem Recht des Stärkeren durchsetzen können, auch der Schwächere sollte Arbeit und ein angemessenes Ein- und Auskommen finden. Das wohl eindruckvollste Beispiel für diesen Willen zu ausgleichender Gerechtigkeit stellt der Lastenausgleich dar, mit dem in den Nachkriegsjahren – der jüngeren Generation heute weitgehend unbekannt – in großem Umfang Volksvermögen zu Gunsten der Flüchtlinge aus dem Osten umverteilt wurde.

Messen wir die Leistungen des Wiederaufbaus, des wachsenden Wohlstands für die breite Mehrheit der Bevölkerung und die Sicherstellung der freiheitlichen Grundrechte, so können wir feststellen: In seiner Aufbauphase hat unser Gesellschafts- und Wirtschaftssystem seine Bewährungsprobe bestanden.

Kann dieses Urteil auch für die in den siebziger Jahren begonnene Phase der Konsolidierung gelten, für die Zeit nach der Periode des stürmischen Aufbaus und Aufschwungs?

Niemand, der sich ernsthaft mit der politischen Wirklichkeit unserer Tage beschäftigt, kann diese Frage ohne nagende Zweifel bejahen. Unsere Gesellschaft schiebt einfach zu viele Probleme vor sich her und scheint unfähig zu sein, deren Lösung in überzeugender Weise voranzutreiben. Auch wächst die Zahl der Skandale, die nicht bereinigt werden.

Eine Auflistung der Probleme können wir uns an dieser Stelle ersparen. Einige der schwierigsten sind auf den vorausgehenden Seiten schon skizziert worden. Der Umgang der Gesellschaft und der Verantwortlichen mit ihnen vollzieht sich weitgehend nach demselben Strickmuster. Immer wieder werden gesellschaftliche Probleme zunächst von Betroffenen und von Fachleuten erkannt, für die Allgemeinheit sichtbar gemacht, von den Politikern diskutiert, etikettiert, mit dem Pflaster von Forschungsaufträgen und halbherzigen Maßnahmen versehen und in die Schublade geschoben. Aber wie Krebsgeschwüre wuchern sie weiter.

Ohne Zweifel sehen es auch die Verantwortlichen in hellsichtigen Stunden so. Zugegeben wird es aber selten. Und wenn, dann erst, wenn sich der Betreffende der Verantwortung entzogen hat. Ein Beispiel dafür lieferte der ehemalige Bundeskanzler *Helmut Schmidt,* der kurze Zeit nach seinem Ausscheiden aus dem Amt die Agrarpolitik der Europäischen Gemeinschaft wörtlich als „völlig idiotisch“ bezeichnet hat.

Man muß sich das vorstellen: Der Mann, der wie kaum ein anderer in Europa jahrelang die Gelegenheit und natürlich auch die Pflicht hatte, unter anderem dafür zu sorgen, daß die Agrarpolitik der Europäischen Gemeinschaft nicht so verkommt, daß sie als völlig idiotisch bezeichnet werden muß, dieser Mann scheut sich nicht, ein solches Urteil zu fällen.

Vielleicht war er sich nicht darüber im klaren, welch vernichtendes Urteil er damit über seine eigene Arbeit und die Arbeit seiner Kollegen und Mitarbeiter in der Bundesrepublik und den anderen Ländern der Europäischen Gemeinschaft fällte.

Niemand wird bezweifeln, daß Helmut Schmidt recht hatte. Sich aber auf diese Weise mit einem „Nach mir die Sintflut" aus dem Staub zu machen, das ist eine Zumutung. Sie hinterläßt nur Hoffnungslosigkeit und Resignation.

Mit solchen deprimierenden Beispielen fiele es leicht, die politischen Parteien und allen voran die Regierung, die eine Wende auf ihre Fahnen geschrieben hat, zu Sündenböcken zu machen und damit auch dieses Problem zu etikettieren. Aber so einfach ist es nicht. Natürlich wird diese Regierung ihren Aufgaben nicht gerecht, und ohne Zweifel schiebt sie ihre Probleme vor sich her. Wir sollten aber nicht übersehen, daß auch ihre Vorgängerin schon mit allen aufgelisteten Problemen konfrontiert war und für keines von ihnen eine überzeugende Lösung angeboten und auch nur schrittweise durchgesetzt hat. Gut, die Probleme sind in den vergangenen Jahren deutlicher und für eine breitere Öffentlichkeit sichtbar und brennend geworden, aber das entlastet die Sozialdemokratie nicht von ihrer Mitverantwortung für unser Dilemma. Über die Liberalen lohnt es in diesem Zusammenhang kaum, auch nur ein Wort zu verlieren. Ihre Hörigkeit gegenüber der Großindustrie und ihre Rolle als Interessenvertreter der Geldelite sind geradezu sprichwörtlich. Auch die Grünen haben wenig Anlaß zu Triumphgeschrei. Sie werden nur deshalb nicht in diese Bestandsaufnahme einbezogen, weil sie machtpolitisch bislang noch weitgehend im Stande der Unschuld sind.

Neben den politischen Parteien werden wir natürlich die Interessenvertreter, die ganze Lobby in Bonn, als Sündenböcke dingfest machen. Mit Recht. Sie machen radikale Schritte praktisch unmöglich. Wenn erst einmal jeder Interessenvertreter seinen Einfluß geltend gemacht hat, ob auf legitime Weise bei Hearings und dergleichen oder auf weniger saubere Art (nach den Affären Flick und Konsorten sind wir ja nicht gerade verwöhnt), wird jeder Ansatz zu einer Reform im Keim erstickt. Wieviele Reformen sind von welchen Regierungen auch immer angekündigt worden, und was kam am Ende dabei heraus? Flickwerk, nichts als Flickwerk – auch im Doppelsinn des Wortes. Der Bonner Berg kreißt – lautstark und vom ganzen Orchester der Medien begleitet – und gebiert regelmäßig eine Maus, ein winziges Mäuschen, wenn überhaupt etwas Lebendiges zu Tage tritt.

In den vergangenen Jahrzehnten haben sich auf nationaler Ebene in der BRD wie auch innerhalb der europäischen Gemeinschaft (natürlich auch anderswo) vielerlei Macht- und Interessengruppen etabliert. Die von ihnen aufgebaute Funktionärskaste versucht unaufhörlich, ihre Existensberechtigung dadurch nachzuweisen, daß sie – blind für das Gemeinwohl – vehement für den Vorteil ihrer Brötchengeber kämpft. Da sich deren Interessen häufig genug diametral gegenüberstehen, behindern sie sich gegenseitig in einer Weise, die jede aktive Politik lähmt. Insofern wird erkennbar, daß auf dem Weg der Macht die großen anstehenden Aufgaben nicht mehr gelöst werden können. Das wird auch erkennbar, wenn wir den nationalen und westeuropäischen Bezugsrahmen verlassen und uns den globalen Problemen, etwa dem Nord-Süd-Konflikt zuwenden. Da wir weder eine Weltregierung haben noch – hoffentlich – jemals eine haben werden, sind die internationalen Probleme nur durch Kooperation zu lösen und durch die Bereitschaft, auf die lebenswichtigen Interessen der Partner Rücksicht zu nehmen, d.h. auch auf mögliche Vorteile zu verzichten. Was auf globaler Ebene deutlich wird, gilt mehr und mehr auch für die nationale und westeuropäische Politik, wenn wir deren Lähmung überwinden wollen. Aber diese Lektion haben wir noch nicht gelernt.

Besonders erschreckend ist, daß der eingangs zitierte Umkehrschluß des Grundsatzes, der Staat dürfe die Wirtschaft nicht gängeln, längst stillschweigend aufgegeben wurde: Die Wirtschaft gängelt den Staat. Die in wachsender Zahl entstehenden Wirtschaftsgiganten erwarten nicht nur in Krisenzeiten, daß der Staat sie am Leben erhält, wie die Beispiele AEG, Arbed Saarstahl und MBB zeigen, um nur einige wenige zu nennen. Ihre Bedeutung für die Wirtschaft des Landes wächst so sehr, daß keine Politik mehr durchsetzbar ist, die ihren

Interessen zuwiderläuft. Man denke nur an die schon fast vergessene Diskussion um eine Geschwindigkeitsbegrenzung, deren Ende angesichts der Macht und der Haltung der Automobilindustrie von vornherein abzusehen war. Der von der baden-württembergischen Landesregierung zu Daimler-Benz übergewechselte Pressesprecher Matthias Kleinert hat vor kurzem mit der immer üblicher werdenden Unverfrorenheit deutlich gemacht, was Sache ist: „Die Politiker bestimmen die Rhetorik, die Industrie bestimmt die Realität."[1]

Bedenklich ist darüber hinaus, daß in Bonn die Interessengleichheit von Staat und Wirtschaft, insbesondere der Großindustrie, überhaupt nicht mehr in Frage gestellt wird. Dies zeigt sich nicht nur an der Flick-Affäre, sondern auch an der Tatsache, daß mit dem Brustton des Biedermanns die direkte Finanzierung von Aufgaben der Polizei und der Nachrichtendienste durch die Industrie gerechtfertigt wird. Damit wird die Käuflichkeit staatlicher Institutionen sanktioniert.

Nach gängiger Auffassung ist die Wirtschaft die Küche der Gesellschaft, nicht mehr und nicht weniger. Offensichtlich hat unsere Habgier, bildlich gesprochen unsere Freßsucht, in den letzten Jahren aber mehr und mehr dazu geführt, daß wir nur noch in der Küche leben oder daß die Küche auf das ganze Haus ausgedehnt wurde und ihre Dünste und Dämpfe alles vernebeln. Die Kommerzialisierung aller Lebensbereiche hat betrübliche Formen angenommen.

Also ist ganz Bonn der Sündenbock?! Und wenn Bonn nicht reicht, dann eben Brüssel oder Washington oder noch besser Moskau, das uns zu irgendwelchen Wahnsinnstaten drängt.

Natürlich ist dies alles richtig, und natürlich sind Ursachen für unser Dilemma hier zu finden. Die Wurzeln davon liegen aber viel tiefer. Es ist sicher kaum möglich, sie alle bloßzulegen. Aber einige davon sind deutlich zu erkennen.

Drei tragende Säulen unserer Gesellschaft sind brüchig geworden:

Zum einen erfährt die Wettbewerbsidee, der Kerngedanke der freien Marktwirtschaft, eine existenzielle Krise. Diese Idee

---

[1] DER SPIEGEL, Nr.31, 1. 8. 88

geht bekanntlich davon aus, daß Wettbewerb und Rivalität die besten Kräfte im Menschen freisetzen und die stärkste Motivation für den gesellschaftlichen, wirtschaftlichen und technischen Fortschritt liefern.

Die Wettbewerbsidee liegt nicht nur dem Sport und der Marktwirtschaft zugrunde, sondern auch dem Prinzip der parlamentarischen Demokratie als dem Wettbewerb zwischen den Parteien und der formalisierten und ritualisierten Gegnerschaft und Rivalität zwischen Regierung und Opposition. Diese Gegnerschaft und Rivalität manifestieren sich zuweilen in Auseinandersetzungen, die nicht nur auf eine schlechte Kinderstube schließen lassen, sondern zum Selbstzweck zu werden drohen und jede konstruktive Zusammenarbeit, bis hin zur Überwindung der Fraktionsgrenzen, unmöglich machen. Dabei wird deutlich, daß das Wettbewerbsprinzip weniger konstruktive als destruktive Kräfte freisetzt.

Die in den vorausgehenden Kapiteln beschriebene Krise des wirtschaftlichen Wettbewerbs spiegelt sich in der Welt der Politik ganz offensichtlich wieder. Die Auseinandersetzung um die Macht wird erbitterter und überschreitet nicht selten sogar die Grenzen zur Kriminalität, wie die Tragödie von und um Barschel deutlich machte.

Die zweite brüchige Säule unserer Gesellschaft ist sehr viel weniger offenkundig als die erste. Sie wird erst sichtbar, wenn wir uns fragen, wie es noch vor dreißig Jahren möglich war, grundsätzliche gesellschaftliche Fragen zu lösen und heute nicht mehr.

Ohne Zweifel hat es in Deutschland nach dem Zusammenbruch des Dritten Reiches so etwas wie eine kollektive Bußfertigkeit mindestens in dem Sinne gegeben, daß wir uns sagten, so etwas darf nie wieder geschehen. Wir wollten ein neues Leben für uns alle beginnen, eine neue, bessere Gesellschaft bauen. Umkehr und Neubeginn waren unser Motto. Wir waren den Abgründen der menschlichen Seele begegnet, auch und vor allem der eigenen, und wir wollten Konsequenzen daraus ziehen. Diese Einstellung herrschte wenigstens zeitweilig und zumindest bei denen vor, die zu prägenden Gestalten der Anfänge unserer Republik wurden. Die Uneinsichtigen und ewig Gestrigen hielten sich anfangs bedeckt und krochen erst später wieder aus ihren Verstecken.

In einer Situation, die mit der unsrigen nach dem Kriege vergleichbar ist, kommt es bei dem Propheten Hosea im Alten Testament einmal zu der einsichtigen Aussage:

> Wir wollen nicht mehr auf Assur bauen,
> wir wollen nicht mehr auf Pferden reiten,
> und zu unserer Hände Werk sagen wir nie mehr „unser Gott“,
> denn nur bei Dir findet der Verwaiste Erbarmen.

Auf dieser Linie wurde damals in den Kirchen gepredigt, und die Kirchen waren voll von Menschen.

Aus der Bußfertikeit der frühen Nachkriegszeit ist in den Jahrzehnten des Wirtschaftswunders und der Wohlstandsgesellschaft trotz aller Fehler, Versäumnisse und Irrtümer eine ungeheuerliche Selbstherrlichkeit und Selbstgerechtigkeit entstanden, die den Sinn des Hoseaspruchs in sein Gegenteil verkehrt hat. Militärische Bündnisse, das Auto als des Deutschen liebstes Kind, technischer Fortschritt, Wohlstand und Wirtschaftswachstum – das sind die Götzen unserer Zeit.

Die zweite Säule der Gesellschaft, die nicht nur brüchig geworden ist, sondern uns heute völlig zu fehlen scheint, ist die Bereitschaft und Fähigkeit zur Umkehr, zum inneren und äußeren Wandel, zum Schuldbekenntnis – auch öffentlich. Auch hier liefert Barschel ein Beispiel von bedrückender Eindringlichkeit.

Die Fähigkeit zur Umkehr aber setzt ein Unrechts- und Schuldbewußtsein voraus, was dem Anschein nach nicht einmal in Ansätzen vorhanden ist. Die wenigen Außnahmen, die in den letzten Jahrzehnten zu beobachten waren, bestätigen lediglich die Regel: In der Bundesrepublik lieferte Heinrich Albertz, der ehemalige Oberbürgermeister von Westberlin, eines der wenigen Beispiele, als er in den sechziger Jahren nach den Krawallen um den Schahbesuch und dem polizeilichen Todesschuß auf den Studenten Ohnesorg erschüttert sein Amt niederlegte. Auf der internationalen Bühne war es etwa zur gleichen Zeit der amerikanische Verteidigungsminister Robert McNamara, der angesichts des Vietnamdesasters aufgab. In beiden Fällen bedeutete der Gesinnungswandel das Ende der politischen Karriere. Ein Gesinnungswandel ohne Amtsverlust ist politisch unvorstellbar, weil er einen Wandel der politischen Rolle des Amtsträgers zur Folge haben müßte. Also ist dieser Weg verbaut.

Braucht es die Schrecken einer Katastrophe gleich welcher Art, um uns aufzuwecken, reichen unsere persönlichen und gesellschaftlichen Krisen nicht aus? Sind wir völlig uneinsichtig mit unseren politischen Spielregeln?

Die individuellen und kollektiven Mißstände, Verfehlungen und Versäumnisse werden offensichtlich nicht als etwas erfahren, das der Einzelne, die Gruppe, die Gemeinschaft, die Gesellschaft zu verantworten hat. Daß unsere Feigheit, auch zu unseren Fehlern zu stehen, uns auch der befreienden Erfahrung einer Katharsis beraubt, vermögen wir nicht zu erkennen. Daß sich Golgatha und Auferstehung gegenseitig bedingen und die Auferstehung ein Golgatha voraussetzt, ist uns fremd geworden.

Wir suchen viel lieber nach Sündenböcken und finden natürlich auch welche. Bei einem Regierungs- oder einem Führungswechsel in der Industrie werden diese vom System automatisch bereitgestellt: es sind jeweils die „unfähigen" Vorgänger. So gibt es nie einen Grund, unsere verlogene Selbstzufriedenheit in Frage stellen zu müssen. Sogar als „Vorgänger" gibt es keinen Grund zur inneren Einkehr, wie Helmut Schmidt mit seiner Bemerkung zur Agrarpolitik beweist. Sie klingt wie das Kinderwort: April, April.

Für eine wirkliche Wende fehlen allenthalben die Voraussetzungen, so griffig das Wort auch sein mag. Wende bedeutet Umkehr und setzt Bußfertigkeit voraus. Eine Wende ohne inneren Wandel ist keine Wende, sondern nur ein leeres Schlagwort, das der Volksverdummung dient.

Der große Schweizer Psychologe *C. G. Jung* schreibt einmal: „Wo die Schuld groß ist, kann sich auch eine noch größere Gnade dazugesellen. Ein solches Ereignis bewirkt innere Wandlung, die unendlich viel wichtiger ist als politische und soziale Reformen, die allesamt nichts taugen in den Händen von Menschen, die mit sich selbst nicht richtig stehen."

Zwingt die Feststellung, daß wir zu keiner wirklichen Wende

fähig scheinen, zur Folgerung, daß wir von Menschen geführt werden, „die mit sich selber nicht richtig stehen", weil ihnen unter anderem die Schuldfähigkeit, das Unrechtsbewußtsein verloren gegangen ist?

Der katholische Ethiker *Alfons Auer* stellt die Frage: „Wie kann die durch Interessen bewirkte Verstellung des Sittlichen gemildert und aufgehoben werden?" Er beantwortet sie mit dem Hinweis auf die Notwendigkeit ethischer Impulse, die vor allem aus der Erfahrung kommen. Um wirksam zu werden, braucht es nach Auer dreierlei Erfahrung, nämlich der Kontrasterfahrung, der Betroffenheitserfahrung und der Sinnerfahrung.

Die Kontrasterfahrung bringt die Erkenntnis der Diskrepanz zwischen Anspruch oder Wunsch und Wirklichkeit. Die Erfahrung der eigenen Betroffenheit liefert die Energie, es nicht bei dieser Feststellung zu belassen. Die Sinnerfahrung weist die Richtung, in der sinnstiftende Aktivität zur Veränderung der Wirklichkeit möglich ist. Nur alle drei Formen der Erfahrung zusammen vermögen uns in Bewegung zu setzen. Sie stellen aber eine unbequeme und schmerzliche Mischung dar, weshalb wir dazu neigen, blind zu sein für den Kontrast und der Betroffenheit aus Schmerzscheu auszuweichen. Es fällt uns viel leichter, in Scheinwelten zu flüchten, wie dies in den USA zur hohen Politik gehört, wo Hollywood, Washington, Denver und Dallas Synonyme sind und in ihrem Realitätsgehalt vom Fernsehbürger kaum unterschieden werden.

Je größer dabei die politischen Einheiten sind oder werden, desto umfassender sind diese Scheinwelten. Zum einen wächst der Realitätsverlust der in den Elfenbeintürmen der hohen Poltik Sitzenden vermutlich im Quadrat zum Abstand vom Bürger und damit von der alltäglichen Wirklichkeit. In gleichem Maße verschwindet die Fähigkeit des Bürgers, sich mit der „großen" Politik in Beziehung zu setzen und sich mit deren Anliegen zu identifizieren und verantwortlich mitzuwirken. Bekanntlich kann Verantwortung nur im überschaubaren Raum entwickelt und getragen werden. Je größer die Räume werden, desto weniger ist Verantwortung möglich,und zwar nicht nur für den Bürger, sondern in ähnlicher Weise auch für den Politiker, auch wenn unter ihnen durchaus Menschen mit einem weiteren Horizont zu finden sind. Insofern werden die Bemühungen unserer Politiker, bis Anfang der neunziger Jahre die westeuropäische Integration zu einem Binnenmarkt voranzutreiben, katastrophale Folgen haben. Schon heute warnen Sprecher der Industrie davor, daß die Bundesrepublik als Industriestandort immer weniger attraktiv wird. Um seine Attraktivität zu erhalten, dürfte der Abbau unserer Sozialleistungen zu den ersten Schritten auf dem Weg der gegenseitigen Anpassung zählen. Das nächste Opfer dürfte der Umweltschutz sein, der in manchen Nachbarländern einen wesentlich geringeren Stellenwert hat als bei uns. Die Anpassung bzw. die Harmonisierung, wie es im Munde der Politiker so wohlklingend heißt, innerhalb Westeuropas wird fast zwangsläufig auf dem jeweils niedrigsten Niveau innerhalb der Gemeinschaft erfolgen, so daß die Aussichten mehr als düster sind.

Die sichtbar werdende Gigantomanie in Wirtschaft und Politik dürfte aller Voraussicht nach ernsthaften Bemühungen um die nötigen Reformen vollends den Boden entziehen.

Der dritte brüchige Pfeiler ist das geschwundene Vertrauen des Bürgers in die sogenannte Obrigkeit. Dieses Problem hängt natürlich eng mit dem vorher Beschriebenen zusammen und berührt sowohl die Verpflichtung des Bürgers, die staatlichen Institutionen und Gesetze anzuerkennen, sich ein- und unterzuordnen, wie auch die Hoffnung des Bürgers, die staatlichen Institutionen würden die Probleme der Gesellschaft wahrnehmen und lösen. Dieser Vertrauensschwund ist für uns obrigkeitshörige Deutsche eine ganz besonders bittere Erfahrung. Daß uns „Vater Staat" im Stich lassen könnte, tut uns in tiefster Seele weh. Das macht schon der Begriff deutlich. Ich weiß von keinem Volk, das ausgerechnet dem Staat eine väterliche Rolle zuschreibt.

Wir sind mit der Vorstellung aufgewachsen, die von uns gewählten Volksvertreter und die von ihnen gebildeten legislativen und exekutiven Körperschaften seien nicht nur beauftragt, sondern auch willens, fähig und bereit, die in dieser Gesellschaft auftretenden Aufgaben und Probleme zu bewältigen. Diesen Glauben scheinen viele von uns – nicht ohne

Grund, wie wir gesehen haben – verloren zu haben. Eine große Zahl von Bürgerinitiativen ist entstanden, auch neue Parteien, aus der offensichtlich enttäuschten Hoffnung, Bürgeranliegen von allgemeiner Bedeutung auf den üblichen Wegen durch die etablierten Parteien zu Gehör und zur Durchsetzung bringen zu können.

Die wachsende Enttäuschung führte in jüngerer Zeit sogar zu militanten Formen des Protestes, wie sie in früheren Jahrzehnten unbekannt waren. Die militante Protestbewegung ist nicht nur eine nie versiegende Quelle des Nachwuchses für den Terrorismus im Sinne der RAF, sondern manifestiert sich auch in Aktionen wie dem Umlegen von Strommasten, hinter denen eher verbitterte und verzweifelte Durchschnittsbürger als professionelle Terroristen stehen.

Trotz allem muß klargestellt werden, daß sich unser Demokratieverständnis über enttäuschte Hoffnungen und daraus erwachsende Resignation hinaus noch nicht weit genug entwikkelt hat. Wir übersehen allzu leicht die Wechselwirkung zwischen dem Bewußtsein der Bürger und dem Bewußtsein der Obrigkeit. Sie beeinflussen sich gegenseitig und spiegeln sich gegenseitig wider. Die Korruption oben fördert die Korruption unten und umgekehrt, ebenso die Indifferenz gegenüber den großen Problemen unserer Zeit. Wir diskutieren über alles, ob in den Parlamenten oder an den Stammtischen, und erwarten von den jeweils anderen, daß sie die Initiative ergreifen und die Lasten der nötigen Veränderungen tragen. So bleibt alles beim alten.

Diese Einsichten sind Erfahrungen aus erster Hand. Seit fast zehn Jahren ziehe ich wie ein Wanderprediger landauf landab und versuche, jedem, der mir zuhört, die Notwendigkeit der Arbeitsumverteilung einsichtig zu machen. Fast alle sind sehr beeindruckt und kommen zum Schluß, daß die Regierung, die Arbeitgeber, die Gewerkschaften oder wer die jeweils anderen auch immer sein mögen, etwas unternehmen sollten. Nur selten erlebe ich, daß der eine oder die andere nach Hause geht, von Vollzeit- auf Teilzeitarbeit umsteigt oder sich künftig weigert, bezahlte Überstunden zu leisten, um Neueinstellungen statt Überstunden durchzusetzen.

Es fehlt nicht nur an der Zivilcourage, sondern auch an der Bereitschaft zu selbständigem, eigenverantwortlichem Handeln. Das wird nicht nur auf dem Arbeitsmarkt sichtbar, wo Solidarität als Zwangsmaßnahme durch Gesetz und Tarifvertrag akzeptiert würde, aber als Eigeninitiative kaum in Erwägung gezogen wird. Dasselbe ist an der Frage der Geschwindigkeitsbegrenzung zum Wohl der Umwelt und zur Verringerung der Unfallzahlen zu beobachten. Umfragen haben schon vor Jahren ergeben, daß die Mehrheit der Bevölkerung durchaus bereit ist, Geschwindigkeitsbegrenzungen zu akzeptieren. Während aber in der Zeit der öffentlichen Diskussion dieser Frage auf den Straßen und Autobahnen von vielen langsamer und rücksichtsvoller gefahren wurde, sind die Fahrer, seit das Thema aus dem öffentlichen Bewußtsein verdrängt wird, mit Geschwindigkeit und Fahrstil wieder den alten Lastern verfallen. Die Autoindustrie mit ihrer Modellpolitik und ihren Werbemethoden steht dieser Entwicklung fördernd zur Seite.

Setzt sich Vernunft nur durch, wenn sie erzwungen wird?

Das Bewußtsein der Bürger und das Bewußtsein der Obrigkeit prägen sich wechselseitig. Die Konsequenz daraus: Wenn wir oben etwas verändern wollen, müssen wir unten etwas verändern, müssen wir uns selbst verändern. Und wir sollten eher heute als morgen damit beginnen, weil die da oben viel Zeit brauchen, es wahrzunehmen, und noch viel mehr, es ernst zu nehmen und konkrete Konsequenzen daraus zu ziehen.

Wir sind allzusehr fasziniert von der Macht. Die einen im passiven Sinn, weil sie die Macht den Machthabern übertragen oder überlassen haben und deshalb von ihnen Taten erwarten. Die anderen im aktiven Sinn, weil sie der Versuchung nicht widerstehen können, mit der übertragenen Macht zu spielen und sie für sich selbst und ihresgleichen zu mißbrauchen. Ronald Reagan war, was den spielerischen Aspekt anlangt, in seiner Naivität von entlarvender Ehrlichkeit. In einem Telegramm an die Gewerkschaft der Filmschauspieler, deren Generalsekretär er gewesen war, bezeichnete er einmal seine Präsidentschaft als „the greatest movie of my life“, also als den größten Film seines Lebens. Dabei hatte er wohl neben der Dramatik auch die Privilegien und die Gagen im Sinn. Die damit verbundene Verantwortung schien ihn nicht weiter belastet zu haben. Vermutlich war seine Realitätsferne so groß, daß er sie nicht einmal wahrzunehmen vermochte.

Wenn wir unser Denken und Handeln aus den Verirrungen des auf Gegnerschaft und Rivalität fixierten Wettbewerbsdenkens befreien wollen, so sollten wir Abendländer zu den Wurzeln der jüdisch-christlichen Überlieferungen zurückkehren. Das Problem ist nämlich so alt wie der Mensch selbst und hat deshalb schon seit Jahrtausenden die besten Köpfe und Herzen beschäftigt.

Der Mensch auf der Jagd nach Unsterblichkeit

Beim Blick zurück auf die hoffnungsvollen Anfänge einer demokratischen Wirtschaft und Gesellschaft können wir nur die Frage stellen: Was ist aus uns geworden?

Zwölf Millionen Flüchtlinge haben in der frühen Nachkriegszeit im Westen Deutschlands Unterkunft, Arbeit und Brot gefunden, und wir sind heute weder in der Lage, zwei bis drei Millionen Arbeitslose in die Erwerbswirtschaft zu integrieren, noch eine wildgewordene Geldwirtschaft zu zähmen. Wie ist das möglich?

Alle Erklärungen, die wir dafür liefern, vom technischen Fortschritt bis zu Sättigungserscheinungen auf den Märkten und dem internationalen Wettbewerb sind einleuchtend. Sie befriedigen aber nicht, weil sie letztlich im vordergründigen hängen bleiben und die tieferen Beweggründe für unsere Arbeits- und Wirtschaftsweise nicht bloßlegen. Nachdem unsere Gesellschaft angesichts der Probleme eine Politik des „Rette sich, wer kann" verfolgt oder in Apathie versinkt, sollten wir uns die Mühe machen, tiefer zu graben, um an die Wurzeln unserer Schwierigkeiten zu gelangen.

Wir nähern uns den tieferen Ursachen schon eher, wenn wir erkennen, daß die Leistungsschwächeren und Unterprivilegierten, die heute als Arbeitslose, gescheiterte Landwirte und bankrotte Kleinunternehmer ausgegrenzt werden, nichts weiter sind als die jüngsten Opfer eines sich seit langer Zeit vollziehenden Prozesses der Abdrängung von Randgruppen der Gesellschaft.

Wer die Geschichte der Menschheit zurückverfolgt, stellt fest, daß es schon immer Gruppen gegeben hat, die von der übrigen Gesellschaft ausgestoßen und isoliert worden sind: Arme, Behinderte, unheilbar oder ansteckend Kranke, Fremde usw. Dieser Ausgrenzungsprozeß hat sich aber in den vergangenen Jahrzehnten auf unserem Weg zu einer technisch sehr weit entwickelten Hochleistungsgesellschaft dramatisch beschleunigt und erfaßt immer mehr Bevölkerungsgruppen. So werden in der Industrie durch den technischen Fortschritt vor allem die Menschen überflüssig, die in der Vergangenheit relativ einfache, repetitive Arbeiten verrichtet haben. Maschinen übernehmen ihre Funktionen, und nirgends in der Gesellschaft sind alternative Beschäftigungsmöglichkeiten in ausreichender Zahl erkennbar. Der Prozeß der Ausgrenzung der sogenannten Minderleister scheint unaufhaltsam zu sein.

Die Minderleister von heute gehen also den Weg, den Behinderte, Alte und Gebrechliche in wachsender Zahl schon seit langem gehen.

Unter der Flagge der Professionalisierung und Spezialisierung im Gesundheitswesen wird ganz offensichtlich eine Verbesserung der ärztlichen Versorgung betrieben und erreicht. Und doch ist unübersehbar, daß dadurch die Gesellschaft in unheilvoller Weise gespalten wird. Kinder werden fast nur noch in Krankenhäusern zur Welt gebracht. Kranke werden sehr viel weniger als noch vor einer Generation zu Hause gepflegt, und immer mehr Alte, ob pflegebedürftig oder nicht, kommen ins Alters- oder Pflegeheim. Isoliert von der Familie und der übrigen Gesellschaft, lediglich umgeben von Alters- und Schicksalsgenossen und dem Pflegepersonal, warten sie dort auf den Tod.

Geburt, Krankheit, Alter und Tod – Grunderfahrungen des menschlichen Lebens, denen sich letztlich niemand entziehen kann – werden nicht mehr in der Familie hautnah erfahren, sondern nur noch aus möglichst großer Distanz. Der durch die hautnahe Erfahrung geförderte schmerzhafte Reifeprozeß wird blockiert, bis die Erfahrung im eigenen Schicksal unmittelbar und persönlich über den Einzelnen hereinbricht und ihn völlig unvorbereitet trifft.

Dieser unheilvolle Prozeß der Zersplitterung und Aussonderung aber geht weiter. Nach den Kranken und Alten werden nun die Leistungsschwächeren und Unterprivilegierten aussortiert als Arbeitslose, als Drohnen der Gesellschaft. Die Kerngesellschaft, die „in“ ist, reduziert sich mehr und mehr auf den

Siegertyp, jung, knackig und erfolgreich, wie er uns Tag für Tag in der Werbung präsentiert wird, und wie er für unsere Zeit beispielhaft in Boris Becker und Steffi Graf Fleisch geworden ist. Die beiden können persönlich nichts dafür, aber sie sind für unsere Gesellschaft, die angesichts der täglichen Krisen und Konflikte nur noch von Siegen träumen kann, zum Idol, also zum Abgott geworden.

In unserer Konkurrenzgesellschaft prägt der Wettkampf mit seinen Siegern und Verlierern das Leben, und das nicht etwa verschämt und verdeckt, sondern erklärtermaßen. So ist es, laut SPIEGEL 7/88, Helmut Kohls „sehr persönlicher" Ehrgeiz," daß dieses Land am Ende dieses Jahrhunderts auf alle Fälle in einem olympischen ....Vergleich auf der Treppe steht, wobei mir völlig gleich ist, ob es Gold, Silber oder Bronze ist. Aber wir müssen auf der Treppe stehen." Helmut Kohl drückt hier in aller Offenheit aus, was die Machtelite in unserem Land denkt, und die überwältigende Mehrzahl aller Bundesbürger würde ihm dabei wohl zustimmen. Dabei wird geflissentlich übersehen, daß wie im Sport so in allen Gesellschaftsbereichen die Anforderungen für den Erfolg und für einen Platz in der Kerngesellschaft unaufhörlich höher geschraubt werden, so daß die Zahl der Verlierer zwangsläufig immer größer wird.

Die Frage stellt sich, was treibt uns? Worin liegt die Ursache für das exponentielle Wachstum der Geschwindigkeit des technischen Fortschritts und der damit verbundenen Anhebung der Leistungsnormen zur Qualifikation für die Kerngesellschaft? Weshalb unternimmt die Gesellschaft so gut wie nichts, die Spaltung durch Integration zu bremsen und aufzuheben? Weshalb begnügen wir uns damit, die Randgruppen wirtschaftlich so weit abzusichern, daß sie wenigstens nicht physisch zugrundegehen?

In seinem Buch „Halbzeit der Evolution" gibt der Amerikaner *Ken Wilber* auf diese Fragen eine einfache Antwort. Sie ist sicher nicht die einzige, aber eine ganz wesentliche. Er sagt, daß der Mensch in seiner geistigen Entwicklung auf dem Weg zum Bewußtsein seiner selbst vor langer Zeit schon eine kritische Grenze überschritten hat, als „ihm das Wissen um den eigenen Tod aufdämmerte". Das war und ist immer noch eine der schockierendsten Einsichten des menschlichen Lebens. Das Wissen, daß wir unausweichlich dem Tod ausgeliefert sind und die damit verbundene Angst sind so entsetzlich für uns, daß wir versuchen, all das zu verdrängen und aus unserem Gesichtskreis zu verbannen, was uns daran erinnert. Deshalb haben wir in der Gesellschaft nichts wichtigeres zu tun, als die Schwachen, Kranken, Alten, die durch ihr bloßes Dasein Mahnmale des Todes sind, auszusondern, abzuschieben und zu isolieren.

Wir wehren uns aber nicht nur, an den Tod erinnert zu werden. Wir geben uns auch die allergrößte Mühe, unsterblich zu werden und zu sein. Aber da wir natürlich nicht unsterblich sind, jedenfalls nicht im vordergründigen Sinn, klammern wir uns an Unsterblichkeitssymbole, wie Ken Wilber sie nennt, und häufen Illusion auf Illusion.

Die wichtigsten Unsterblichkeitssymbole sind die Scheinsicherheiten, die sich aus wirtschaftlicher und militärischer Macht, aus Eigentum und Besitz ergeben. Das wird besonders deutlich am Vermögen in Form von Geld und anderen Werten, für die der Anspruch auf unendliche Vermehrung in Form von Zins, Zinseszins und anderen Formen der Rendite ganz allgemein erhoben wird[1]. Wer vom Zins lebt, braucht die Substanz seines Vermögens nicht anzurühren. Es erhält dadurch Ewigkeitscharakter. Noch eindeutiger wird das System von Zins und Zinseszins, das zur exponentiellen Vermehrung des Vermögens führt. Mathematisch betrachtet heißt dies, daß das Vermögen in relativ kurzer Zeit bis ins Unendliche wächst. Unendlichkeit aber ist wie die Ewigkeit eine Dimension, die über die menschliche Existenz hinaus verweist und ein Stück Unsterblichkeit verheißt. Aber eben nur verheißt, weil sie nur auf Vermögen bezogen, im Materiellen verhaftet und damit Illusion bleibt. Nicht umsonst heißt es bei Jesus, daß sich der Dienst vor Gott und der Dienst am Mammon gegenseitig ausschließen.

Das rastlose Streben nach solchen Unsterblichkeitssymbolen manifestiert sich nicht nur in der krampfhaften Suche nach wirtschaftlicher und militärischer Sicherheit, sondern auch in

---

[1] vgl.Kapitel „Geld und Zins“

einer unaufhörlichen Jagd nach Erfolg und Sieg über andere, auf welche Weise auch immer. Die Niederlage, der Untergang, der Tod des anderen bedeutet immer ein Gewinn an scheinbarer Unsterblichkeit für den Sieger. Symbolisch wird das sehr deutlich beim Tennis. Hier wird Kampf und Tod in ritualisierter Form vollzogen. Durch das K. O.-System bleibt nach jedem Match einer „auf der Strecke“. Man beachte die Analogie zur Jagd, wo die erlegten Tiere die „Strecke“ bilden. Jeder Fan fiebert mit seinem Idol, ob er im jeweiligen Kampf ausscheidet, also symbolisch stirbt, oder siegt und weiterlebt, nämlich eine Runde weiterkommt. Am Ende bleibt der strahlende Sieger als einziger übrig, alle anderen sind symbolisch gestorben.

Das Elend an diesem Götzen der Unsterblichkeit namens Erfolg und Sieg ist, daß er Unsterblichkeit nur für einen Augenblick verleiht. Der Glanz verblaßt sehr rasch, weil wir nur Katzengold in der Hand haben. Auch das wird im Sport symbolisch für das übrige Leben sehr deutlich. Der Erfolg von heute schmeckt morgen schon wie abgestandenes Bier.

Wir gehen auf zweifache Art in die Irre. Wir verweigern die Wahrnehmung der Schattenseite des menschlichen Lebens, verdrängen sie und schieben all die Menschen, die sie symbolisch für uns darstellen, ins gesellschaftliche Abseits. Gleichzeitig werden durch unsere Jagd nach Erfolg und Sieg, also nach Unsterblichkeit, immer mehr Menschen auf die Schattenseite des Lebens gedrängt und ins Abseits geschoben. Die Teufelsspirale nimmt kein Ende.

Die fortschreitende Spaltung der Gesellschaft ist demnach die natürliche Folge unserer vergeblichen Jagd nach Unsterblichkeit. Da diese suchtartigen Charakter hat und weder durch Gesetz noch durch Mehrheiten zu beseitigen ist, steht uns Schlimmes bevor, wenn es uns nicht gelingt, im Sinne der Psychologie von C. G. Jung das Unbewußte, das uns treibt, bewußt zu machen und zu integrieren. Dieselbe Aufgabe, die es im individuellen Bereich zu lösen gilt, nämlich die Integration des Schattens, der dunklen, nicht anerkannten Aspekte der Persönlichkeit, stellt sich auch im kollektiven Bereich, nämlich als Integration all derer, die auf der Schattenseite des Lebens stehen. Beides bedingt sich gegenseitig. So entspricht der individuellen und kollektiven Verdrängung im Psychischen die Ausgrenzung und Abschiebung im Sozialen.

Wenn wir das einmal begriffen haben, dann gewinnt all das, was uns über den Umgang Jesu mit Menschen aus Randgruppen der Gesellschaft überliefert wurde, eine tiefere Bedeutung. Diese Überlieferungen machen deutlich, daß das individuelle Heil nicht nur die Auseinandersetzung mit der eigenen Schattenseite und deren Integration voraussetzt, sondern daß die Wahrnehmung der gesellschaftlichen Schattenseiten und die Solidarisierung mit denen, die gesellschaftlich im Schatten stehen, unverzichtbar dazugehören. Obwohl das bei Jesus sehr deutlich wird, hat das sogenannte christliche Abendland diese Einsichten nicht aufgearbeitet und bewegt sich auf einer sich immer schneller drehenden Spirale von Scheinerfolg zu Scheinerfolg und wiegt sich in Scheinsicherheiten, die immer weniger überzeugend wirken und deshalb die Hetzjagd nach neuen Illusionen erst recht in Gang halten.

Überhaupt könnte bei Jesus, zumindest für die christlichen Abendländer, der Schlüssel zum Verständnis unserer Probleme und deren Lösung liegen. Nach christlicher Lehre schenkt er, im Sinn der uralten Menschenopfertradition, durch seinen Tod neues Leben. Vor allem aber ist er trotz aller Übermalungen und trotz der mit der konstantinischen Wende vollzogenen Verschmelzung mit dem römischen Sonnengott *Sol invictus,* dem „Unbesiegbaren", der Antityp des Erfolgreichen und Siegreichen, zählt er doch historisch betrachtet zu den großen Gescheiterten der Menschheit[2]. Erst dadurch, daß er durch den Tod hindurchgegangen ist, wurde er seiner messianischen Aufgabe gerecht und gewann Ewigkeitsbedeutung. Bei Paulus heißt es im Hebräerbrief: „So hat er die Menschen befreit, die durch ihre Angst vor dem Tod das ganze Leben lang Sklaven gewesen sind." Ken Wilber würde diesen Satz ergänzen: „...und Unsterblichkeitssymbolen nachjagten."

Trotz dieses geistigen Erbes begreifen wir nichts und erliegen ständig der Versuchung, das Heil in falschen Sicherheiten und

---

[2] Vgl. Kapitel „Pax Christi oder Pax Romana"

Unsterblichkeitssymbolen zu suchen. Dabei sollten gerade wir Deutschen gebrannte Kinder sein, haben wir doch im Dritten Reich das vielleicht gräßlichste Beispiel der Menschheitsgeschichte der zweifachen Verirrung in dem beschriebenen Sinn geliefert. Wir haben nicht nur Randgruppen der Bevölkerung abgedrängt und ausgegrenzt, sogar in Massen physisch vernichtet. Wir sind auch dem Erfolgs- und Siegeswahn im Zweiten Weltkrieg erlegen, bis hin zum bitteren Ende am Rande der Selbstzerstörung, die auf diesem Wege immer unausweichlich ist.

Ken Wilber zieht ziemlich nüchtern Bilanz: „Die Menschheit wird diese Art mörderischer Aggression, von Krieg, Unterdrückung und Verdrängung, Anhaften und Ausbeutung nie, ich wiederhole, nie aufgeben, ehe sie nicht ... zur Transzendenz erwacht."

C. G. Jung schreibt dazu: „Die entscheidende Frage für den Menschen ist: Bist du auf Unendliches bezogen oder nicht? Das ist das Kriterium seines Lebens. Nur wenn ich weiß, daß das Grenzenlose das Wesentliche ist, verlege ich mein Interesse nicht auf Futilitäten und auf Dinge, die nicht von entscheidender Bedeutung sind. Wenn ich es nicht weiß, so insistiere ich darauf, um dieser oder jener Eigenschaft willen, die ich als persönlichen Besitz auffasse, etwas in der Welt zu gelten. Je mehr der Mensch auf falschen Besitz insistiert und je weniger das Wesentliche für ihn spürbar ist, desto unbefriedigender ist sein Leben. ... Wenn man versteht und fühlt, daß man schon in diesem Leben an das Grenzenlose angeschlossen ist, ändern sich Wünsche und Einstellung. Letzten Endes gilt man nur wegen des Wesentlichen, und wenn man das nicht hat, ist das Leben vertan."[3]

Friedrich Weinreb, geprägt vom Chassidismus des Judentums, beschreibt dasselbe Problem mit anderen Worten:

„Die eine Seite im Menschen treibt zu weiterer Verselbständigung vom Ursprunge, zur Verleugnung des Ursprungs, zur Proklamation des Menschen als höchster Instanz. Die andere

---

[3] C. G. Jung, Erinnerungen, Träume, Gedanken, Olten, 1982

Seite aber sehnt sich zurück, weiß aber nicht, weshalb, wie es einem ergeht bei einem vergessenen Traum, und aller Fortschritt bringt ihr keinen Frieden. Ganz in der Tiefe, unter einem Schuttberg begraben, weiß sie von einem anderen Sinn. Sie erinnert sich vage an ein verlorenes Paradies, an einen zerstörten Tempel."

Diesem verlorenen Paradies gilt die große Sehnsucht, die Sehnsucht, die sich allzu viel und allzu oft mit dem Oberflächlichen und Vordergründigen zufrieden geben möchte.

Nehmen wir diese Tiefendimension unserer Probleme ernst, so erkennen wir, daß ziemlich radikale wirtschaftliche und soziale Reformen zwar unabdingbar sind, daß aber Kraft und Ausdauer, für sie zu kämpfen und sie – bei sich selbst beginnend – um- und durchzusetzen, nur erwachsen können aus dem Erwachen für das Bewußtsein eines überweltlichen, zeitlosen Seins. Unser kleines Ich mit seiner Sehnsucht nach Unsterblichkeit findet den Weg zur Teilhabe an diesem überweltlichen Sein durch die Bereitschaft, der Schwachheit, dem Leiden, dem Tod zu begegnen auf der Schattenseite des Lebens, wie es etwa Jesus getan hat. Wer gierig nimmt und versucht, festzuhalten, der verliert. Wer gibt und losläßt, der gewinnt. Wer bereit ist, sein Leben zu verlieren, der wird es gewinnen. Es klingt paradox, aber es ist tatsächlich so.

Insofern ist jeder Versuch, die Spaltung, die Apartheid zu überwinden und die soziale Integration zu fördern, zum Scheitern verurteilt, sofern er nicht aus einer Haltung, aus dem Geist unternommen wird, der der wachsenden Einsicht in dieses Geheimnis und dessen konkreter Erfahrung entspringt. Der Anfang zum Heil für den Einzelnen und für die Gemeinschaft, im kleinen wie im großen, liegt in diesem Erwachen zur Transzendenz, in der inneren Erfahrung göttlicher Wahrheit, die größer ist als unser materielles Sein und die alles und alle verbindet, das Helle und Dunkle in uns ebenso wie die „Hellen" und „Dunklen" in der Gesellschaft. Sich dessen bewußt zu werden, das ist der erste Schritt auf unserem Weg, der schließlich die Spaltung aufhebt und die Gegensätze vereinigt.

Das Gottesvolk als Initiator und Träger gesellschaftlicher Veränderung

Martin Buber erzählt die Geschichte von einem kleinen Jungen, der beim Versteckspielen erkennen mußte, daß ihn der andere gar nicht suchte. Weinend lief er zu seinem Großvater und klagte ihm sein Leid. Da überkam auch den Großvater das Weinen, und er seufzte: „So spricht Gott auch: Ich bin verborgen, und keiner will mich suchen."

So wie Gott verborgen ist, scheint auch Gottes Weg zur Erlösung und Befreiung der Menschheit verborgen zu sein. Jedenfalls sucht kaum einer da, wo er versteckt zu finden wäre, nämlich in den jüdisch-christlichen Überlieferungen.

Der zentrale Grund hierfür scheint in der Tatsache zu liegen, daß wir die Messianität Jesu, die ursprünglich zwei zentrale Aspekte hatte, den königlich-politischen und den hohepriesterlich-religiösen, auf den letzteren reduziert haben. Während der königlich-politische auf das Heil der Welt und damit die Außenwelt abzielt, gilt der hohepriesterlich-religiöse dem individuellen Heil des Menschen und damit der Innenwelt. Aber da Außen- und Innenwelt nicht voneinander zu trennen sind, sondern sich wechselseitig beeinflussen und prägen, bedeutet die von den Christen vollzogene Trennung nicht nur eine Bewußtseinsspaltung, sondern auch die Weigerung, mit jesuanischer Ethik dem Heil der Welt zu dienen. Die Spaltung der Ethik durch Max Weber in eine an den „Realitäten" der Welt orientierten Verantwortungsethik und eine nur im privaten Bereich gültigen, weil angeblich nur dort anwendbaren Gesinnungsethik liefert für diese Weltanschauung eine Rechtfertigung, die allerdings dürftig ist.

Um diese geradezu tragische Situation deutlich zu machen, mag es förderlich sein, sich die Anfänge des Christentums ins Gedächtnis zu rufen:

Den ersten Christen ging es ganz offenkundig darum, ihren Glauben an die Messianität Jesu dadurch zu bezeugen, daß sie die angebrochene Gottesherrschaft in allen Lebensbereichen sichtbar zu machen versuchten. Sie bildeten eigene Gemeinden, die mehr waren als Religionsgemeinschaften, weil sie das wirtschaftliche und gesellschaftliche Leben einbezogen. Die Gemeinden vernetzten sich und bildeten schließlich innerhalb des römischen Weltreichs ohne Zweifel so etwas wie eine alternative und mehr oder weniger autonome Gesellschaft, den neuen Zweig des Gottesvolks. Die lebendige Bezeugung der angebrochenen Gottesherrschaft bedeutete, daß innerhalb der jungen Christenheit zumindest der Versuch gemacht wurde, aus dem Geist Gottes heraus eine nicht im Sinne Webers geteilte Ethik zu verwirklichen. Solange die Gemeinden klein blieben und im wesentlichen aus gesellschaftlichen Randgruppen und Außenseitern bestanden, fiel es wohl nicht allzu schwer, der jesuanischen Linie treu zu bleiben und der Versuchung zu widerstehen, gesellschaftlichen Schwierigkeiten durch die Ausübung von Macht und Gewalt zu begegnen. Das Wachstum der Gemeinden an Zahl und Größe und die gesellschaftliche Anerkennung trieb aber diesen Konflikt auf die Spitze und besiegelte schließlich mit der konstantinischen Wende den großen Sündenfall, nämlich die Teilung der gesellschaftlichen Verantwortlichkeiten in die weltliche und geistliche Macht. Von da an war es nur noch ein kleiner Schritt, daß sich die Kirche aus gesellschaftlicher Verantwortung in die Reservate der Befriedigung religiöser und karitativer Bedürfnisse des Menschen zurückzog. Genau genommen bedeutet dies Verrat an der Gottesvolkidee mit ihrer gesamtgesellschaftlichen Dimension und die Selbstbeschränkung auf die Aufgaben einer Religionsgemeinschaft innerhalb einer säkularen Gesellschaft.

Seither taumelt die Kirche in ihren verschiedenen konfessionellen Ausformungen zwischen den beiden Extremen hin und her: Entweder verfällt sie selbst bei politischer Aktivität den von Jesus in Leben und Lehre widerlegten römisch-imperialistischen Prinzipien von Macht, Herrschaft und Gewalt, oder sie zieht sich völlig aus der politischen Verantwortung zurück und überläßt die „böse Welt" ihrem Schicksal. Im letzteren Fall mag ihre Auseinandersetzung mit der diesseitigen Wirklichkeit schließlich noch so weit gehen, daß sie versucht, eine christliche Ethik zu formulieren, um diese dann einer eher feindseligen und sich ablehnend verhaltenden „weltlichen“ Öffentlichkeit zu verkündigen. Eigene Versuchsfelder in Wirtschaft und Gesellschaft zu unterhalten, um damit die verkündete Ethik dem Realitätstest zu unterwerfen, kommt der Kirche nicht in den Sinn. Das wird Randgruppen wie der kommunitären Bewegung oder den Anthroposophen überlassen.

Die Kirche hat sich durch die Jahrhunderte in der Teilung der gesellschaftlichen Verantwortlichkeiten mit dem Staat behaglich eingerichtet, legimitiert die Ausübung von Macht, Herrschaft und Gewalt durch den Staat im Austausch gegen Privilegien, wie dies die Priesterschaft aller Religionen seit Jahrtausenden tut, und hat im Grunde genommen die messianische Verheißung und Verpflichtung, die angebrochene Gottesherrschaft in allen gesellschaftlichen Bereichen lebendig zu bezeugen, d. h. greifbare Wirklichkeit werden zu lassen, als utopisch und illusionär abgeschrieben.

Das mag in der Vergangenheit irgendwann einmal politisch vertretbar gewesen sein. Aber es wird immer deutlicher erkennbar, daß die Spaltung der Ethik im Weberschen Sinn die Welt unaufhaltsam in eine Katastrophe treibt, ja vielfach und vielerorts schon getrieben hat.

Die Verantwortungsethik von Max Weber hat es nicht vermocht, den Rüstungswahnsinn und die damit verbundene ungeheuerliche Vergeudung von Finanzmitteln und anderen Ressourcen zu bremsen. Sie hat nicht vermocht, die Ausplünderung des Planeten und die fortschreitende Zerstörung der Umwelt zu verhindern. Sie hat uns nicht befähigt, die fortschreitende Spaltung der Menschheit, global wie national, regional wie lokal, in eine privilegiertere Geld- und Leistungselite einerseits und eine wachsende Zahl von sogenannten „Minderleistern“, die in Unterdrückung leben oder der Verelendung preisgegeben sind, zu vermeiden. Wir stehen der Tatsache, daß die Reichen durch die Markt- und Zinsmechanismen automatisch immer reicher und die Armen immer ärmer werden, völlig hilflos gegenüber.

Bei allem guten Willen, der den politisch verantwortlichen Kräften weder abgesprochen werden kann noch soll, ist nicht zu übersehen, daß sich die Lage in allen Lebensbereichen nicht verbessert, sondern schleichend verschlechtert. Wir sollten den Mut haben, uns einzugestehen, daß der gerade bei uns in der Nachkriegszeit durch die Gründung der Bundesrepublik mit großer Hoffnung und großem Einsatz gestartete Versuch, die Macht von Staat, Geld und Wirtschaft zu zähmen und christliche Prinzipien zu prägenden Faktoren von Wirtschaft und Gesellschaft zu machen, gescheitert ist. „Catch as catch can" ist zum Leitmotiv unserer Gesellschaft geworden.

Wie verhält sich die Christenheit angesichts dieser Sachlage?

Die einen, die Fundamentalisten und Evangelikalen, verfallen einem primitiven Dualismus und pflegen ein Familien- und Sonntagschristentum. Sie akzeptieren die Tatsache, daß die Welt dem Bösen verfallen ist, und machen damit den Teufel zum gleichrangigen Gegenspieler Gottes. Dabei arrangieren sie sich nicht selten recht erfolgreich mit den sich daraus ergebenden Gesetzmäßigkeiten. Die zwangsläufige Folge dieser Haltung ist das Warten auf das große Reinemachen, auf Armageddon, wie es bei Ronald Reagan und seinen Gesinnungsgenossen nach eigenem Eingeständnis der Fall ist. Ihr primitiver Dualismus bedeutet dabei, daß sie sich selbst als Kämpfer des Lichts sehen, denen Sieg, Überleben und Erlösung gewissermaßen „garantiert" ist, auch wenn der Rest der Welt dabei zum Teufel geht – ihrer Überzeugung nach im wahrsten Sinn des Wortes. Wie sehr sie selbst in schreiende Ungerechtigkeit verstrickt und deren Nutznießer sind, wird übersehen und verdrängt.

Die anderen, die politischen Reformisten, gehen in die Politik und damit – wenn auch vielleicht schweren Herzens – den Weg von Macht, Herrschaft und Gewalt, um ebenso wie ihre Vorgänger der Nachkriegsgeneration zu scheitern. Auch wenn sie dabei nach den Enttäuschungen mit den Sozialdemokraten auf die Grünen setzen und damit ein anderes Pferd auf dieselbe Rennbahn schicken, dürfte sich nicht allzu viel ändern. Die Grünen von heute entsprechen den Sozialdemokraten von gestern. Jedenfalls war die Aufbruchstimmung und der Reformwille, der heute (noch) bei vielen Grünen zu beobachten ist, vor zwanzig Jahren die Triebkraft bei den Sozialdemokraten. Wer die jungen Menschen gesehen hat, die in den ausgehenden sechziger Jahren durch politische Arbeit innerhalb der SPD und außerhalb, etwa in Wählerinitiativen, die Reformbewegung von Willy Brandt getragen haben, der kann keinen großen Unterschied zwischen den Sozialdemokraten von damals und den Grünen von heute erkennen. Die Grünen sind im wesentlichen die Erben der von der SPD Enttäuschten.

Der Weg zur Macht ist aber für beide mit Opportunismus und faulen Kompromissen gepflastert und setzt die Bereitschaft voraus, den kurzsichtigen, egoistischen Zielen einer Vielzahl von Interessengruppen gerecht zu werden, die Reformen tunlichst vermeiden wollen und die unvermeidlichen Kosten den jeweiligen politischen Gegnern aufzubürden versuchen.

Die dritten erschöpfen sich in Warnungen und Protesten und verfallen schließlich angesichts der Erfolglosigkeit ihres Bemühens entweder der Resignation oder schließen sich der militanten Protestbewegung an und legen auch einmal einen Strommast um.

Eine vierte Gruppe ist noch erwähnenswert. Das sind diejenigen, die sich in der Esoterik und in den Teilen der New-Age-Bewegung verlieren, die politische Arbeit und Verantwortung ablehnen und ähnlich wie die Fundamentalisten letztlich nur am individuellen Heil interessiert sind.

Nach biblischer Überlieferung hängt das Heil der Welt im politischen wie religiösen Sinn an dem Offenbarwerden der Kinder Gottes, des Gottesvolks. Diese Überzeugung gründet für Christen in der Messianität Jesu.

Die Propheten des Alten Testaments verkündeten Gottes Zusage,

> Zu gering ists dafür, daß du mir Knecht wardst
> zu erstellen Jaakobs Stäbe,
> die Bewahrten Jissraels umkehren zu lassen,
> den Weltstämmen gebe ich dich zum Licht,
> daß meine Freiheit werde bis an den Rand des Erdkreises.[1]

---

[1] Jesaja 49, 6 nach Martin Buber

Jesu bezeichnete seine Angänger in diesem Sinne als Licht, Salz und Sauerteig der Welt.

Bedauerlicherweise sind die Christen in der Geschichte zumeist alles andere als Licht, Salz und Sauerteig für die Welt gewesen.

Jedenfalls wurde die eingangs skizzierte katastrophale Entwicklung der jüngeren Geschichte im wesentlichen von „christlichen" Völkern verursacht. Es wäre deshalb wohl an der Zeit, sich auf die messianische Verheißung neu zu besinnen und die in dem Glauben an Jesus, den Christus, den Messias, begründete Überzeugung der angebrochenen Gottesherrschaft konkret mit Leben zu füllen. Das Wort von der am Gottesrecht ausgerichteten Wirtschaft und Gesellschaftsordnung, das sich wie ein roter Faden von der mosaischen Gesetzgebung bis hin zur Bergpredigt durch die Bibel zieht, will an uns und durch uns, als einer Pioniergesellschaft, für die ganze Menschheit Fleisch und Wirklichkeit werden.

Wenn wir dies zu erkennen und über unseren engstirnigen Egoismus hinauszuwachsen vermögen, dann öffnet sich uns der Weg zu einer Art Doppelstrategie. Diese Doppelstrategie läßt sich als ein untrennbares Grundsatzpaar für politisch verantwortliches Leben unter Verzicht auf Macht, Herrschaft und Gewalt so formulieren: Es geht darum, Unrecht aufzudecken, anzusprechen und anzuprangern. Komplementär dazu ist es notwendig, das Rechte zu lernen, zu leben und zu lieben.

In diesem Sinn besteht die eine Aufgabe darin, in biblisch-prophetischer Tradition die Friedlosigkeit und Ungerechtigkeit dieser Welt aufzudecken und anzuprangern. Fleisch wird Gottes Wort aber erst dadurch, daß wir uns selbst verändern und als lebendige Bausteine gerechte Strukturen, lokal, regional, national wie global, in Wirtschaft, Rechtspflege und Gesellschaft erbauen. An diesem zweiten Aspekt mangelt es unserer Gesellschaft am meisten. Das gilt auch für die Kirche, wie etwa das EKD-Papier zur Weltschuldenkrise beweist.

Die kommunitäre Bewegung braucht einen neuen Zustrom, weil die Bildung von verantwortlicher, verbindlicher und tragender Gemeinschaft zur wichtigsten Aufgabe wird. Entscheidend wird dabei sein, daß nicht nur kleine, selbstgenügsame

Gruppen entstehen, sondern ob diese Gruppen integrative Funktionen übernehmen und dem Spaltungsprozeß in der Gesellschaft dadurch entgegenwirken, daß sie die Schwächeren nicht ausgrenzen, sondern integrieren. Auf den zweiten entscheidenden Faktor macht Martin Buber aufmerksam. Es geht um die Bereitschaft und Fähigkeit zur Förderation, zum Zusammenschluß. Schließlich besteht das Gottesvolk nicht aus einzelnen, isolierten Gemeinschaften, sondern es entsteht erst durch ein globales Netzwerk von Gemeinschaften, die solidarisch zusammenarbeiten. Den transnationalen, auf der Ausübung von Macht und Herrschaft gründenden Konzernen und den militärischen Machtblöcken muß eine heilsame Alternative entgegenwachsen, in ähnlicher Weise wie Jesus, der Messias, für seine Anhänger die heilsame Alternative zum römischen Caesaren darstellte.

Niemand wird im Ernst glauben, daß die Kirche in ihrem heutigen Zustand diese heilsame Alternative sein könnte. In ihren verfaßten und verfestigten Strukturen ist sie dazu nicht nur kaum in der Lage, sie hat nicht einmal den Willen dazu. Sie fühlt sich als Dienstleistungsunternehmen für die Bereiche Innerlichkeit/Religion und ein Stückchen Karitas innerhalb der säkularen Gesellschaft, die völlig anderen als jesuanischen Prinzipien gehorcht, eigentlich ganz wohl und begreift nicht, daß sie freiwillig in die Sklaverei der „Fleischtöpfe Ägyptens“ zurückgekehrt ist.

Die Kirche und die Christenheit haben völlig vergessen und übersehen, daß die jüdisch-christliche Geschichte mit ihrem Höhepunkt, dem Auftreten von Jesus als dem erwarteten Messias, einen eigenständigen Ansatz für eine Politik zum Wohle der Völker und zum Wohle des einzelnen Menschen entwickelt hat. Dieser Ansatz beinhaltet, daß der politische, also der „äußere“ Heilsweg, untrennbar verbunden mit dem inneren Heilsweg, das zentrale Thema der Bibel ist. Wo diese Überzeugung fehlt, ist letztlich auch die Messianität Jesu nichts weiter als eine leere Worthülse und Jesus vergeblich gestorben.

Und da, wie rundum zu beobachten ist, diese Überzeugung fehlt, bleibt den Einsichtigen nur der Exodus. Denn nur ein Exodus kann uns die Gottesbegegnung in der „Wüste“, also die

Erfahrung von Sinn und Bestimmung bringen und ins „Land der Verheißung" gesellschaftlicher wie wirtschaftlicher Autonomie auf der Grundlage materieller Anspruchslosigkeit und der Bereitschaft, in Liebe zu teilen, führen.

Wann wollen wir das endlich begreifen und uns an die Arbeit machen? Die Zeit ist reif.

Aussonderung und Exodus

Vor einiger Zeit feierte der Landesrabbiner Levinson mit den Teilnehmern einer Jahrestagung des Badischen Oekumenischen Netzwerks den Sabbat. Dabei machte er uns Christen vertraut damit, wie die Juden feiern und was ihnen dabei wichtig ist. Eindrücklich blieb mir seine Beschreibung der doppelten Versuchung, der die Juden durch die Jahrhunderte ständig ausgesetzt waren und der manche von ihnen auf die eine oder andere Art erlegen sind:

Die eine Versuchung bestand darin, sich als auserwähltes Volk im Sinne einer elitären Auswahl zu fühlen. Sie war insbesondere in früheren Jahrhunderten eine große Gefahr, vor allem in einer Umwelt, die in ihrer Bildung nicht an die des Judentums heranreichte. Bekanntlich zählten die Juden in vielen Völkern lange Zeit zu den wenigen, die lesen und schreiben konnten. Die eine Versuchung bestand also darin, der Arroganz und Überheblichkeit zu erliegen, und sei es auch eher defensiv, um einer feindseligen und verachtungsvollen Umwelt psychisch standzuhalten.

Die andere Versuchung war für die Juden die Gefahr, sich dem Druck der Umwelt und der Verfolgung dadurch zu entziehen, daß sie sich durch Assimilation der Umwelt anpaßten, in ihr aufgingen und durch Aufgabe ihrer Eigenständigkeit praktisch unsichtbar wurden. Beide Versuchungen waren gleichermaßen gefährlich, und nicht wenige fielen ihnen zum Opfer, wobei wohl die Umkehr vom Hochmut leichter fiel als der Versuch, eine vollzogene Assimilation rückgängig zu machen, insbesondere wenn diese mit dem Übertritt zu einer christlichen Konfession verbunden war.

Wie groß die Seelenqual sein konnte, wenn der letztere Schritt vollzogen worden war, ist beispielsweise an der Autobiographie von Karl Stern („Die Feuerwolke“) zu erkennen.

Dieser bedeutende Psychotherapeut war in den dreißiger Jahren gezwungen, Deutschland zu verlassen, weil er Jude war. Er fand Zuflucht in Kanada, wo er schließlich aus tiefer Überzeugung zum Katholizismus übertrat. Trotz seines Glaubens an Jesus Christus lastete es zeit seines Lebens schwer auf ihm, die Zugehörigkeit zum jüdischen Volk verloren zu haben. Der Katholizismus ist eben wie alle christlichen Konfessionen nur eine Religionsgemeinschaft, während das Judentum die Zugehörigkeit zu einer Religion und zu einem Volk, dem Volk Gottes, bedeutet. Hinzu kam, daß er durch den Übertritt die schmerzhafte Aussonderung abstreifte und durch Assimilation zu einem „normalen" katholischen Kanadier wurde. Ist die Aussonderung, die Bedingtheit des Juden, wie Elie Wiesel es nennt, eher Segen als Fluch oder gar eine gesegnete und verfluchte Aufgabe? Dieser Frage wollen wir versuchen nachzugehen.

Wie wichtig diese Frage ist, und wie sehr die Auseinandersetzung mit ihr nicht nur die Weltanschauung, sondern auch die Gottesvorstellung von Juden und Christen prägt, zeigt schon die Art und Weise, wie beispielsweise der 139. Psalm von beiden Seiten übersetzt wird. In der neuen christlichen Einheitsübersetzung heißt es:

Herr, du durchschaust mich,
du kennst mich durch und durch.
...
Von allen Seiten umgibst du mich,
ich bin ganz in deiner Hand.
Daß du mich so vollständig kennst,
das übersteigt meinen Verstand;
es ist mir zu hoch, ich kann es nicht fassen.
...
Du hast mich geschaffen mit Leib und Geist,
mich zusammengefügt im Schoß meiner Mutter.
Dafür danke ich dir,
es erfüllt mich mit Ehrfurcht.
...

Der deutsche Jude Martin Buber übersetzt dieselben Verse wie folgt:

> DU,
> du erforschest mich und du kennst,
> du selber kennst mein Sitzen, mein Stehn.
> ...
> Hinten, vorn engst du mich ein,
> legst auf mich deine Faust.
> Zu sonderlich ist mir das Erkennen,
> zu steil ists, ich übermags nicht.
> ...
> Ja, du bists,
> der bereitete meine Nieren,
> mich wob im Leib meiner Mutter.
> Danken will ich dir dafür,
> daß ich furchtbar bin ausgesondert:
> sonderlich ist, was du machst,
> sehr erkennts meine Seele.
> ...

Welch ein Unterschied! Zwar beginnt auch die christliche Übersetzung mit der eher bangen Feststellung „Herr, du durchschaust mich," aber schon die nächste Feststellung „Von allen Seiten umgibst du mich, ich bin ganz in deiner Hand," wird vor allem tröstlich verstanden, und im dritten zitierten Teil quillt die Dankbarkeit für das Wunder der Schöpfung, des Geschaffenseins hervor. Hier strömt bürgerliches Wohlbehagen über, das ein verniedlichter lieber Gott seinen Kindern verschafft. Ganz anders der jüdische Buber. Während sich der Christ wie ein kleiner Vogel in Gottes Hand geborgen wähnt, legt sich Gottes Faust auf den Juden. Hier ist Hiob gegenwärtig, aber auch der Johannes der blutrünstigen Visionen der Offenbarung.

Entscheidend für unsere Betrachtung aber ist, daß sich der assimilierte, der angepaßte Christ in ehrfürchtiger (blinder?) Dankbarkeit ergeht, während sich der durch Jahrtausende verfolgte und gequälte Jude seiner Aussonderung als eines Dauerschicksals erschrocken, aber trotz allem dankbar bewußt wird.

Ist die Aussonderung blanker Masochismus, oder ist es für einen gläubigen Juden selbstverständlich, wenn auch schmerzlich, sie zu akzeptieren oder gar zu bejahen? Ist die Aussonderung auch für einen Christen wünschenswert oder gar notwendig? Dient sie vielleicht dem eigenen Heil oder möglicherweise gar dem Heil der Welt?

Für das Judentum der Bibel ist die Aussonderung eine wesentliche Voraussetzung für die Erfüllung seiner Aufgabe. Der heidnische Seher Bileam rief beim Anblick der Zelte Israels aus:

Da, ein Volk, einsam wohnt es,
unter die Erdstämme rechnet sichs nicht.[1]

Und ein wesentliches Anliegen der mosaischen Gesetze und rituellen Ordnungen war und ist es, die Anpassung und Assimilation zu verhindern und die Aussonderung für alle Zeiten sicherzustellen. Aber wozu das alles, und welche Bedeutung hat dieses Anliegen heute, auch für Christen?

Bei der eingangs erwähnten Begegnung mit dem damaligen badischen Landesrabbiner Levinson ist mir schmerzlich bewußt geworden, wie selbstverständlich die Assimilation für uns Christen schon von Kindesbeinen an ist. Ausnahmen finden sich allenfalls bei Mitgliedern von Sekten. Für den aufgeklärten, weltoffenen Christen aber ist die Assimilation oder, umgekehrt gesprochen, die Aussonderung kein Thema. So ist es für einen deutschen Christen völlig unvorstellbar, das deutsche Volk als „Wirtsvolk“ zu betrachten, obwohl er als Christ dem Bekenntnis nach dem „Gottesvolk“ angehört. Der Begriff „Gottesvolk“ ist zur leeren Worthülse verkommen, die niemandem konkret etwas bedeutet. Daß die Zugehörigkeit zum „Gottesvolk“ Konflikte der Loyalität und der Treuepflicht zwischen „Gottesvolk“ und „Wirtsvolk“ mit sich bringen könnte, ist allenfalls für die Zeugen Jehovas ein Problem. Für die allermeisten ist ein solcher Konflikt ein klassisches Indiz für Sektiererei.

Makaber wird es erst, und ein Hauch von Unbehagen kommt auf, wenn sich etwa deutsche, englische, französische, polnische, tschechische und russische Christen im Krieg gegenseitig die Köpfe einschlagen oder im „Frieden“, der eigentlich nur ein

[1] 4. Mose 23,9

Nicht-Krieg ist, sich nach dem Konzept der Abschreckung für den Fall mangelnden Wohlverhaltens wechselseitig die totale Auslöschung androhen. Vielleicht taucht nun doch plötzlich ein Konflikt der Treuepflichten auf, nämlich zwischen der Treuepflicht gegenüber dem geliebten (?) Vaterland (oder ist es doch ein Wirtsvolk?) und gegenüber wem, sich selbst, Gott oder irgendwelchen Idealen? Plötzlich kommt Verwirrung auf. Sollte etwa doch die jüdische – den Christen ach so fremde – Vorstellung von einem „transnationalen" Volk Gottes auch heute noch Sinn und Bedeutung haben? Könnte es tatsächlich sein, daß uns die Treuepflichten gegenüber unserem Vaterland und seiner säkularen Gesellschaft nur von zweitrangiger Bedeutung sein sollten?

Diese Frage beantwortet sich vielleicht von selbst, wenn wir die Frage nach dem Sinn der Aussonderung weiter verfolgen. Aussonderung setzt einen Exodus voraus. So lautet die nächste Frage: Ist ein Exodus notwendig?

Niemand, der auch nur halbwegs offene Augen für die Wirklichkeit dieser Welt hat, wird verneinen können, daß wir alle aktiv und passiv teilhaben an schreiender Ungerechtigkeit gegenüber Mensch und Kreatur, Unterdrückung und offener wie auch verdeckter, also struktureller Gewalt.

Ein Exodus ist also notwendig. Was er im Einzelfall konkret bedeuten mag, sei dahingestellt, weil jeder für sich selbst herausfinden und entscheiden muß, wie weit er seine Teilhabe und Teilnahme am Unrecht vertreten kann – vor sich selbst, vor seinen Mitmenschen und vor Gott.

Der Exodus führt zwangsläufig zur Aussonderung. Und was ist die Folge der Aussonderung, wenn man sie aktiv annimmt und bejaht? Zunächst einmal innere Distanz. Der Ausgesonderte ist zwar nach wie vor Teil des Ganzen, aber eben ausgesondert, so wie etwa die Leber zwar Teil des menschlichen Körpers ist, aber eben doch etwas Besonderes, etwas Eigenständiges. Das Bild der Leber sagt aber noch mehr. Es genügt nicht, als einzige Zelle ausgesondert zu sein – die würde nämlich abgesondert, ausgeschieden –, es gilt, einen eigenständigen Organismus, ein eigenständiges Organ zu bilden, um zu überleben und eine Aufgabe übernehmen zu können. Der Exodus kann letztlich nur in Gemeinschaft, in verbindlicher und tragender Gemeinschaft, mit konstruktiven Folgen vollzogen werden.

Die weitere Folge des Exodus, der inneren Emigration und der damit verbunden Aussonderung ist die Überwindung aller Parteilichkeit im Sinne von Partikularinteressen. Hier gilt nicht mehr Schwarz, Rot oder Grün, und hier sind wir nicht mehr Deutsche, Franzosen oder Russen. Wir sind die Ausgesonderten, die nurmehr Partei für die zwangsweise Ausgesonderten, die Ausgegrenzten, die Elenden und Unterdrückten, die „Minderleister" und für die vergewaltigte Natur zu ergreifen haben. Paulus schreibt, daß es nichts mehr zu sagen hat, ob einer „Jude oder Nichtjude, ob er Sklave ist oder frei, ob Mann oder Frau, ob ungebildet oder gar völlig unzivilisiert."[2]

Bedeutet die Aussonderung aber nicht zwangsläufig auch Weltflucht? Für den Sektierer ja. Für den Weltoffenen, der auf dem Boden der biblischen Tradition steht – ganz im Gegenteil. Er weiß nämlich, daß nach dieser Überlieferung das „Restvolk", die Minderheit der Einsichtigen, der Ausgesonderten, „Licht", „Salz", „Sauerteig" der Welt sein sollen. Sie sollen die „Stadt auf dem Berge" sein, ein Bild, mit dem Jesus anknüpft an die Vision von Jesaja 2 und Micha 4, wonach die Völker der Welt beginnen, ihre Schwerter und Pflugscharen umzuschmieden und ihre Speere zu Winzermessern, nachdem sie in der Stadt, bei dem Volk auf dem Berge, beobachtet und erfahren haben, wie Gesellschaftsordnung nach Gottes Weisung praktiziert wird. Das ist die Verheißung und Verpflichtung der Ausgesonderten.

Das ist es, was Jesus gelehrt und gelebt hat. Nicht sehr erfolgreich muß man sagen. Er ist ja nicht nur gekreuzigt worden, er wird auch bis zum heutigen Tage in diesem seinen zentralen Anliegen sogar von seinen erklärten Anhängern im Stich gelassen. Weil es so schön bequem ist, nicht aufzufallen, sich zu assimilieren und die Aussonderung den bigotten Sektierern zu überlassen. Womit allerdings der Welt leider auch nicht gedient ist.

---

[2] Galater 3,28 und Kolosser 3,11

Jede Geburt ist eine Aussonderung, eine Abnabelung. Jeder Neuanfang und alles Neue sind Früchte von Aussonderung und Abtrennung. Das sind Grundeinsichten des Lebens. Ein Verzicht auf Aussonderung bedeutet, dem allgemein Bekannten, dem Vertrauten, aus Bequemlichkeit verhaftet zu bleiben, selbst wenn das Bekannte, das Vertraute ein Gefängnis ist oder eine schiefe Ebene, auf der wir langsam aber sicher – begleitet von den aufgeblasenen und wichtigtuerischen Reden unserer Machteliten – dem Abgrund entgegenschlittern.

Die Juden haben sich durch die mosaischen Gesetze, also per Satzung, der anhaltenden Aussonderung verschrieben und damit einer besseren Zukunft durch fortschreitende Veränderung verpflichtet. Sie sind – die Geschichte beweist es – deshalb die geborenen Unruhestifter im besten Wortsinne gewesen. Jesus stand ganz in dieser Tradition. Oft genug sagte und tat er das ganz andere, das völlig unerwartete.

Unter seinen Chronisten waren insbesondere die Autoren des Matthäus- und Lukas-Evangeliums dieser Tradition verpflichtet. Sie stellen Jesus dar als zweiten Mose, der mit der Bergpredigt Grundgesetz und Verfassung des Gottesvolks konsequent und radikal fortschreibt.

Der Sinn dieser Aussonderung liegt in der Aufgabe des Gottesvolks, der Welt beispielhaft eine an Gottes Weisung ausgerichtete Wirtschafts- und Gesellschaftsordnung vorzuleben. Die daraus resultierenden Verfolgungen durch all diejenigen, denen gesellschaftliche Veränderungen aus Eigennutz und Angst zuwider sind und die krampfhaft nach Sündenböcken suchen für ihren eigenen seelischen Zwiespalt und alle Mißstände dieser Welt, haben immer wieder zu grausamen Menschenopfern geführt. Ihre blutige Spur führt von Golgatha über Auschwitz bis in unsere Gegenwart.

Diese Qualen waren vielen der Ausgesonderten in der Geschichte offensichtlich immer wieder unerträglich geworden. So ist wohl auch die Assimilation der früheren Christen im Römischen Reich zu erklären, wo nach Jahrhunderten der blutigen Verfolgung mit dem Toleranzedikt und der sogenannten konstantinischen Wende im vierten Jahrhundert nicht nur die gesellschaftliche Duldung und Anerkennung erreicht, sondern eben auch ein tragischer Preis bezahlt wurde, nämlich der Verrat an der jüdisch-messianischen Aufgabe als Gottesvolk zugunsten der relativ ungestörten Existenz als römisch-christliche Religionsgemeinschaft. Die Bürde der Aussonderung war zu schwer geworden, und so erlagen die Christen, jedenfalls in ihrem Hauptstrom durch die Geschichte, der Versuchung der Assimilation.

Von den schmerzlichen Erfahrungen der Anfänge hat sich das Christentum bis zum heutigen Tage nicht erholt. Die Verdrängung geht so weit, daß, wie eingangs erwähnt, die Frage „Aussonderung oder Assimilation“ kaum mehr gestellt, geschweige denn beantwortet wird. Gottesvolk als eine aus den Völkern um einer gesellschaftlichen Aufgabe willen „herausgerufene und damit ausgesonderte Minderheit“ zu sehen, das muß erst wieder neu gelernt, bewußt gemacht und erfahren werden. Dieser Lernschritt würde die Begegnung mit dem Judentum erleichtern, weil er von unseren gemeinsamen Überlieferungen ausgeht. Er würde auch die Koalition mit allen anderen „einsichtigen Minderheiten“, gleich welcher Herkunft, ermöglichen, denen dieselben Aufgaben am Herzen liegen, sofern sie bereit sind, im Sinne der jesuanischen Tradition, unter Verzicht auf Macht, Herrschaft und Gewalt, den Weg der Aussonderung um einer besseren Zukunft willen zu gehen.

Die Politik Jesu

Wo Macht herrscht,
ist keine Liebe,
wo Liebe ist,
gilt keine Macht.
(C. G. Jung)

Bei dem Versuch, Weg und Ziel für einen Exodus zu finden, ist es notwendig, zu den Anfängen zurückzukehren und sich dem Ausgangspunkt der messianischen Bewegung zuzuwenden. Vor nahezu zweitausend Jahren, in einer existentiellen Krisensituation des jüdischen Volkes, vielleicht sogar einer Sinnkrise der damaligen Welt, ging von Jerusalem eine Veränderung nicht nur in religiösem, sondern auch in politischem Sinn aus. Unser Lehrmeister ist Jesus von Nazareth.

Der Umgang mit Jesus als einer historischen Gestalt ist auch heute noch ein ziemlich problematisches Unterfangen, weil umstritten ist, was von den Überlieferungen wirklich authentisch ist. Völlig unabhängig davon macht die Beobachtung der christlichen Wirklichkeit deutlich, daß letztlich offensichtlich entscheidend zu sein scheint, was Jesus für die verschiedenen Christen damals wie heute subjektiv bedeutet hat und bedeutet. Wie wir alle wissen, scheiden sich dabei die Geister.

Für die einen, die frommen Christen, deren wichtigstes Anliegen es ist, „in den Himmel zu kommen", ist die religiöse oder spirituelle Dimension seines Lebens so überwältigend, daß der soziale und politische Aspekt völlig in den Hintergrund tritt. Er wird entweder gar nicht wahrgenommen oder völlig geleugnet. Für viele andere, die nichts mit der spirituellen Dimension anzufangen wissen, erscheint eine Beschäftigung mit diesem Jesus wenig ergiebig: Wie kann das Leben dieses idealistischen jüdischen Zimmermanns, der vor bald zweitausend Jahren gelebt hatte und wie viele andere vor und nach ihm von der römischen Besatzungsmacht hingerichtet wurde, für uns heute noch von existentieller Bedeutung sein?

Und doch ist die Beschäftigung mit diesem Menschen der Mühe wert, auch wenn wir dabei um des Themas willen die religiöse oder spirituelle Dimension vernachlässigen. Das ist allerdings nicht ganz einfach, weil im Judentum der Bibel Religion und Politik immer untrennbar miteinander verbunden waren. So waren die großen Propheten immer auch massiv Kritiker der Innen- und Außenpolitik ihrer Zeit, offensichtlich häufig genug die einzige Opposition.

Die Beschäftigung mit der Beziehung Jesu zur Politik läßt sich nicht im luftleeren Raum vollziehen. Um Boden unter die Füße zu bekommen, müssen wir uns kurz mit der jüdischen Geschichte beschäftigen und mit den jüdischen Überlieferungen, von denen wir annehmen können, daß sie Jesus geprägt haben.

Das jüdische Volk war schon lange vor Jesus der Überzeugung, als Volk eine messianische Aufgabe für die ganze Menschheit zu haben. Es sollte der Menschheit beispielhaft zeigen, wie ein Volk nach Gottes Weisung lebt. Nicht-religiös ausgedrückt galt es, die optimalen Formen des Zusammenlebens einer völkischen Gemeinschaft zu verwirklichen, und zwar sowohl innerhalb der Gemeinschaft selbst als auch im Umgang mit den Nachbarvölkern. Die Gebote und das Gesetz Mose lieferten die Grundlage für eine an Gottes Weisung ausgerichtete Wirtschafts- und Gesellschaftsordnung. Dieses Anliegen ist allerdings nur zu verstehen vor dem Hintergrund der Erfahrung der Befreiung aus der Versklavung in Ägypten und später in Babylon. „Ich bin der Gott, der dich befreit", heißt es sinngemäß in der Präambel zu den zehn Geboten, wobei die Befreiung sowohl dem Volk wie auch dem einzelnen Menschen gilt. Die Befreiung zielt aber nicht nur auf die Seele und damit die Innenwelt, sondern auch auf die Außenwelt ab, also auf die psychische wie auch soziale und politische Versklavung, Unterdrückung und Abhängigkeit. Der befreiende Gott sollte die einzige Autorität sein. Es ging also – um wiederum nichtreligiöse Begriffe zu verwenden – eigentlich von Anfang an um eine herrschaftsfreie Gesellschaft.

In der jüdischen Geschichte gilt die an Samuel gerichtete Forderung, einen König zu bestellen, als der erste große Verrat des Volkes an seiner von Gott gestellten Aufgabe. Die alten Hebräer wollten sein „wie alle anderen Völker", eine Versuchung, der sie wieder und wieder erliegen sollten. Vom Christentum sind allerdings in diesem Punkt keine Vorwürfe an das Judentum angebracht. Schließlich hat das Christentum, das sich ja im eigenen Selbstverständnis als das neue Gottesvolk betrachtet, wohl spätestens mit der konstantinischen Wende den Volksgedanken und -auftrag nicht nur verwässert, sondern völlig aufgegeben und sich damit begnügt, eine Religion zu sein in Völkern, die „wie alle anderen Völker" waren, häufig genug sogar noch viel schlimmer. Denken wir nur an die jüngere Vergangenheit des „christlichen" deutschen Volks.

Wie aus dem biblischen Bericht hervorgeht, war sich Samuel über den Irrweg sehr wohl im klaren. Die Einsetzung eines Menschen als König bedeuteten für ihn die Absetzung Gottes als einzige Autorität auch in der Politik. Offensichtlich empfanden die Chronisten die Geschichte in diesem Sinn, sonst wäre diese Episode nicht in die Heiligen Schriften aufgenommen worden, jedenfalls nicht mit dem vorliegenden Inhalt. Samuel warnte die Bittsteller vor den Folgen – vergeblich. Nach Rücksprache mit Gott gab er widerwillig nach. Das Königtum wurde eingerichtet. Aber ein Unbehagen blieb zurück.

Dieses Unbehagen und wohl auch die geschichtliche Erfahrung führten zu einer fortschreitenden Auseinandersetzung mit diesem Thema und konsequenterweise zur Entwicklung der Vorstellung von einem idealen König, einem Messias, was nichts anderes bedeutet als der Gesalbte Gottes, eine Art Priesterkönig. So entstand schließlich – klar herausgearbeitet bei Jesaja – das Idealbild eines Königs, der nicht eine herrschende, sondern eine dienende Rolle spielt, analog der seit Jahrhunderten in der katholischen Kirche immer wieder auftauchenden Vision von einem Engelpapst. Dieses Idealbild eines Königs wurde gepaart mit der erschreckenden Vorstellung des leidenden Gottesknechts, die im Leben Jesu, im Urchristentum und durch die Pogrome auch für das Judentum entsetzliche Wirklichkeit wurde.

Wohl am schönsten wird das neue Königsbild ausgedrückt in den Versen bei Jesaja, mit denen Jesus nach dem Bericht von Lukas sein öffentliches Wirken eingeleitet hat:

Seines, meines Herrn Geist ist auf mir,
weil ER mich gesalbt hat,
mich entsandt hat,
Glücksmär zu bringen den Demütigen,
zu verbinden die gebrochenen Herzen,
zuzurufen Gefangenen: Loskauf!
Eingekerkerten: Auferhellung!
auszurufen ein Jahr SEINER Gnade.

Noch deutlicher wird die Königsgestalt bei Sacharja in einem Text, der den Evangelien zufolge die Vorlage für den Einzug Jesu in Jerusalem lieferte:

nun kommt dir dein König,
ein Erwahrter und Befreiter ist er,
ein Gebeugter, und reitet auf dem Esel,
auf dem Füllen, dem Grautierjungen.
– Streitgefährt tilge ich aus Efrajim,
Roßmacht aus Jerusalem,
ausgetilgt wird der Bogen des Kriegs. –
Er redet den Weltstämmen Frieden,
von Meer zu Meer ist sein Walten,
vom Strom bis an die Ränder der Erde.[1]

Es geht nicht um einen König hoch zu Roß, einem wichtigen Herrschaftssymbol und Kriegsmittel der damaligen Zeit, sondern um einen Friedenskönig, der in aller Demut auf einem Esel reitet, dem zur Kriegsführung völlig ungeeigneten Lasttier des einfachen Volkes.

Aus solchen Texten mag, verschwommen vielleicht und mit mehr oder weniger unterschiedlichen Ausprägungen, die Erwartungshaltung der Juden auch zur Zeit Jesu gewachsen sein. Die Erwartung wurde genährt von der Hoffnung, der ideale König, der Messias, werde die Befreiung von der unerträglichen Unterdrückung durch die Römer bringen. Und wenn Jesus tatsächlich sein öffentliches Wirken mit dem erwähnten Zitat aus Jesaja begonnen hat, dann wurde diese Erwartung ohne Zweifel gestärkt. Eine solche Aussage ließ sich, ohne

[1] beide Texte in der Übersetzung von Martin Buber

sie zu verfälschen, als Ankündigung der Befreiung von der Herrschaft der Römer auslegen, umsomehr als, wie erwähnt, Religion und Politik damals noch nicht wie heute getrennt waren.

Wir Christen haben es uns jahrhundertelang zu einfach gemacht, indem wir Leben und Lehre Jesu nur eine religiöse Dimension zugestanden haben, von der allenfalls im privaten Bereich Auswirkungen erwartet werden. Insgeheim haben wir ziemlich überheblich über die uneinsichtigen Juden seiner Zeit gelächelt. Wir glaubten und glauben, Jesus habe auf politische Fragen und Herausforderungen religiös-spirituelle Antworten gegeben, während er, wie wir sehen werden, auf Fragen, die sowohl eine religiöse wie auch eine politische Dimension haben, Antworten gab, die beidem gerecht werden. Die politische Dimension wird aber von uns nicht ernstgenommen. Ja, wir weigern uns sogar, sie wahrzunehmen. Das wir dabei von der Messianität Jesu abrücken, die unübersehbar sowohl einen königlichen, sprich politischen, wie auch einen hohepriesterlichen, sprich religiösen Aspekt hat, wird uns nicht bewußt.

Versuchen wir einmal, die Situation zu rekonstruieren, die Jesus vorfand, als er mit seinem öffentlichen Wirken begann und dabei den Versuch unternahm, mit der Verkündigung der angebrochenen Gottesherrschaft sein Volk zur Umkehr zu bewegen, um dann mit dem befreiten Israel, dem Gottesvolk, die Aufgabe zu übernehmen, den Weltstämmen durch Verwirklichung einer Wirtschafts- und Gesellschaftsordnung nach Gottes Weisung Licht zu bringen und damit die Visionen der Propheten zu verwirklichen. Die Jesus zugeschriebenen Begriffe „Licht“, „Salz“ und „Sauerteig“ knüpfen an die Propheten an und bei der „Stadt auf dem Berge“ ist der Bezug auf Jesaja 2 und Micha 4 und damit die politische Bedeutung dieser Begriffe unübersehbar.

Jesus fand ein politisches System vor, das Römische Weltreich, das in Palästina unter Mitwirkung einer korrupten Oberschicht eine Ideologie durchgesetzt hatte, die auch heute noch synonym ist für Imperialismus und die Ausübung von Macht, Herrschaft, Gewalt, Zwang, Ausbeutung und Unterdrückung. Das sind Prinzipien, die das exakte Gegenteil dessen darstellen, was die jüdischen Überlieferungen, von Jesus deutlich herausgestellt, als Ideal einer Gottesherrschaft und einer von Menschenherrschaft freien Gesellschaft übermittelt hatten. Für dieses Ideal sind die Begriffe Freiheit, Gerechtigkeit, Barmherzigkeit und Frieden wesentlich. Ich möchte es in Anlehnung an *Hugh J. Schonfield* als Messianismus bezeichnen, dem Gegenteil von Imperialismus.[2]

Die Versuchung, der sich Jesus zu stellen hatte, kam wohl vor allem von den Zeloten. Sie waren aktive Widerstandskämpfer, Guerillas und Terroristen und natürlich an populären Führungspersönlichkeiten sehr interessiert. Mit großer Wahrscheinlichkeit war mindestens ein Teil der Jünger Jesu Zeloten. So ist in den Evangelien nicht nur von Simon dem Zeloten die Rede, auch der Beiname von Judas, Ischariot, ist vermutlich eine Verballhornung von *Sicarius,* was soviel wie Krummdolch bedeutet und ein Kennzeichen der Sikarier, einer besonders militanten Gruppe der Zeloten, war [3]. Die Zeloten versuchten, der Gewalt mit Gegengewalt zu begegnen. Das führte schließlich wenige Jahrzehnte nach dem Tod Jesu zum großen Aufstand gegen die Römer, der mit der Zerstörung von Jersusalem und der Ausrottung eines Großteils der jüdischen Bevölkerung endete.

Jesus sah und sagte dies klar voraus. Es schien ihm unvermeidlich, daß der Versuch, gewissermaßen den Teufel mit Beelzebub auszutreiben, zwangsläufig zur Selbstzerstörung führen mußte. Aufbauend auf den Überlieferungen seines Volkes entwickelte, lehrte und lebte er einen Weg, der nicht nur damals und dort, sondern auch heute und hier, jederzeit und überall auf der Welt Gültigkeit hat. Er öffnete der Menschheit den einzigen Weg, den Teufelskreis von Gewalt und Gegengewalt, Macht und Gegenmacht zu durchbrechen, Schritt für Schritt die Dominanz imperialistischer Prinzipien in unserer Welt aufzuweichen und der großen Utopie einer herrschaftsfreien, aus dem Geiste Gottes lebenden Gemeinschaft von Mensch und Kreatur auf dieser Erde näher zu kommen.

---

[2] Schonfield: Planziel Golgatha, Aldingen 1973
Die Politik Gottes, Aldingen, 1974

[3] Brandon: Jesus and the Zealots, Manchester, 1967

Jesus durchschaute die Gefahren der Macht. Er widerstand der Versuchung „Ich will dir die Macht über alle diese Reiche in ihrer ganzen Größe und Schönheit geben“ und lehrte und lebte eine Politik nicht nur der Gewaltlosigkeit, sondern auch des ganz bewußten Machtverzichts. Wie sehr er sich dabei trotzdem der politischen Wirklichkeit seiner Zeit stellte und sich mit ihr auseinandersetzte, lassen die nachstehenden Zitate erkennen, die ihm zugeschrieben werden[4]:

> Wer dich auf die rechte Wange schlägt,
> dem halte auch die andere hin,
> und wer mit dir einen Rechtsstreit anfangen
> und dir den Rock nehmen will, dem überlaß
> auch noch den Mantel,
> und wer dich zu einer Meile Wegs nötigt,
> mit dem geh zwei.

Drei Bilder mit derselben Antwort, die durch die mehrfache Wiederholung zentrale Bedeutung gewinnt: Widersteht dem Bösen nicht, sondern verwandelt das Böse durch das Gute. Der Betroffene beugt sich dem Zwang, aber nicht zähneknirschend, den Zorn hinunterschluckend. Er erkennt in dem anderen seinen Bruder, der in die Irre geht und durch die Verletzung der Würde des Unterdrückten seine eigene Würde verliert. Besonders deutlich wird dies am letzten Bild, das konkret von einer alltäglichen Situation seiner Zeit ausging und das bedauerlicherweise in modernen Übersetzungen durch Verlust des historischen Bezugs entstellt und entwertet wurde.

Das jüdische Volk wurde von der Besatzungsmacht zu Frondiensten herangezogen. Einer dieser Frondienste bestand darin, auf Aufforderung jedem Mitglied der Besatzungsmacht das Gepäck eine Meile weit zu tragen. Unter den freiheitsliebenden Juden wurde sicher heftig diskutiert, wie man zu dieser Forderung stehen solle. Jesus gibt eine bis heute provozierende Antwort. Weder gewaltsamer noch gewaltfreier Widerstand wird empfohlen, sondern die scheinbare, aber aktive und positive Unterwerfung. Aktiv und positiv durch den freiwilligen zwei-

---

[4] Über Authentizität und Bedeutung dieser Zitate siehe Lohfink: Wem gilt die Bergpredigt, Freiburg

ten Schritt über die Hinnahme der Kränkung hinaus. Die erste Meile erzwingt der Unterdrücker, wobei die Würde beider verletzt wird.

Die zweite Meile ist das verstehende und verzeihende Geschenk eines Freien, das auch den anderen befreit, wenn dieser es bewußt annimmt. Jesus lehrt auf diese Weise, daß wirklicher Frieden nur durch die Befreiung sowohl der Unterdrückten als auch der Unterdrücker kommt.

Auch der harmlos, weil weichlich-sanft klingende Satz aus der sogenannten Bergpredigt, „Selig sind die Sanftmütigen, denn sie werden das Erdreich besitzen“, stand nicht beziehungslos im Raum, wie es vielleicht den Anschein hat. Er war vielmehr eine klare Antwort auf die Frage, die wohl vor allem von den Zeloten kam, ob denn die Römer auf ewig das Erdreich besitzen würden. Schließlich waren die Römer die Herren der damals bekannten Welt. Diese Frage mündete in die nächste: Auf welche Weise der Unterdrückung ein Ende gesetzt werden könnte.

Jesus ging bei seiner Begriffswahl mit großer Wahrscheinlichkeit von Psalm 37 aus, wo in den Versen 11 und 29 den Elenden (Armen) und Gerechten (Gehorsamen) das Erbe des Landes zugesprochen wird. Das sind für Jesus mit genialer bis heute schockierender Unmißverständlichkeit die Sanftmütigen, also diejenigen, die „keine Gewalt anwenden“, wie es in neuen Übersetzungen heißt.

Er erteilt damit eine klare Absage an die Befürworter der Gewalt, aber auch an alle Ansprüche auf Macht, Herrschaft und Besitz. Denn Jesus meinte wohl, das Land wird denen anvertraut werden, die nicht habgierig darum gekämpft und gestritten haben.

In Sachen Gewalt hat unsere geistige Entwicklung einen Punkt erreicht, an dem sich endlich die Geister scheiden. Die Zahl derer, die aus jüdisch-christlicher Überlieferung eine Rechtfertigung der Gewalt und der Androhung von Gewalt ableiten, wird geringer, auch wenn sich die Großkirchen, wie in der Frage des Rüstungswahnsinns sichtbar wird, immer noch schwer tun, eine jesuanische Politik zu vertreten. Aber sie sind wenigstens in diesem Punkt heute schon gespalten und reiten nicht mehr ohne nachzudenken auf dem imperialistischen Pferd. In der Frage der Gewalt lichtet sich also der Nebel.

Wir sind aber immer noch seltsam indifferent der Macht gegenüber, obwohl doch die Macht die Mutter der Gewalt ist. So schreibt *Theodor Ebert,* einer der großen Befürworter der Gewaltlosigkeit:

> „Ein schöner Erfolg ist jedoch, daß die meisten Gruppen in der Friedens- und Ökologiebewegung begriffen haben, daß die gewaltfreie Aktion ein außerordentlich vielseitiges Instrumentarium darstellt, mit der sich die Macht entwickeln läßt.“[5]

In demselben Heft schreibt *Dietmar Böhm:*

> „So müßte z. B. genau diese Frage: „Wie halte ich es als Christ mit den Massenvernichtungswaffen“ bei den Kirchengemeinderatswahlen im Dezember in Württemberg eine entscheidende Rolle spielen. Hier können wir Umkehr zum Leben praktizieren, indem wir nur Kandidaten und Kandidatinnen wählen, die *Nein* zu allen Massenvernichtungswaffen sagen. Diese Wahl ebenfalls zur Abstimmung für das Leben zu machen, würde die konsequente Fortsetzung des Kirchentagsmottos bedeuten.“

Wir sind bedenkenlos dabei, neuen Wein in alte Schläuche zu gießen. Wir begreifen nicht, daß die angestrebte Umkehr zum Leben sich nicht auf dem Weg der Machtergreifung erreichen läßt, auch wenn dieser Weg in bescheidenem Gewand von Kirchengemeinderäten begonnen wird. Dabei ist es natürlich durchaus legitim, die Kandidaten nach ihrer Gesinnung zu fragen. Wenn aber das Ziel ist, etwa eine Mehrheit von „Friedensbewegten“ an die Macht in den verschiedenen kirchlichen Gremien zu bringen, um dann die Minderheit der „Eisenköpfe“ zu entmachten und mundtot zu machen, dann sind wir auf dem Weg eines moderaten, weil parlamentarischen Imperialismus, der eben doch ein Irrweg ist. Wir sollten erkennen, daß der jesuanische Weg auch in seinen Methoden ein ganz anderer als der gängige Weg in der Politik ist.

Jesus schafft in der Machtfrage klare Verhältnisse. Sie stand nicht nur am Anfang seines Wirkens, sie war auch zentrale Aussage. Licht, Salz und Sauerteig braucht weder die Macht des Diktators noch die Macht der demokratischen Mehrheit. Eine

[5] WUB, Zeitschrift für Kriegsdienstverweigerer 4/83

Minderheit genügt zunächst, sofern sie vom Geist Gottes getrieben und zu existentiellem Engagement bereit ist. Jesus entwickelt also die realistisch-bedauernde Einsicht des Alten Testaments weiter, nach der nur eine Minderheit, ein Rest, zur Umkehr fähig und bereit sei. Im Sinne von Jesaja 2 und Micha 4 ist er überzeugt, daß die Verwirklichung der Thora, also einer an Gottes Weisung ausgerichteten Gesellschafts- und Wirtschaftsordnung, durch das Volk Gottes eine Wallfahrt der anderen Völker auslösen werde. Auf diese Weise würden sie angeregt, dem Volk Gottes nachzueifern. Diese Überzeugung ist auch der Grund dafür, weshalb sich Jesus ausdrücklich und ausschließlich an das „Haus Israel“, also die Juden, wandte.

Jesus lehrt und lebt ein Alternativ-Konzept zur Veränderung der Welt, deren Ziel die Veränderung nach Vorbild, also durch Nachahmung, ist. Die „Faszination“, ein Ausdruck, den *Gerhard Lohfink* in diesem Zusammenhang gebraucht, ist der auslösende Faktor. Dadurch wird die Minderheit, von der Jesus spricht, zur kritischen Masse, durch die eine Kettenreaktion in Gang gebracht werden kann.

Die Machtfrage ist schließlich auch zentrales Thema am letzten Abend mit seinen Jüngern. Die Aussagen Jesu zu diesem Thema werden unterstrichen durch die bei Johannes überlieferte symbolische Handlung der Fußwaschung, die – wie die Reaktion von Petrus zeigt – alles andere als selbstverständlich war.

Die Bedeutung seiner Aussagen wurde also nachdrücklich unterstrichen. Sie erhalten den Charakter eines Vermächtnisses von entscheidender Bedeutung, eines Vermächtnisses, das gradlinig eine Verbindung schafft zwischen der großen Versuchungsgeschichte am Anfang und dem Kreuz am Ende seines Wirkens. Das Leben und die Lehre Jesu kann nicht anders als eine klare Absage an jedes Streben nach Macht auch und gerade im Bereich der Politik gesehen werden.

Hören wir uns diese Aussagen doch einmal bewußt an:

> Die Könige der Welt unterdrücken ihre Völker,
> und die Tyrannen lassen sich Wohltäter des
> Volkes nennen. Bei euch muß es anders sein.
> Der Höchste unter euch muß wie der Niederste
> sein und der Führende wie der Untergebene.

Das Johannesevangelium beginnt mit der Fußwaschung und läßt Jesus sagen:

> Ich bin euer Herr und Lehrer, und doch habe ich euch die Füße gewaschen. Von jetzt an sollt ihr euch gegenseitig die Füße waschen. Ich habe euch ein Beispiel gegeben, damit auch ihr so handelt, wie ich an euch gehandelt habe. Ich sage euch, ein Diener ist nicht größer als sein Herr . . .

Wie kommt es zu dieser rigorosen Ablehnung der Macht? Wie soll bei völligem Machtverzicht die Welt verändert werden? Wie soll das Gottesvolk ohne Machtausübung seine Aufgabe erfüllen, den Völkern der Welt ein Licht zu sein, damit Gottes Freiheit „werde bis an den Rand des Erdkreises"? Ist es wirklich realistisch, auf die „Faszination" als Anstoß zur Nachahmung zu hoffen und konsequent auf Machtmittel zu verzichten?

Jesus weiß, wie wir heute alle wissen sollten, daß eine wirkliche Veränderung durch das Streben nach Macht und Mehrheiten nicht zu erreichen ist, jedenfalls keine Veränderung, die Bestand hat. Druck erzeugt Gegendruck, und bei jedem Machtwechsel warten die Entmachteten nur auf den nächsten Wechsel der Macht- und Mehrheitsverhältnisse, weil keine Veränderung des Bewußtseins und der Herzen stattgefunden hat. Und selbst diejenigen, die mit den besten Absichten an die Macht gelangen, korrumpieren sich und unterliegen der Versuchung, ihren Willen zu verabsolutieren und auf dem kürzesten Weg durchzusetzen, ohne sich ständig um den Konsens und einen entsprechenden Bewußtseinswandel zu bemühen. Das hat nicht nur Jesus erkannt.

Lord Acton schrieb: „Macht korrumpiert, absolute Macht korrumpiert absolut." Und *Jakob Burkhard* wußte: „Macht aber an sich ist böse, sie ist kein Beharren, sondern eine Gier und eo ipso unerfüllbar, daher in sich unglücklich und muß also auch andere unglücklich machen."

Hugh J. Schonfield schreibt: „Was wir immer wieder vergessen, ist dies: Wer sich auf die Macht verläßt, muß sich der Macht unterwerfen. Wer herrscht, wird durch Herrschaft umkommen. Macht mit Macht zu bekämpfen, ist kein Weg zum

Heil, es ist der Weg zur Versklavung sowohl für den Sieger als auch für den Besiegten."

Ist dies alles nicht ein wenig überzeichnet? Gibt es nicht auch durchaus wohlwollende Machthaber, wo weder Führer noch die Geführten „versklavt" werden?

Bevor wir uns dieser Frage zuwenden, ist es wohl notwendig, zunächst einmal den Machtbegriff eindeutig zu bestimmen, weil Macht vielfach mit Kraft und Einfluß verwechselt wird. Liegt eine solche Auffassung vor, so ist es nicht verwunderlich, wenn wenig Verständnis für die radikale Aussage etwa eines Lord Acton oder eines Jakob Burkhard aufgebracht wird. *Max Weber* liefert eine eindeutige Definition: „Macht bedeutet jene Chance, innerhalb einer sozialen Beziehung den eigenen Willen auch gegen Widerstreben durchzusetzen." Damit ist klar: Macht setzt sich durch, notfalls auch durch Zwang und Gewalt. Allerdings gilt diese Aussage nicht immer. Wo Macht auf eine gleich starke Gegenmacht stößt, kommt es im Extremfall zur gewalttätigen Auseinandersetzung. In der Regel blockieren sich aber die gegensätzlichen Kräfte und legen sich gegenseitig lahm, so daß jede politische Bewegung erstarrt. Allenfalls werden faule Kompromisse ausgehandelt, indem der kleinste gemeinsame Nenner gesucht wird. Die Fähigkeit zur Synthese geht dem machtpolitischen Denken fast völlig ab.

Der Messianismus überwindet diese Blockade, zum einen weil er das Wohl des anderen sucht, zum anderen weil er bereit ist, die Kosten, das Leid und den Schmerz, die durch die erstrebte Veränderung verursacht werden, auf sich zu nehmen und dadurch wieder Bewegung in die erstarrten Fronten zu bringen.

Um die Unterschiede zwischen diesen beiden Welten deutlich zu machen, müssen wir aber noch tiefer schürfen:

Die Problematik der Machtfrage läßt sich wohl am ehesten am dialogischen Prinzip von *Martin Buber* darstellen. Dieses Prinzip besagt in groben Zügen, daß der Mensch auf das Du hin angelegt ist, ja, daß er den Dialog zur Menschwerdung braucht. Die Begegnung mit dem Du findet statt, wenn ich den anderen in seinem Anderssein als ein mir gegenüber stehendes gleichwertiges Subjekt wahr- und annehme. Wenn ich aber den anderen in seinem Anderssein annehme und der Versuchung widerstehe, ihn „mit allen Mitteln“ von der Richtigkeit meiner Auffassung „zu überzeugen“, dann entstehen häufig aus unterschiedlichen Auffassungen enorme Spannungen, die sich als Schmerz und Leid manifestieren. Unsere Schmerzscheu verführt uns dazu, den Dialog abzubrechen (oder gar nicht erst zu suchen) und auf dem Wege der Macht den Andersdenkenden „mit allen Mitteln“ – im politischen Leben bis hin zur physischen Vernichtung – unsere Überzeugung aufzuzwingen.

Martin Buber beschreibt den Weg des Dienstes und läßt Rabbi Nachman sagen, er bestehe darin, den anderen in Freiheit seinen eigenen Weg gehen zu lassen, so wie Gott uns die Freiheit gibt, unseren eigenen und nicht seinen Weg zu gehen. Er stellt also den Weg des Dienstes dem Weg der Macht gegenüber. Der Weg des Dienstes entzieht sich den Polaritäten der unterschiedlichen Auffassungen nicht, sondern versucht vielmehr, deren Spannungen auszuhalten und fruchtbar werden zu lassen. Etwa daraus resultierendes Leiden wird eher auf sich genommen als anderen zugefügt.

Der Weg der Macht dagegen spaltet die Polarität zum Dualismus – hie gut, dort böse – und verfällt dem Sündenbocksyndrom. Die fruchtbare Spannung verwandelt sich dabei im Extremfall in todbringende Aggression.

Auf dem Weg der Macht versuchen wir, die Oberhand zu gewinnen, um unsere Vorstellungen ohne den mühseligen, langwierigen und schmerzhaften Prozeß des Dialogs durchsetzen zu können. Das führt aber dazu, daß der Andersdenkende seinen Status als Du verliert und zum Es, zum Objekt wird, das fremdbestimmt wird.

Kollektiv betrachtet entstehen Oligarchien, Parteien und Fraktionen. Der Dialog wird auf die Fraktion, auf die Gruppe der Gleichgesinnten beschränkt, innerhalb der keine Spannung, die fruchtbar werden könnte, besteht. Zwischen den Fraktionen und Parteien finden nur noch Monologe statt. Es werden Schaufensterreden gehalten. Der Dialog fehlt, der Prozeß der Menschwerdung ist blockiert.

Da aber der Mensch auf den Dialog hin angelegt ist, wird sein Fehlen als Mangel empfunden, wenn auch zumeist unbewußt.

Es wird dann versucht, diesen Mangel durch Machtgewinn zu kompensieren. Hier liegt der Suchtcharakter, von dem Burkhardt spricht. Dadurch wird die Zahl der Menschen auch innerhalb einer Fraktion, mit denen der Dialog geführt und ausgehalten wird, immer kleiner. Im Extremfall kommt es zur völligen Isolierung und Vereinsamung mit Verfolgungswahn als Dreingabe. Das Beispiel Stalin macht dies ganz besonders deutlich.

Eine Veränderung, die Bestand hat, ist nur möglich durch die Bereitschaft zum Dialog, eine Bereitschaft, die auch die Gefährdung der eigenen Überzeugungen riskiert. Der Prozeß der Verwandlung vollzieht sich nur, wenn alle, die sich daran beteiligen, bereit sind, sich selbst existentiell einzubringen. Auch das wird an den Bildern vom Salz, vom Licht, vom Sauerteig deutlich. Die Überwindung der Schmerzscheu und die Annahme von Schmerz und Leid als dem Weg, auf dem die Spannung der Gegensätze fruchtbar wird, ist bei Jesus immer wieder deutlich ausgedrückt und wurde in neuerer Zeit auch von Gandhi unmißverständlich formuliert.

Jeder Versuch, auf dem Weg der Macht etwas zu erreichen, auf dem parlamentarischen Weg vom Kirchengemeinderat bis hin zum Bundestag oder über die außerparlamentarische Mobilisierung von Massen, in der Friedensbewegung oder anderswo, ist deshalb zwar ein durchaus legitimer Versuch der Veränderung, hat aber mit jesuanischer Politik nichts zu tun. Auf dem Weg der Macht wird der Andersdenkende ausgegliedert. Man schließt sich in möglichst wachsender Zahl gegen ihn zusammen, um ihm die Macht zu entreißen. Bei Jesus wird der Andersdenkende einbezogen, wahrgenommen, angenommen, auch wenn er seine Macht mißbraucht. Er wird zum Nächsten, für den ich mitverantwortlich bin, weshalb ich immer wieder einen Anlauf zum Dialog um seinet- und um meinetwillen machen muß.

Der jesuanische Weg beginnt mit dem Bemühen, „den Balken aus dem eigenen Auge zu entfernen“. Bei Martin Buber heißt es: „Der archimedische Punkt für die Veränderung der Welt ist die Veränderung seiner selbst.“ Auf diesem Weg hält sich der Mensch immer wieder selbst den Spiegel vor bei der

Suche nach Wegen aus der Verirrung, ohne deshalb in masochistische Selbstanklagen zu verfallen. Und doch weist das Bild vom Licht der Welt als Ursache der Finsternis den Mangel an Licht aus. Es müßte ja sonst hell werden in der Finsternis.

Sicher lag hier auch die innere Not Jesu. Er mußte erleben, daß die gepredigte Umkehr vom Volk nicht vollzogen wurde, und so sah er die große Katastrophe heraufziehen. Er weinte über Jerusalem, weil er erkannte, daß der Untergang der Stadt unausweichlich geworden war. Die Menschen waren damals wie heute nicht bereit, den Weg der Macht und der Gewalt aufzugeben und den Weg der Liebe und des Dienstes zu suchen. Auch sein Tod am Kreuz löste die Umkehr des Volkes nicht aus, damals wie heute. Schon wenige Jahrzehnte nach seinem Tod kam es zum großen Aufstand, der nicht nur zur Zerstörung Jerusalems, sondern auch zur Ausrottung fast der ganzen Bevölkerung führte. Auch seither wurde unzählige Male, häufig sogar ausdrücklich in seinem Namen, Mensch und Natur in gräßlicher Weise Gewalt angetan.

Vordergründig und politisch betrachtet war sein Tod nur die letzte Konsequenz seines Lebens und seiner Lehre, ein Tod, der ihn einreihte in die Reihe der großen Gescheiterten, die doch mehr als alle Erfolgreichen die Welt nachhaltig veränderten, weil sie Wege aufgezeigt hatten und gegangen waren, die über die Jahrhunderte hinweg die Hoffnung auf eine bessere Zukunft nährten.

Die noch größere Tragik seines Lebens und dessen Bedeutung für die Entwicklung der Menschheit liegt darin, daß sein Hauptziel, das Gottesvolk auf den Weg der Erfüllung seiner messianischen Aufgabe für die Menschheit zu bringen, in Ansätzen hängengeblieben ist. Zwar bildete sich zunächst sowohl unter den Juden wie auch später unter den Nichtjuden eine wachsende Zahl von messianischen Gemeinden. Aber nach der Zerstörung Jerusalems und der Dezimierung der jüdischen Bevölkerung in Palästina ging die Bedeutung und der Einfluß der jüdisch-christlichen Gemeinden auf die Entwicklung der Kirche immer mehr zurück, um schließlich ganz zu versiegen.

Dies ist umso bedauerlicher, als bekanntlich schon zu Lebzeiten von Paulus erhebliche Spannungen und Differenzen bestanden zwischen der paulinischen Linie und den Überzeugungen der Führer der Gemeinde in Jerusalem. Während die paulinische Lehre schließlich zur Entstehung einer neuen Religion führte, blieben die jüdisch-christlichen Gemeinden, zu denen all die zählten, die Jesus zu Lebzeiten gekannt hatten, dem Judaismus treu. Im zweiten Kapitel der Apostelgeschichte ist zu lesen, daß „sie sich Tag für Tag im Tempel versammelten". Die Tatsache, daß sie, wie an gleicher Stelle berichtet wird, „vom ganzen Volk geachtet wurden", beweist, daß sich die jesuanische Bewegung als eine soziale und politische Bewegung ohne eigenständige, vom Judaismus in wesentlichen Punkten abweichende Glaubenslehre und Theologie innerhalb des Judentums verstand und verhielt. Auch der Schiedsspruch des Jakobus nach dem Streit um die Aufnahme von Nichtjuden in die jesuanische Bewegung ist dafür ein Beleg. Der strenggläubige Jude Jakobus, ein leiblicher Bruder Jesu, erweist sich dabei nicht nur als die zentrale Autorität. Sein Schiedsspruch liegt auch ganz eindeutig im Rahmen jüdischer Lehre und ihres Brauchtums, wenn er für die Aufnahme der Nichtjuden die Einhaltung der naochidischen Gebote fordert. Zwar zählt der Autor der Apostelgeschichte diese Gebote nicht vollzählig auf, doch ist die Bezugnahme unübersehbar, umso mehr, als die Rede von Jakobus mit dem Satz schließt: „Diese Vorschriften Mose sind seit alten Zeiten in jeder Stadt bekannt; denn sie werden jeden Sabbat überall in den Synagogen vorgelesen."[6]

Der Verlust der innigen Beziehung zum Judentum muß wohl als eine höchst problematische Entwicklung mit tragischen Folgen betrachtet werden. Dies ist vor allem deshalb der Fall, weil es dem Christentum durch die Jahrhunderte bis in unsere Tage die Augen dafür verklebte, daß die auf Jesus gründende messianische Bewegung anfänglich eine soziale und politische Bewegung ohne eigenständige Theologie war.

Die Gemeinden unter den Nichtjuden erlagen zunehmend dem Einfluß der griechisch-römischen Kultur, wodurch sich die ursprüngliche messianische Bewegung schließlich in eine Religion verwandelte, die sehr stark von dem (imperialisti-

---

[6] Apostelgeschichte 15, 21

schen) römischen Sonnenkult geprägt wurde.[7] Mit der konstantinischen Wende kam diese Entwicklung im wesentlichen zum Abschluß und wurde staatlich sanktioniert. In der Vorstellung der Christen hatte sich der jüdische Messias in einen römischen Weltenherrscher mit messianischem Einschlag verwandelt. Der Begriff vom Gottesvolk leerte sich zu einer Worthülse, und von Machtverzicht und Gewaltfreiheit war durch Jahrhunderte nicht mehr die Rede, jedenfalls nicht im Hauptstrom des Christentums. Und so ist der Messias Jesus mit seinem Anliegen, in dem Religion und Politik untrennbar miteinander verbunden sind, sogar für seine erklärten Anhänger zu einem Fremdling geworden.

Die Christen richteten sich nach der konstantinischen Wende in diesem irdischen Jammertal mehr oder weniger behaglich ein und lehnten eine Verpflichtung, auf dem Weg der Politik Jesu ohne Macht, Herrschaft und Gewalt für eine bessere Zukunft dieser Welt zu leben und zu arbeiten, ab. Sie legitimierten dafür die Staatsgewalt, obwohl diese ganz im Geist der römischen Cäsaren ausgeübt wurde und bis heute, wenn auch in moderateren Formen, ausgeübt wird. Sie übersahen und übersehen, daß die Herausforderung darin besteht, die Politik in all ihren Methoden und Zielen an den Maßstäben, die Jesus gesteckt hat bzw. die ihm zugeschrieben werden, auszurichten und so Politik und Religion miteinander zu versöhnen. Es gilt, sowohl den Imperialismus mit seinem Herrschaftsanspruch wie auch den damit verbundenen Dualismus mit seinem Sündenbocksyndrom durch einen Messianismus im Sinne Jesu zu verwandeln und zu überwinden.

Damals wie heute können nämlich die Völker dieser Welt, unsere Nationalstaaten und ihre Bündnisse, aus ihrer heillosen Verstrickung im Gestrüpp von Imperialismus und Dualismus nur herausfinden, jedenfalls für den, der die jüdisch-christliche Überlieferung ernst nimmt, wenn ihnen das Gottesvolk, eine vom Geist Gottes getragene und getriebene transnationale Gemeinschaft von einsichtigen Menschen, die Verwirklichung der Politik Jesu konkret vorlebt.

[7] vgl. Kapitel „Pax Christi oder Pax Romana"

Um dieses konkrete Vorleben, individuell wie kollektiv, geht es. Das ist es, was die Bilder vom Salz und vom Licht, vom Sauerteig und von der Stadt auf dem Berge meinen. Aus der erschütternden und befreienden Erfahrung der Transzendenz muß das existentielle Engagement für die beispielhafte Gemeinschaft erwachsen. Das nachahmenswerte Beispiel ist es, was im Messianismus als Träger und Auslöser der Veränderung an die Stelle der einsamen Beschlüsse der starken Männer und der Oligarchien in Politik und Wirtschaft tritt. Ansonsten wird immer wenigstens eine Minderheit unterdrückt, soweit die Menschen nicht ohnehin nur Objekte der Politik sind. Das Beispiel dagegen öffnet den Weg für jedermann, sich in Freiheit und unter Wahrung der eigenen Würde für oder gegen den Nachvollzug zu entscheiden. Diese Freiheit ist eines der zentralen Anliegen der Bibel.

Es geht also darum, die Politik Jesu im Kleinen wie im Großen, individuell wie kollektiv, Schritt für Schritt in die Wirklichkeit umzusetzen. Wir brauchen dafür nicht auf Wunder zu warten. Wir brauchen nur den Exodus zu wagen. Die Aufgabe liegt greifbar vor uns, und niemand und nichts außer unserer eigenen Trägheit hindern uns daran, damit anzufangen.

Pax Christi oder *Pax Romana*

Daß Kaiser Konstantin im vierten Jahrhundert das Christentum faktisch zur Staatsreligion im römischen Reich machte, gilt als epochaler Erfolg in der Geschichte des Christentums. Er öffnete damit die Tür für die rasche Verbreitung der neuen Religion im ganzen Einflußbereich Roms. Christ zu sein, war gesellschafts- und hoffähig geworden. Damit tauchte auch die Notwendigkeit auf, „christliche" Politik zu machen und sich als Christ den Problemen der großen Poltik, der Wirtschaft, der Rechtspflege und der staatlichen Gewalt zu stellen.

Wie sind die Christen jener Zeit mit dem Rollenwechsel von gesellschaftlichen Außenseitern zu tragenden Mitgliedern der römischen Gesellschaft fertig geworden? Hatten die mit diesem Rollenwechsel verbundene Anpassung und Assimilation auch einen Gesinnungswandel zur Folge oder setzten sie diesen gar voraus? Falls ja, wurde bei diesem Gesinnungswandel Wichtiges aufgegeben, unterdrückt, verdrängt oder gar verraten? War das Christentum in seinen wesentlichen Inhalten nach der Wende noch dasselbe wie vorher? Paßte sich Rom dem Christentum an oder das Christentum Rom? Kam eine Synthese zustande, bei der die römische Weltanschauung das Christentum bereicherte und umkehrt? Oder kam dies dem Versuch der Quadratur des Kreises gleich. Konnte es gelingen, die Botschaft von Jesus, dem Messias, einer zutiefst jüdisch geprägten Gestalt, und seiner Gefolgschaft, dem neuen Zweig des Gottesvolkes, mit dem Geiste Roms zu vereinigen?

Das sind drängende Fragen, heute so aktuell wie damals, weil unsere Gesellschaft keine schlüssige und befriedigende Antwort auf die Forderung nach „christlicher" Poltik zum Wohle von Mensch und Natur gefunden hat.

Vielleicht liefern schon die äußerlichen, eher symbolischen Veränderungen wesentliche Hinweise auf die Folgen des wechselseitigen Anpassungsgprozesses:

Der Wochenfeiertag der Christen wurde von Samstag, dem Sabbat, auf den Sonntag verlegt. Damit wurde nicht nur der endgültige Bruch mit dem älteren Zweig des Gottesvolkes, dem Judentum, auch äußerlich vollzogen. Diese Verlegung dokumentiert vielmehr die Verschmelzung des jüdischen Leitbildes eines Heilbringers, nämlich des Messias, mit einem solchen der Römer, nämlich des unbesiegbaren Sonnengottes *Sol invictus.* Diese Verschmelzung wurde bestätigt und unterstrichen durch die Verlegung des Feiertags der Geburt Jesu auf die Wintersonnwende, auf den Feiertag der Erneuerung, der Auferstehung des Sonnengottes.

Was bedeutet diese Verschmelzung?

Sind die archetypischen Inhalte beider Gestalten gegensätzlich oder verwandt, so daß sich eine Verschmelzung schadlos oder gar mit Gewinn vollziehen ließ?

Wenn sich das Bild des Messias reduzieren ließe auf den Auferstandenen, den Sieger über den Tod und die Nacht, den Lichtbringer und Weltenherrscher, dann überwiegen die verwandtschaftlichen Aspekte, und die Verschmelzung konnte ohne großen Schaden vollzogen werden, denn der römische Sonnengott *Sol invictus* verkörpert eben diese Vorstellung.

Bei kritischer Betrachtung bleibt aber ein großes Unbehagen. Der leidende Gottesknecht, der Gekreuzigte, tritt zugunsten des Auferstandenen völlig in den Hintergrund. Als komplementäre Gestaltskomponente mit gesellschaftlich prägender Kraft verschwindet er von der Bildfläche. Aus dem bewußt auf Macht, Herrschaft und Gewalt verzichtenden jüdischen Messias, der seinen Weg bis zum Kreuz konsequent zu Ende ging, wurde der römische Christus, der Weltenherrscher, wie er uns aus vielen Darstellungen vertraut ist, deckungsgleich mit dem römischen Sonnengott.

Den Gegensatz dazu macht der Maler Matthias Grünewald mit den Bildern des Isenheimer Altars deutlich. Es gibt wohl kaum eine eindrucksvollere Darstellung der Auferstehung Christi als die von Grünewald: Jesus mit erhobenen Händen vor dem Glorienschein einer überirdischen Sonne. Aber die Bedeutung dieser Darstellung wird erst begreiflich vor dem Hintergrund seines Bildes von der Kreuzigung, auf dem Grünewald vor düsterem Hintergrund einen mit Schwären bedeckten, elend krepierenden Menschen darstellt. Nur da, wo sich das Bild vom leidenden Gottesknecht komplementär verbindet mit dem des Auferstandenen und mit ihm untrennbar verbunden bleibt, werden wir dem Leben und der Lehre Jesu gerecht. Die Verdrängung des Leidensaspektes, der dunklen Seite der menschlichen Existenz, ist psychologisch durchaus verständlich. Sie führt aber in die Illusion und zur Götzenbildung, zum Idol des strahlenden, angeblich ewig siegreichen römischen Sonnengotts.

Wie einseitig das Bild vom Sonnengott ist, wird daran erkennbar, daß er, politisch betrachtet, das Symbol für die glanzvolle, zentralisierte staatliche Allmacht ist. Das wird nicht erst am römischen Weltreich sichtbar, sondern schon sehr viel früher, beispielsweise in Ägypten, aber auch später noch, wie am Sonnenkönig Ludwig XIV. deutlich erkennbar wird.

Mit dieser Komponente des archetypischen Bilds vom Sonnengott ist die Vorstellung vom jüdischen Messias nicht mehr zur Deckung zu bringen. Schließlich stand der jüdische Messias Jesus von Nazareth in Leben und Lehre im diametralen Gegensatz zum römischen Caesaren und zu den glanzvollen Herrschern aller Zeiten. Der Kontrast wird vielleicht am deutlichsten sichtbar an den Unterschieden zwischen *Pax Christi* und *Pax Romana,* den Weg zum Frieden im Sinne Jesu und im Sinne der Caesaren.

Die Vorstellung von der *Pax Romana,* damals wie heute, sucht den Frieden auf dem Weg des Imperialismus, ein Begriff, der unmittelbar von Rom abgeleitet wird. Das ist Frieden unter dem Zeichen des römischen, später des deutschen, heute des amerikanischen Adlers, des britischen Löwen oder des russischen Bären und meint Frieden als Befriedung, als Einfriedung nach Unterwerfung und Gleichschaltung durch die Ausübung von Macht, Herrschaft und Gewalt. Ist dies dasselbe wie die *Pax Christi,* für die Jesus gelebt und gelitten hat?

Bischof Eusebius von Caesarea, ein Zeitgenosse Kaiser Konstantins, war davon ebenso überzeugt wie viele seiner Amtsbrüder bis in unsere Tage. Er ging sogar soweit, an die Erfüllung von Jesaja 2 durch das römische Weltreich, angefangen durch

Augustus und nun christianisiert unter Konstantin, zu glauben. Er schrieb:

> „Als aber der Messias Gottes erschien, über den einst durch die Propheten gesagt worden war: In seinen Tagen wird Gerechtigkeit aufblühen und Fülle des Friedens (Psalm 72,7) und: Sie werden umschmieden ihre Schwerter zu Pflugscharen und ihre Lanzen zu Sicheln, nie mehr wird Volk gegen Volk das Schwert erheben, und es wird keine Ausbildung mehr geben für den Krieg. Da folgte in genauer Entsprechung den Weissagungen die Erfüllung. Denn sofort wurde bei den Römern jede Vielherrschaft beseitigt – trat doch Augustus genau zu dem Zeitpunkt, da unser Erlöser erschien, die Alleinherrschaft an. Von da an bis zum heutigen Tag müssen wir es nicht mehr erleben, daß eine Stadt gegen die andere Krieg führt, ein Volk das andere bekämpft und sein Leben im Austragen alter Streitigkeiten erschöpft.“[1]

Eusebius ist deshalb von so großer Bedeutung, weil bei ihm die Spaltung der messianischen Rolle ganz klar zum Ausdruck kommt. Er stellt die Weichen bzw. dokumentiert die Weichenstellung der kirchlichen Haltung bis in unsere Tage: Allen Überlieferungen und Überzeugungen der frühen Christenheit zum Trotz wird die Messianität Jesu auf den hohepriesterlichen Aspekt zurückgeschnitten. Augustus wird als politischer Messias, als Friedensbringer ausgerufen. Seine Rolle wird später auf den Zeitgenossen Konstantin übertragen. Damit wird in aller Form bezeugt, daß die *Pax Christi* nur ein innerer Friede ist. Das Heil der Welt ruht demnach auf der *Pax Romana* .

Die Geschichte hat uns eines anderen belehrt. Die *Pax Romana* hat uns das messianische Friedensreich nicht gebracht. Sie hat sich vielmehr zulasten der *Pax Christi* immer tiefgreifender auch in der christlichen Welt etabliert und bis heute nicht nur unsere Verhaltensmuster, sondern sogar alle Grundsätze der Rechtspflege geprägt. Die endgültige Weichenstellung dafür wurde von Kaiser Justinian (527 bis 565) vollzogen, der nicht nur den *corpus iuris civilis* nach alten römischen Rechtsprinzipien zusammenstellen ließ, sondern bezeichnenderweise auch den Talmud verboten hat. Damit war der Einfluß der jüdischen und auch der jesuanischen Tradition in juristischer wie auch politisch-gesellschaftlicher Hinsicht blockiert und bis

---

[1] G. Lohfink, Wem gilt die Bergpredigt? Freiburg, 1988

in unsere Zeit für die westliche Welt im wesentlichen ausgeschaltet. Die christliche Welt hatte sich somit auch in der Rechtspflege dem Einfluß des alten Roms unterworfen. Rom hatte Jerusalem endgültig besiegt, der römisch-imperialistische Adler das jüdisch-messianische Lamm vollends einverleibt.

Wie geradezu katastrophal sich die Übernahme römischer Rechtsprinzipien mit ihrem Schwerpunkt der Schaffung und Sicherung, ja fast der Verabsolutierung individuellen Privatbesitzes vor allem an Grund und Boden durch die Christenheit bis in unsere Zeit hinein auswirkt, wird jedem deutlich, der die Folgen der Einführung und Durchsetzung solcher Vorstellungen, etwa in Südamerika oder in Afrika, beobachtet. Den in diesen Weltregionen lebenden Völkern und Stämmen ist das römisch-christliche Individualrecht völlig unbekannt. Grund und Boden beispielsweise sind Gemeinschaftsbesitz der Sippe oder des Stammes. Folglich hat kein Einzelner einen verbrieften Rechtstitel. Nach römisch-christlichem Denken hingegen gehört das Land niemandem. Die Zentralregierung kann folglich nach Belieben darüber verfügen, was sie in vielen Fällen auch ohne Skrupel tut. Die Unterwerfung hat also bis heute mehr als nur oberflächliche Konsequenzen.

Symbolisch deutlich sichtbar wird diese Unterwerfung unter die römisch-imperialistisch geprägte Staatsmacht in der Kirchenarchitektur, wo häufig das Kreuz nicht mehr im Mittelpunkt steht. Ein besonders deprimierendes Beispiel dafür liefert die Dorfkirche in Orendelsal im Hohenlohischen: In der Mitte der Stirnseite hängt die Kanzel, Symbol für die zentrale Bedeutung autoritärer Verkündigung. Rechts darüber und damit oberhalb der Kanzel ist die Fürstenloge – Wortverkündigung unter der Schirmherrschaft und Aufsicht des Fürsten. Den Gekreuzigten entdeckt man erst nach einigem Suchen in einer Nische mitten in der linken Längswand. Deutlicher kann die Situation nicht dargestellt werden. Auch wenn dies eine protestantische Kirche ist, so zeigt sie doch mit erschreckender Deutlichkeit, daß der Geist des alten Roms immer noch herrscht und auch durch die Reformation nicht überwunden wurde. Im Gegenteil. Der Einfluß Roms wurde in der protestantischen Kirche durch die Abhängigkeit von den Landesfürsten ersetzt, die geradezu als Sponsoren der neuen Konfession auftraten und dafür entsprechende Kontrollrechte beanspruchten und ausübten.

Der Christenheit, der diese Entwicklung bis zum heutigen Tag kaum bewußt ist, blieben in ihrem Dilemma einer römisch-imperialistisch geprägten Weltanschauung und einer jüdisch-messianisch beeinflußten Innerlichkeit nur zwei Wege offen: Entweder Weltflucht oder Rückzug aus politischer und gesellschaftlicher Verantwortung mit dem Argument, daß die Erde nun einmal ein „Jammertal“ sei und Heil erst im Jenseits zu finden ist. Die einzige Alternative dazu und damit die einzige Möglichkeit, Verantwortung in Politik und Wirtschaft zu übernehmen, schien und scheint bis heute darin zu liegen, die Prinzipien der *Pax Romana* wenn auch schweren Herzens zu übernehmen und die damit verbundene Ausübung von Macht, Herrschaft und Gewalt mit Max Webers berühmt-berüchtigter Spaltung der Ethik in eine öffentliche Verantwortungsethik und eine private Gesinnungsethik zu rechtfertigen.

Der „Realismus“ dieser beiden Wege bedeutet aber letztlich die Aufgabe der Überzeugung, daß Jesus der erwartete Messias war und ist. Konkreter ausgedrückt, er wird seiner Doppelrolle als königlicher (politischer) *und* hohepriesterlicher (religiöser) Messias entkleidet, wie dies bereits bei Eusebius zu beobachten ist, wodurch die Ausübung von Macht, Herrschaft und Gewalt durch Augustus, Konstantin und all deren Nachfolger bis in unsere Tage sanktioniert wird.

Es geht dabei nicht länger um einen politischen und religiösen Weg zur äußeren und inneren Befreiung bzw. Erlösung von Unterdrückung und Versklavung durch Machthaber und Götzen aller Art. Der Weg eines derart reduzierten Jesusbildes ist nur noch ein innerlicher Heilsweg. Der königliche Aspekt der Messianität, bei dem es um das Heil der Welt und damit um die Befreiung der Politik von ihrer Versklavung durch das Streben nach Macht und Herrschaft geht, wird verdrängt und vergessen. Die Messianität Jesu verkümmert zur Religionsstiftung. Der ganzheitliche, die innere und äußere, die individuelle und gesellschaftliche Wirklichkeit umfassende Anspruch wird aufgegeben.

Die Christenheit als messianische Bewegung, die den Anbruch der Gottesherrschaft auf Erden bezeugt und lebt, entzieht sich dieser Aufgabe und verwandelt sich in eine Religionsgemeinschaft mit prunk- und prachtvollem Ritus und einem komplexen Lehrgebäude, daß die großen Geister durch die Jahrhunderte beschäftigt und in Atem hält. Auch hier gilt wie überall der Satz: Wo Wesentliches nebensächlich wird, muß Nebensächliches zwangsläufig wesentlich werden.

Worin liegt nun aber der entscheidende Unterschied zwischen der *Pax Christi* und der *Pax Romana?*

Frieden wollen beide. Die *Pax Romana* geht aber davon aus, daß Frieden nur möglich ist mit Unterdrückung und Eindämmung des Bösen durch das Gute. Das Gute, das sind wir; das Böse, das sind die anderen. So einfach ist das Strickmuster jedes Machtpolitikers bis zum heutigen Tag. Jedenfalls gebärden sie sich öffentlich so, und die Hunderte von Rüstungsmilliarden, die jährlich weltweit vergeudet werden, beweisen, daß dieses Strickmuster mehr ist als nur öffentliche Gebärde.

Die *Pax Christi* wächst aus dem Verzicht auf Macht, Herrschaft und Gewalt und aus der Bereitschaft, die sich aus den Gegensätzen entwickelnde Spannung auszuhalten und sie, auch wenn sie sich als Leid und Leiden manifestieren sollte, auf sich zu nehmen und nicht auf andere abzuwälzen. Dasselbe gilt für die sich in der Gesellschaft als notwendig erweisenden Veränderungen. Die *Pax Romana* geht den genau entgegengesetzten Weg. Leid aus Spannungen wird den anderen zugefügt, ebenso wie die Lasten für notwendig erscheinende gesellschaftliche Veränderungen möglichst den jeweils anderen und damit den Schwächeren aufgebürdet werden.

Die einzige Bibelstelle, die ausdrücklich von der *Pax Christi* spricht, steht im Kolosserbrief von Paulus. Im dritten Kapitel heißt es dort im 15. Vers:

„Der Frieden, den Christus schenkt, soll euer ganzes Denken und Tun bestimmen. In diesem Frieden hat Gott euch alle miteinander gerufen, denn ihr seid ja durch Christus ein Leib."

Zweierlei ist dabei wichtig: Es geht nicht nur um das Denken oder nur um das Privatleben, sondern um „euer ganzes Denken und Tun", also auch in Poltik, Wirtschaft und Rechtspflege.

Das ist eine klare Absage an die Spaltung der Ethik im Weberschen Sinne. Und es geht um das Miteinander, um die Einmütigkeit in der Gemeinschaft, in der Gesellschaft, um eine Interdependenz, wie sie durch das Bild vom „Leib“ ausgedrückt wird.

Wenn wir diese Aussage von Paulus rückkoppeln an Jesaja 2, wovon auch Eusebius ausgeht, so bedeutet dies, daß der Anbruch des messianischen Friedensreichs, der *Pax Christi* in der ganzen Welt seine Verwirklichung in der messianischen Gemeinde, in der messianischen „Pioniergesellschaft“ voraussetzt, weil diese dann die beschriebene Völkerwallfahrt auslöst. Die Kirchenväter der vorkonstantinischen Zeit waren fest davon überzeugt, daß dieser Prozeß mit Jesus und der Gründung der ersten christlichen Gemeinden begonnen hatte. So schrieb Justin:

> „Wenn der prophetische Geist die Zukunft vorausverkündet, spricht er folgendermaßen: Vom Zion wird ausgehen das Gesetz und das Wort des Herrn von Jerusalem. Er wird richten inmitten der Nationen, und viel Volk wird er zurechtweisen. Sie werden umschmieden ihre Schwerter zu Pflugscharen und ihre Lanzen zu Sicheln. Nie mehr wird Volk gegen Volk das Schwert heben, und es wird keine Ausbildung mehr geben für den Krieg. Das dies eingetroffen ist, davon könnt ihr euch überzeugen. Denn von Jerusalem gingen Männer in die Welt aus, zwölf an der Zahl, ganz ungebildet und der Rede nicht mächtig. Aber durch die Kraft Gottes haben sie dem gesamten Menschengeschlecht gezeigt, daß sie von dem Messias gesandt waren, alle das Wort Gottes zu lehren. Und wir, die wir einst einander umbrachten, enthalten uns jetzt nicht nur jeder Feindseligkeit gegen unsere Gegner, sondern wir gehen auch, um nicht zu lügen und die Untersuchungsrichter nicht zu täuschen, freudig wegen unseres Bekenntnisses zum Messias in den Tod. . .“[2]
>
> Athanasius ergänzt diese Aussage: „Noch heute wüten die rohgesitteten Barbaren, solange sie an ihren Götzenopfern festhalten, widereinander und können es keine Stunde ohne das Schwert aushalten. Sobald sie aber von der Lehre Christi hören, gehen sie sofort vom Krieg zum Ackerbau über und erheben ihre Hände zum Gebet, statt sie mit dem Schwert zu bewaffnen.“[3]

Die *Pax Christi* fand sich also in der vorkonstantinischen Zeit innerhalb der christlichen Gemeinden, die so etwas wie eine eigenständige Gesellschaft innerhalb des römischen Weltreichs bildeten. Innerhalb dieser Gemeinden und der durch sie

---

[2] Lohfink, a. a. O.

[3] Lohfink, a. a. O.

gebildeten „alternativen“ Gesellschaft wurde ernsthaft versucht, das alte Stammesdenken von einer Solidargemeinschaft, von „Gliedern an einem Leib“ im Geiste Jesu neu zu beleben. Die christlichen Gemeinden wurden unter der *Pax Romana* verfolgt, unterdrückt und später geduldet. Für die ersten Christen stand die *Pax Christi* in diametralem Gegensatz zur *Pax Romana,* ein Gegensatz, der vielen von ihnen das Leben kostete.

Vielleicht waren diese Erfahrungen zu traumatisch für die Gemeinschaft der Christen, als daß sie den Gegensatz hätte durchhalten können. Jedenfalls fand eine Annäherung statt, die schließlich in politisch-gesellschaftlicher Hinsicht zur Unterwerfung führte. Das Bild des Messias, des Christus, verschmolz dabei mit dem Bild des Sonnengottes, und die *Pax Christi* löste sich in der *Pax Romana* auf.

Jesus selbst hatte sich zwar der „römischen Machtteufelei“ (C. G. Jung) gestellt und sich mit der Machtfrage nicht nur zu Beginn seines öffentlichen Wirkens, sondern bis in den letzten Abend hinein auseinandergesetzt und klar Stellung gezogen, wie das vorausgehende Kapitel zeigt. So wurde Jesus der „Gegenspieler zum römischen Caesarenwahn“ (C. G. Jung). Aber wenige Jahrhunderte später waren seine Nachfolger der Versuchung durch die Dämonen der Macht erlegen. Sie erliegen ihr bis heute und rechtfertigen dies vor sich selbst und vor der Welt mit der „Privatisierung“ der Messianität Jesu.

Als politischer Messias wurde und wird Jesus nur von kleinen Minderheiten ernst genommen, etwa von Gandhi, ausgerechnet einem „Nicht-Christen“, und seinen Anhängern. Aber auch von einem ganzen Strauß von kleineren und größeren Gemeinschaften, die versuchen, im Innenverhältnis wie auch durch politische Arbeit ohne Macht und Mandat in der *Pax Christi* zu leben, der Aufgabe bewußt, daß es auch heute darum geht, zu den Wurzeln und Anfängen zurückzukehren und wie damals ein Netz von Gemeinschaften und Gemeinden aufzubauen, in denen Frieden und Gerechtigkeit durch Liebe Wirklichkeit werden. Nur so kann innerhalb der *Pax Romana* der Großgesellschaft damals wie heute der *Pax Christi* und damit dem Heil der Menschheit eine Stätte bereitet werden.

Das Gottesvolk und die Einheit der Welt

Niemand ist Feind,
niemand ist fremd,
alle sind Brüder und Schwestern,
alle sind eins.[1]

Wir sind die erste Generation, die unsere Erde als kleinen, blauen Ball im All gesehen hat. Dieses Bild könnte Symbol sein für die Einsicht, daß alle Grenzen, alle Trennung, alle Spaltung, alle Parteiung, alles Denken in Kategorien der Rivalität, der Konkurrenz, der Gegnerschaft und der Feindschaft widernatürlich sind und überwunden werden müssen, wenn wir auf dieser Erde einer Zeit des Friedens, der Freiheit und der Gerechtigkeit näher kommen wollen. Diese Einsicht ist wohl der erste Schritt zur Verwirklichung der Einheit der Menschheit, die natürlich nur über die Bejahung der Vielfalt und der Koexistenz der Gegensätze zu erreichen ist. Diese Koexistenz der scheinbar unvereinbaren Gegensätze, wie sie etwa der Zen-Buddhismus lehrt, findet sich auch in den Visionen von Jesaja. Es heißt dort:

Dann gastet der Wolf beim Lamm,
der Pardel lagert beim Böcklein,
Kalb und Jungleu mästen sich vereint,
ein kleiner Knabe treibt sie einher,
Kuh und Bärin sind Weidegenossen,
ihre Jungen lagern mitsammen,
der Löwe frißt Stroh wie ein Rind.[2]

Das alles bedeutet wohl das Ende der christlichen Überheblichkeit, die allein Heil bringende Wahrheit zu besitzen. Allerdings muß diese Aussage relativiert werden.

Sie ist ohne Zweifel richtig auf der religiösen Ebene, weil „in tieferen Schichten der Seele alle Menschen miteinander verwandt sind“, wie es im Vorspann der Herderreihe „Texte zum

[1] Ein Grundsatz der Mondcivitaner Republik, eines von Hugh J. Schonfield in der Nachkriegszeit unternommenen Versuchs, der Gottesvolkidee zeitgemäße Gestalt zu verleihen. (Siehe auch Schonfield „Die Politik Gottes“, Aldingen, 1974)

[2] Jesaja 11, nach Martin Buber

Nachdenken“ heißt. Wir erkennen mehr und mehr, daß sich Gott oder das Unnennbare zu allen Zeiten und in allen Kulturen offenbart hat und offenbart. Offensichtlich ist in den Überlieferungen aller Religionen das Gold der Erkenntnis und Erfahrung Gottes zu finden, auch wenn es überall vermengt ist mit dem Sand kümmerlicher menschlicher Beschränkung, die vom Geist der jeweiligen Zeit und Kultur geprägt wird. Und doch bleibt die angestammte Religion für die meisten von uns mit Recht das Haus, in dem sie sich wohl fühlen, auch wenn sie schmerzlich erkennen müssen, daß „jede Religion ein Exil ist, in das uns Gott gesandt hat“, wie Martin Buber es einmal ausgedrückt hat. Auf der religiösen Ebene gibt es also keinen Grund für die Christen, sich herausgehoben zu fühlen.

Ironischer- und tragischerweise liegt die Einzigartigkeit der jüdisch-christlichen Tradition ausgerechnet dort, wo eine besondere Aufgabe und Verantwortung von den allermeisten Christen hartnäckig und verbissen geleugnet und verweigert wird, nämlich auf der politischen Ebene. Nach dem in der Bibel überlieferten Plan Gottes soll nämlich ein Volk, also eine Menschengemeinschaft, die sich zu dieser Aufgabe gerufen fühlt, als Pioniergesellschaft der Menschheit das Heil im ganzheitlichen Sinne, also politisch wie spirituell, vermitteln.

Der 1924 in Würzburg geborene und heute in Jerusalem lebende *Jehuda Amichai* hat dies in seinen Worten einmal so formuliert: „. . .Zum Abschluß möchte ich noch etwas über den Begriff des Judentums als Gottes auserwähltes Volk sagen. Ich glaube offen gestanden nicht daran. Doch scheint es mir manchmal, daß das jüdische Volk eine Art Übungsfeld, ein Testgebiet, eine Versuchsstation Gottes und der Geschichte ist, wo neue Ideen und Erfindungen des menschlichen Geistes und Ungeistes ausprobiert werden.“ Auch ohne an Jesus als den Messias zu glauben, ahnt Jehuda Amichai, was ein wesentlicher Teil der Aufgabe des Gottesvolks ist.

Das Auserwähltsein des Gottesvolkes und seiner Glieder, ob Juden oder Christen, liegt also nicht in einer überlegenen religiösen Heilslehre, sondern in einer besonderen politischen Aufgabe, die ohnehin schwer und schmerzhaft genug ist, um wenig Raum für Überheblichkeit zu lassen.

Welche besondere Bedeutung hat die jüdisch-christliche Überlieferung unter Berücksichtigung dieser Erkenntnisse? Welchen besonderen, uns eigentümlichen Beitrag vermögen wir aufgrund dieser Überlieferung für den Fortschritt der Menschheit zu leisten?

In der jüdisch-christlichen Überlieferung geht es vor allem um Befreiung und Erlösung von allen äußeren und inneren Feinden und Unterdrückern. „Ich bin der Herr, dein Gott! Ich habe dich aus der Sklaverei in Ägypten befreit", heißt es bei Mose im Buch Exodus gewissermaßen als Leitspruch für die anschließend aufgelisteten zehn Gebote. Befreiung ist also das zentrale Thema.

Höchst bedeutsam erscheint in diesem Zusammenhang die Beobachtung, wie im Christentum der Bezug dieses Textes auf die Geschichte und die politische Wirklichkeit verdrängt wird. Die Jahreslosung der evangelischen Kirche in Deutschland für das Jahr 1986 hieß: „Ich bin der Herr, dein Gott. Du sollst keine anderen Götter haben neben mir." Die im Originaltext zwischen den beiden Sätzen stehende Aussage, „Ich habe dich aus der Sklaverei in Ägypten befreit", wird unterschlagen. Wenn das wenigstens eine Freudsche Fehlleistung wäre. Aber nein, dieser Satz wurde ganz bewußt herausgenommen. Denn nichts wäre peinlicher, als wenn allgemein bekannt würde, daß es konkret um Befreiung nicht nur von aller inneren, sondern auch von aller äußeren Knechtschaft geht. Man denke nur an die Diskussion um die Theologie der Befreiung der katholischen Kirche in Südamerika!

Was soll aber der dritte Satz ohne den zweiten? Wie soll ohne die Zusage der Befreiung und die Hoffnung darauf der Versuchung durch alle Götter dieser Welt widerstanden werden? Ohne diesen Mittelsatz verkümmert die durch diese Jahreslosung vermittelte Gottesvorstellung zum Bild eines autoritären Patriarchen, der einen Herrschaftsanspruch erhebt und ohne Gegenleistung Gehorsam und Unterwerfung fordert, und damit basta.

Es geht nicht nur um die geistig-religiöse Dimension, sondern auch ganz konkret um den Bereich des politischen Lebens und Handelns. Diese Befreiung und Erlösung ist sowohl als individuelle Heilserfahrung wie auch als kollektive Heilsgeschichte zu verstehen. Dabei haben die alten Israeliten wohl als erste insofern ein Geschichtsbewußtsein entwickelt, als sie ihre eigene Geschichte, die vergangene wie die künftige, als einen historischen Auftrag zugunsten der geistigen und politischen Evolution der Menschheit betrachteten. Sie sahen in ihrer Geschichte einen Auftrag zu einem konstruktiven Beitrag zur Entwicklungsgeschichte der Menschheit.

Bei der Entwicklungsgeschichte der Menschheit sollte das Gottesvolk eine entscheidende Rolle spielen. Ausgehend von der konkreten Erfahrung der Befreiung aus der Sklaverei in Ägypten, der Gottesbegegnung am Sinai und der Rückkehr aus der babylonischen Gefangenschaft sollte das Gottesvolk auf der Grundlage der mosaischen Gesetze als eine politisch-spirituelle Körperschaft das Ideal einer herrschaftsfreien Gesellschaft („kein Herrscher außer Gott") sowohl im Innenverhältnis wie auch in den Beziehungen zu den Völkern verwirklichen und der Völkerwelt vorleben. Die mosaischen Gesetze hatten zweierlei zum Ziel.

Zum einen sind sie Vorschriften, welche die Beziehungen zwischen den Menschen untereinander und zwischen Mensch und Kreatur regeln. Dabei wurde eine ganze Reihe von Regeln postuliert, zum Beispiel im Umgang mit Fremden, im Bodenrecht, in der Vorstellung vom Sabbat- und Erlaßjahr. Die mosaische Gesetzgebung wurde, dem Evangelium von Matthäus zufolge, von Jesus mit der Bergpredigt fortgeschrieben und für das messianische Zeitalter, das innerhalb der Gemeinde, innerhalb des Gottesvolkes als das angebrochene Gottesreich erfahrbare Wirklichkeit wird, festgeschrieben.

Zum anderen zielten das Gesetz und seine Vorschriften, wie schon beschrieben, darauf ab, das Volk um seiner Aufgabe willen auf Dauer von allen übrigen Völkern auszusondern. Ergänzend ist zu dem bereits Gesagten nur hinzuzufügen, daß realistischerweise der Exodus und die Aussonderung nicht dem isolierten Einzelnen, sondern der Gemeinschaft Gleichgesinnter, dem Volk aufgetragen wird. Die Aufgabe ist schon für eine Gemeinschaft schwer genug, für den einzelnen ist sie unlösbar, weil es eben um eine kollektive Aufgabe geht.

Die kollektive Aufgabe der Verwirklichung einer gottgewollten, freiheitlichen, gerechten und barmherzigen Wirtschafts-, Rechts- und Gesellschaftsordnung, als Beispiel für die Menschheit, wird am deutlichsten bei den Propheten formuliert. Bei Jesaja und bei Micha wird dies in einer großartigen Vision fast mit denselben Worten dargestellt:

> Geschehn wirds in der Späte der Tage:
> der Berg SEINES Hauses ist festgegründet
> zu Häupten der Berge,
> er ist über die Hügel erhaben,
> auf ihn zu werden Völker strömen,
> hingehen Stämme in Menge,
> sie werden sprechen:
> Laßt uns gehen, aufsteigen
> zu seinem Berg
> und zum Haus von Jaakobs Gott,
> daß er uns weise in seinen Wegen,
> daß auf seinen Pfaden wir gehn!
> Denn Weisung fährt von Zion aus
> von Jerusalem seine Rede.
> Richten wird er dann zwischen der Völkermenge,
> ausgleichen unter mächtigen Stämmen
> bis in die Ferne hin:
> Ihre Schwerter schmieden zu Karsten sie um,
> ihre Speere zu Winzerhippen,
> nicht heben sie mehr Stamm gegen Stamm das Schwert,
> nicht lernen sie fürder den Krieg.

Es ist erstaunlich und verwunderlich, ja geradezu unglaublich, daß wir die zentrale Bedeutung des Beispiels, welches das Gottesvolk den übrigen Völkern dieser Welt zu geben hat, um diese von den heillosen Verstrickungen in den Imperialismus, der Politik der Macht, Herrschaft und Gewalt zu erlösen, so völlig übersehen. Das kann eigentlich nur das Ergebnis einer kollektiven Verdrängung sein.

Wir haben diesen großartigen Mythos, der unserem Leben Sinn und Bedeutung verleihen könnte, verschleudert um das Linsengericht der komfortablen Anpassung und Unterwerfung.

Wenn dieser Mythos wenigstens bei den erklärten Christen noch lebendig wäre, dann würden sie nicht, wie dies etwa die christliche Friedensbewegung tut, aufreibend und letztlich aussichtslos versuchen, ihre jeweiligen Nationalstaaten – als Deutsche die Bundesrepublik und die DDR, als Amerikaner die USA usw. – dahin zu bringen, eine Poltik der Gewaltlosigkeit zu verwirklichen. Dieses Bemühen ist zwar mutig und bewundernswert, aus biblischer Sicht aber aussichtslos, weil die „Weltstämme", also unsere Nationalstaaten, erst dann versuchen werden, eine solche Poltik zu verwirklichen, wenn das Gottesvolk ihnen die praktische Realisierbarkeit einer solchen Politik konkret vorgelebt hat. Es kann also für die internationale Friedensbewegung, soweit sie sich an der jüdisch-christlichen Überlieferung ausrichtet, nicht primär darum gehen, die jeweiligen Regierungen in Bonn, Pankow, Washington, Moskau usw. zu einer Politik zu bekehren, die auf die Androhung von Gewalt und Massenvernichtung verzichtet. Vielmehr sollten wir daran gehen, das „Gottesvolk" aufs Neue zu sammeln und kollektiv seine Aufgaben zu erfüllen.

Zwar obliegt es den Gliedern des Gottesvolks entsprechend dem Satz bei Jeremia[3] „Und fragt dem Frieden der Stadt nach, dahin ich euch verschleppen ließ", ihren Beitrag zum Frieden der Völker, bei denen sie leben, zu leisten, aber eben vor dem Hintergrund einer eigenständigen „nationalen" Identität, nämlich der des „verschleppten" Gottesvolkes, das gewissermaßen im Exil lebt. Und da diese eigenständige Identität fehlt, schwebt der Friedensappell der Christen mangels Verankerung in der Realität der eigenen alternativen Gesellschaft im luftleeren Raum. Die Inkarnation des göttlichen Schalom in der alternativen Pioniergesellschaft des Gottesvolks kann nicht stattfinden, weil kaum jemand daran denkt, ihr eine solche Stätte zu bereiten.

Das ist es, was Jesus den Überlieferungen zufolge beabsichtigte. Aus diesem Grund hat er auch seine Jünger nur zu den Juden geschickt und ihnen ausdrücklich verboten, sich mit Nicht-Juden einzulassen. Dies geschah nicht, weil er diese erbarmungslos der Verdammnis hätte ausliefern wollen. Vielmehr wußte er, daß er als der Messias seinen Beitrag zum Heil der Welt nur bringen konnte durch seine Gefolgschaft, das Gottesvolk.

---

[3] Jeremia 29,7

Der ganze Streit um die Bergpredigt, der in den vergangenen Jahren in den Kirchen und in der Öffentlichkeit ausgetragen wurde, beweist, wie wenig wir von all dem begriffen haben. Weder Franz Alt mit seinem bewundernswert kühnen Entwurf, die Bergpredigt zur Leitlinie für die Politik unserer Nationalstaaten zu erklären, hat recht, noch all die anderen, die im Sinne der Zwei-Reiche-Lehre Luthers die Bergpredigt auf den religiös-spirituellen Bereich, also gewissermaßen das Innenleben des Menschen, allenfalls noch auf die Privatsphäre beschränken wollen.

Jesus wandte sich in seiner Zeit nicht an den Caesaren, und seine Botschaft wendet sich heute weder an den deutschen Bundeskanzler noch an den Präsidenten der USA noch an den Generalsekretär der KPdSU oder an sonst einen Machthaber. Er wendet sich vielmehr an jene aufgeschlossene Minderheit unter allen Völkern, die sich im Sinne der alttestamentlichen Feststellung „ein Rest kehrt um“ getrieben fühlt, in ihrem individuellen und kollektiven Leben die Bergpredigt ernst zu nehmen und auf diese Weise der Menschheit den Ausweg aus ihren Verirrungen zu zeigen. Diese Minderheit kann mit dem biblischen Begriff des Gottesvolks bezeichnet werden, dessen Grundgesetz und Verfassung die Bergpredigt ist. So hat es der Autor des Matthäus-Evangeliums verstanden, und dehalb zog er die Parallelen zu Mose und zum Sinai.

Jesus und die Bibel sind in diesem Punkt von bewundernswertem Sinn für die Realitäten dieser Welt. Die radikale Umkehr und der enorme Sprung in der Bewußtseinsentwicklung, die notwendig sind, werden nicht unmittelbar von den Nationalstaaten und ihren schwerfälligen, auf die Sicherung von Sachwerten und Privilegien ausgerichteten Macht- und Herrschaftsstrukturen erwartet. Vielmehr wird eine Vorstufe angestrebt, auf der eine Minderheit, gewissermaßen als Vorhut, für die anderen die nötigen Schritte vollzieht und stellvertretend für sie die Rolle eines Versuchskaninchens übernimmt. Die Botschaft Jesu läßt also die Machthaber nicht außer acht und verweigert ihnen auch nicht den Weg des Heils. Sie sieht aber nur einen indirekten Weg dazu, auf dem Umweg über den Nachvollzug der vom Gottesvolk als Vorbild vollzogenen Schritte.

Der individuelle Messias bedurfte und bedarf der Nachfolge durch den kollektiven Messias, so wie alle messianischen Hinweise im Alten Testament einen individuellen und einen kollektiven Aspekt haben und immer sowohl einzelne Persönlichkeiten wie auch das Gottesvolk meinen, wie am Beispiel des leidenden Gottesknechtes überdeutlich wird.

Die meisten der Zeitgenossen Jesu haben ihn in seinem Anliegen einer Politik der Befreiung auf dem Weg des Verzichts auf Macht, Herrschaft und Gewalt nicht verstanden. Deshalb blieb ihm nur der Weg ans Kreuz. Aber auch die allermeisten seiner Anhänger durch die Jahrhunderte bis in unsere Tage haben ihn nicht verstanden. Und so steht der Messias Jesus von Nazareth, der priesterliche König des Gottesvolks bis zum heutigen Tag im wesentlichen ohne Gefolgschaft da. Es fehlen immer noch Gemeinschaften, die bereit sind, seine Politik der Liebe und des uneigennützigen Dienstes, der Demut und der Hingabe vorbehaltlos in die Wirklichkeit umzusetzen. Konsequenter- und bedauerlicherweise warten deshalb die Völker dieser Welt bis heute vergeblich auf das zum Nachvollzug anspornende Beispiel.

Die Welt steht also heute am Abgrund einer globalen Katastrophe nicht nur deshalb, weil an den Schaltstellen unserer Nationalstaaten und Machtblöcke uneinsichtige Machthaber sitzen, sondern weil wir uns in der Kritik der Politik dieser Leute erschöpfen, anstatt uns konstruktiv zur Aufbauarbeit zu verpflichten, wie es wieder und wieder von den alten Propheten gefordert und verheißen wurde:

Ich will dich begeben
zu einem Volksbund,
zu einem Weltstämme-Licht,
blinde Augen zu erhellen,
aus dem Kerker Gefangene zu führen,
aus dem Hafthaus, die in Finsternis sitzen.
Räumst du aus deiner Mitte
Unterjochung, Fingerstrecken, Arggered,
reichst dem Hungernden dein eigenes Seelenbegehr,
sättigst eine niedergebeugte Seele:
da strahlt dein Licht in der Finsternis auf.

In zeitgemäßerer Sprache hat es *Martin Buber* einmal so ausgedrückt:

> „Niemand kann Gott vollkommen dienen, es sei denn ein Volk. Denn der Dienst Gottes heißt Gerechtigkeit, und alle Gerechtigkeit des Einzelnen kann nur Steine zum Bau liefern, aber ein Volk kann Gerechtigkeit erbauen. Das ist es, was Jesaja meint: Verflechtet nicht euer Los mit der Ungerechtigkeit der Mächtigen, sondern baut mit eurem eigenen Leben die Gerechtigkeit auf, und die Liebe der Völker wird euch zufliegen, und ihr werdet ein Segen sein auf Erden."

Noch aktueller und konkreter drückte es der bekannte norwegische Friedensforscher *Johan Galtung* auf der Jahrestagung 1984 des deutschen Zweiges des internationalen Versöhnungsbundes aus:

> „Struktureller Widerstand könnte auch eine Form annehmen, in der man anfängt, etwas Neues zu tun. In diesem Zusammenhang gibt es nicht viel Zweifel, worin das bestehen würde. Man könnte eine alternative Gesellschaft aufbauen, eine Gesellschaft auf lokaler Basis, horizontal ausgerichtet, selbstversorgend, selbstbewußt, sich selbst regulierend. Wirtschaftlich gesehen würde dies bedeuten, eine Gesellschaft mit einem höheren Prozentsatz an wirtschaftlicher Tätigkeit auf dem grünen Sektor, Produktion zum eigenen Verbrauch, wobei man unter eigenem Verbrauch Familie, Gemeinde oder Verbrauchergruppe versteht, jedoch immer eine gesellschaftliche Einheit der Basis, Produktion zum geldlosen Tausch gegen andere Güter oder Dienste, auch Produktion zum Tausch gegen Gelder, jedoch vor allem in lokal begrenzten Wirtschaftskreisläufen."

Diesen Aussagen zufolge sollen wir unser Leben nicht der Teilnahme und Teilhabe an den Ungerechtigkeiten der Mächtigen widmen, aber auch nicht auf den Widerstand beschränken, sondern im Sinne der Politik Jesu den Weg der absoluten Machtlosigkeit gehen und uns weigern, die Ausübung von Macht, Herrschaft und Gewalt auf welche Weise auch immer zu legitimieren. Auch wenn wir im Sinne Gandhis Ungerechtigkeiten und andere gesellschaftliche Mißstände offenlegen und sichtbar machen und den Konflikten nicht aus dem Weg gehen, so tritt doch an die Stelle der Überbetonung des Widerstands die Non-Kooperation, die Verweigerung der Loyalität auch dem Staat gegenüber, wo dieser im Widerspruch steht zu einer allgemeinen Ehrfurcht vor dem Leben, wo Menschenrechte verletzt werden, wo er uns zu Parteilichkeit und Rechtfertigung und Sicherung von Privilegien als Gruppeninteressen, und das sind auch nationale Interessen, zwingen will.

Diese Verweigerung der Loyalität erscheint zunächst als rein negativer Schritt. Sie wäre es auch, wenn sie nicht verbunden wäre mit dem Bemühen, „mit unserem eigenen Leben die Gerechtigkeit zu bauen", und zwar individuell und kollektiv. Der kollektive Aspekt ist deshalb so wichtig, damit ein „Volk" entstehen kann, das nach Buber allein Gerechtigkeit erbauen kann. Gerechtigkeit ist eine Kollektivaufgabe und kann nur im Zusammenleben in Gemeinschaft und Gesellschaft verwirklicht werden, und bekanntlich bietet keine gesellschaftliche Körperschaft so vielfältige Ausdrucksformen des Zusammenlebens und Zusammenwirkens wie ein Volk.

Eine Gemeinschaft von Menschen gewinnt den Charakter eines Stammes oder Volkes, wenn sie nach innerem oder äußerem Exodus und der dadurch vollzogenen Aussonderung systematisch aus dem gemeinsamen Mythos, der sie dazu getrieben hat, eine eigenständige Identität und innere Autonomie entwikkelt. Die innere Autonomie entsteht dadurch, daß die Loyalität, die der Staat nicht braucht oder mißbrauchen würde, dem Staat entzogen und auf diese „neue Volksgemeinschaft" übertragen wird.

Hier liegt das Elend der christlichen Kirche. Sie gebraucht zwar den Begriff „Gottesvolk" nach wie vor sehr vollmundig, übersieht aber, daß er spätestens seit der konstantinischen Wende inhaltlich entleert ist. Die Kirche hat sich in einer Art Selbstverstümmelung auf eine Religion reduziert oder reduzieren lassen. Aus Angst, ihre Privilegien zu verlieren, scheut sie den Konflikt mit dem Staat und überläßt ihm in erklärter oder stillschweigender Arbeitsteilung weite gesellschaftliche Bereiche und beschränkt ihre eigenen Aktivitäten auf die Bereiche der religiös-spirituellen und der karitativen Bedürfnisse des Menschen.

Ein Volk kann nur Volk sein, wenn alle Lebensbereiche einbezogen sind, sonst ist es eine Zweckgemeinschaft für ganz spezielle Ziele, etwa der Religion oder des Sports oder der Wirtschaft. Der Verzicht der Kirche auf ganz wesentliche Lebensbereiche, etwa die der Wirtschaft und der Rechtspflege, bedingt – und darin liegt die eigentliche Tragödie dieses Rückzugs – ihre prinzipielle und strukturelle Unfähigkeit, im Sinne Jesu Licht, Salz und Sauerteig der Welt zu sein. Diese Art der Unfähigkeit meint nicht die uns allen nur allzu gut bekannte Diskrepanz zwischen Wollen und Vollbringen, zwischen Absicht und Wirklichkeit, zwischen Reden und Tun. Diese Art der Unfähigkeit meint, daß die Kirche als Zeremonienmeister und Dienstleistungsunternehmen für den Bereich Innerlichkeit innerhalb einer weitgehend römisch-imperialistisch geprägten säkularen Gesellschaft von ihrem Wesen und von ihren Strukturen, aber auch von ihrem Selbstverständnis her unfähig und ungeeignet für diese Aufgaben ist. Sie kann nicht, um auf die Visionen Jesajas und Michas zurückzukommen, „die Stadt auf dem Berge“ und „der Berg SEINES Hauses“ sein, von dem es heißt, „auf ihn zu werden Völker strömen, hingehen Stämme in Menge“. Das bißchen Sozialethik, das als kirchliche Lehre verkündet wird, dürfte den Völkern nur ein müdes Lächeln entlocken. Mit Theorien und guten Vorsätzen ist bekanntlich der Weg zur Hölle gepflastert. Praktische und greifbare Wirklichkeit ist gefragt. Und die vermag die Kirche nicht zu liefern. Sie denkt nicht einmal daran, es auch nur zu versuchen.

Und so ist das Urteil unausweichlich: Die Kirche ist wegen ihrer Selbstverstümmelung untauglich zum Gefäß des göttlichen Erbarmens über die Menschheit. Bildlich gesprochen: Wo ein Brunnen notwendig wäre, bietet sie sich dar als löchrige Grube. In dem Maße allerdings, indem die Einsicht in das Defizit der Kirche aufdämmert, könnte diese für das Neue, das wachsen muß, mit ihrer Infrastruktur Stütze bieten und ein Stückchen Nährboden liefern. Sie würde damit dem auch ihr drohenden Spruch Jesu nicht völlig verfallen, der zu den Juden seiner Zeit sagte: „Das Vorrecht, Gottes Volk unter Gottes Herrschaft zu sein, wird euch entzogen. Es wird einem Volk gegeben, das tut, was dieser Berufung entspricht.“[4]

Norbert Lohfink, der katholische Alttestamentler, hat die jesajanische Vision in diesem Sinn mit seinem Buch „Die

[4] Matthäus 21,43

messianische Alternative“ in einer Weise beschrieben, die uns angesichts der weißen Flecken auf der gesellschaftlichen Landkarte der kirchlichen Wirklichkeit nur erschüttern kann:

„Für ihn (den Text aus Jesaja 2) geschieht die Bekehrung der Menschheit zum Frieden, wenn die vom Volk Gottes gemeinsam gelebte Alternative, die nicht auf Rivalität fundierte Gesellschaft, als der höchste der Berge sichtbar über die Hügel emporragt... Dieser Berg ist das Volk Israel als jener Teil der Menschheit, durch den Gott seine Modellgesellschaft in die Geschichte einbringen will. Für uns Christen ist er die Kirche der an Jesus Glaubenden. Sie, das ‚Haus Jaakobs', wird nun angeredet und aufgefordert, endlich mit der gelebten Alternative zu beginnen: ‚Laßt uns beginnen, im Licht Jahwes unseren Weg zu gehen.' Das Ende der Kriege, die Umkehr der Völker vom Streit zum Frieden ist denkbar. Doch gibt es eine Voraussetzung. Jene, denen Gott die Augen geöffnet hat, müssen als Kirche, noch kleiner: als Gemeinde, anfangen, Gottes gewaltlose Alternative miteinander real zu leben.“

Das Gottesvolk soll eine weltumspannende, also transnationale autonome Gemeinschaft sein bzw. ein autonomes Netzwerk autonomer Gemeinschaften, die, getrieben und getragen von der befreienden Gotteserfahrung, es sich zur Aufgabe machen, die Politik Jesu, eine Politik des Friedens, der Freiheit und der Gerechtigkeit in herrschaftsfreien Gesellschaftsstrukturen modellartig umzusetzen, ohne daß dabei die Zugehörigkeit zu irgendeiner Rasse oder Religion vorauszusetzen wäre.

Das Gottesvolk braucht kein eigenes Staatsgebiet, kein eigenes Territorium. Insofern kann auch nicht der Anspruch erhoben werden, der Staat Israel stelle die Verwirklichung der Gottesvolkidee dar, auch wenn sich in Israel viele dieser Herausforderung stellen.

Günter Anders, bekanntlich selbst jüdischer Herkunft, schreibt dazu,

„daß die Gründung des eigenen Volkstaats die Krönung des Assimilierungsbestrebens ist, ... die ... weltgeschichtlich gesehen sich als Schritt zurück ins 19. Jahrhundert, in das Jahrhundert des Nationalismus herausstellen wird. In der Tat haben ja alle nationalistischen Bewegungen ... etwas Reaktionäres an sich, namentlich wenn man sie vergleicht mit dem heute gebotenen Trend zum Einswerden der Menschen, zur Aufhebung der Grenzen, zur Relativierung der Souveränitäten. Und zur Erfüllung dieser heute fälligen Aufgaben wird der überall und nirgendwo beheimatete Jude, der sich in Bangkok so gut zu Hause fühlt wie in Mexiko oder Rom oder Los Angeles, sehr viel mehr beitragen können als sein Vetter im Staate Israel."

Anzumerken ist noch, daß wir Deutsche eine besondere Verantwortung für die Situation im Nahen Osten tragen. Erst die Massenflucht von Juden nach Palästina als Folge des deutschen Vernichtungswahns hat die Situation dort so sehr destabilisiert, daß es zu kriegerischen Auseinandersetzungen und schließlich zur Teilung gekommen ist. Wie Martin Buber bemerkt, hätten sehr wohl Aussichten bestanden, bei einer langsameren organischen Zuwanderung die Konflikte begrenzt zu halten und zu bewältigen. Aber vielleicht ist es müßig, darüber zu spekulieren. Jedenfalls besteht für uns Deutsche kein Anlaß, auf Israel mit dem Finger zu zeigen.

Mir ist nur wichtig darauf hinzuweisen, daß es in der Geschichte des Gottesvolks seit der Zeit Jesu zwei historisch außerordentlich bedeutsame Verirrungen gegeben hat und daß diese ganz offensichtlich durch unerträglich gewordene Erfahrungen der Verfolgung und Unterdrückung ausgelöst worden sind:

Die erste war die Verwandlung der messianischen Bewegung in eine entscheidend von der griechisch-römischen Kultur beeinflußte Religion, ein Prozeß, der formal durch die konstantinische Wende abgeschlossen wurde. Dabei wurde das Gottesvolk auf eine Religion reduziert.

Die zweite war die Schaffung des jüdischen Nationalstaats in Palästina. Dadurch wurde das Gottesvolk auf einen Nationalstaat reduziert.

Auf beiden Wegen geht die Gottesvolkidee als weltgeschichtlicher Heilsweg verloren.

Wahrscheinlich waren beide Verirrungen aufgrund der politischen Konstellationen unvermeidlich. Wie dem auch sei, heilsgeschichtlich kann Gutes daraus erwachsen, wenn wir die Verirrung als solche erkennen und zurückfinden auf den richtigen Weg. Für die Kirchen als Institutionen und für Israel als Nationalstaat mag es Jahrhunderte dauern, bis die Probleme überwunden sind, aber nichts hindert den einsichtigen einzelnen Menschen, sich mit Gleichgesinnten zusammenzuschließen, als der Rest, der umkehrt", um den richtigen Weg zu suchen und zu gehen.

Das Gottesvolk braucht kein Territorium. Von seiner Aufgabe her gesehen, darf es gar keines haben. Sein Feld ist die Welt. Wie an dem Zitat von Günter Anders zu sehen ist, und wie jedermann weiß, ist dies eine Rolle, die dem Juden nicht fremd ist. Der Christ hat sie aber vergessen, obwohl er sie in den Anfängen des Christentums sehr wohl ausfüllte, wie aus der Epistel an Diognetus erkennbar wird. Dort heißt es von den Christen der damaligen Zeit:

> „Sie wohnen in ihren Ländern, aber nur wie Durchreisende, sie übernehmen ihren Anteil an allem als Bürger und tragen alle Härten des Lebens eines Fremdlings. Jedes fremde Land ist Vaterland für sie, und jedes Vaterland ist fremd."[5]

In gleicher Weise, wie der Stamm Levi, als der priesterliche Stamm des Volkes Israel, keinen Grundbesitz haben durfte, darf das Gottesvolk kein Territorium sein eigen nennen, denn das, was der Stamm Levi für Israel war, soll das Gottesvolk für die Welt sein. Bei Mose heißt es: „Ihr sollt mir ein Volk von Priestern sein", und „in dir sollen gesegnet sein alle Geschlechter auf Erden."

Überdies ist es auch ganz praktisch gesprochen unvorstellbar, daß ein Volk, das ein Territorium, also Besitz und Privilegien, zu schützen hat, gewissermaßen aus dem Stand eine Politik der Macht-, Herrschafts- und Gewaltlosigkeit verwirklichen könnte. Die Politik Jesu kann nur von einem Volk vollzogen werden, das kein Territorium zu sichern hat. So wie der Prototyp einer neuen Maschine nicht zur Erprobung in die Fabrik eines Kunden gestellt wird, sondern zunächst gewissermaßen unter Schonbedingungen im Labor getestet wird, so muß die umwälzend neue Politik eines Prototyps einer neuen Gesellschaft zunächst labormäßig umgesetzt werden, also von einem Volk ohne Territorium und ohne Reichtümer. Die Hürden für die Umsetzung dürfen nicht zu hoch sein. Das hatte schon Franz von Assissi erkannt, als er sich weigerte, Besitz anzuneh-

[5] Schonfield, Die Politik Gottes, Aldingen 1974

men. Er meinte: „Dann bräuchten wir ja Waffen, um ihn zu verteidigen.“ Und damit hätte er seine Überzeugung und seine Bestimmung verraten.

Jesus hat vor fast zweitausend Jahren ein Jubeljahr, ein Jahr des Schuldenerlasses und der Befreiung verkündet und damit einen neuen Anfang eingeleitet. 1900 Jahre später hat Adolf Hitler im Jahr der „Machtergreifung“ als ein Antichrist das exakte Gegenteil eines Jubeljahrs verkündet und damit eine Herrschaft des Schreckens eingeleitet.

Es liegt nun an uns, einen Jubeljahrzyklus nach Hitler – angesichts wachsender Unrechtsstrukturen und der tödlichen Bedrohung von Mensch und Kreatur – „auszurufen ein Jahr SEINER Gnade“ und Ernst zu machen mit dem Versuch, eine autonome, assoziative universale Gemeinschaft von Menschen aller Klassen, Rassen und Religionen zu bilden. Es ist unsere Aufgabe, ein weltweites Netzwerk selbstverwalteter Gemeinden, die sich der Aufgabe stellen, die Politik Jesu der Liebe und des Dienstes, der Macht- und Gewaltlosigkeit, konkret zu verwirklichen. Natürlich läßt sich dies nicht nach einem auf dem Reißbrett entwickelten Bauplan konstruieren. Aber es ist möglich, die Notwendigkeit zu erkennen, sich der Vision zu verschreiben und das Wachstum überall da zu fördern, wo sich Ansätze dafür zeigen. Schließlich geht es nicht um ein mechanistisches Gebilde, sondern um etwas Organisches, das aus dem Geist geboren werden will, und bekanntlich weht der Geist, „wie und wo er will“ und nicht so, wie wir es gerne hätten. Versuche in diesem Sinne hat es in der Vergangenheit immer wieder gegeben. Immer wieder wurden Teilaspekte des Gesamtkonzepts verwirklicht und die Fackel der Hoffnung genährt und weitergegeben. Nur einige seien hier erwähnt: Von den klösterlichen und ritterlichen Orden des Mittelalters bis zu den Spiritualen, den Quäkern und den anderen Friedenskirchen, den Hutterern, Oneida, Shaker, Bruderhof und all den anderen, die in den USA Zuflucht gefunden haben. Von den Anarchisten Spaniens bis zur Räterepublik in Bayern nach dem ersten Weltkrieg mit Gustav Landauer. Von den Anfängen der Zionisten mit der Kibbuz-Bewegung und den Beiträgen dazu von Martin Buber, der geistig im Chassidismus der Ostjuden wurzelte und von Gustav Landauer beeinflußt war, bis hin zur Mondcivitaner Republik von Hugh J. Schonfield und den Lebens- und Arbeitsgemeinschaften der Anthroposophen, von denen gerade heute im deutschen und englischen Sprachraum viele Impulse zur gesellschaftlichen Erneuerung ausgehen. Nicht zu vergessen die Teams der Moralischen Aufrüstung und all die in jüngerer Zeit entstandenen christlichen Kommunitäten und New Age Communities.

Viele dieser Versuche sind verirrt, gescheitert, untergegangen, andere verkrüppelt, erstarrt und pervertiert. Aber sie alle haben Bausteine für die Straße in die Zukunft geliefert. Die Vision ist immer noch lebendig und gültig wie eh und je, und es scheint, als sei in unserer Zeit zum einen der Leidensdruck, zum anderen Wissen und Einsicht wenigstens bei einer Minderheit groß genug, um das Gottesvolk-Konzept in seiner ganzen Bedeutung für die Menschheit, also nicht beschränkt auf den jüdisch-christlichen Kulturkreis, zu erkennen und sich aufs Neue an seine Verwirklichung zu machen, damit auch dieses Wort endlich Fleisch werde.

Bedauerlicherweise hat der beschriebene Aussonderungsprozeß bei vielen zur Flucht vor der Wirklichkeit in die grüne Idylle geführt. Das ist zwar psychologisch durchaus verständlich und mag auch solchen Gruppen zugestanden werden. Ja, es ist sicher weniger kritisch zu bewerten als die mit Scheuklappen betriebene Hetze der Mehrheit unserer Gesellschaft mit ihrer scheinbar unaufhaltsamen Beschleunigung des technischen Fortschritts und ihrer Verschärfung des Wettbewerbs. Und doch ist unübersehbar, daß gesellschaftlich und geschichtlich bedeutsam nur die Alternative werden kann, die sich mitten hineinstellt in die gesellschaftliche und technologische Wirklichkeit und keine Vogel-Strauß-Politik betreibt.

Die Alternative mag zwar gezwungen sein, mit den Randgebieten der Gesellschaft, der Technik und der Wirtschaft zu beginnen, etwa mit der Aufarbeitung und Wiederverwertung der Überbleibsel unserer Wegwerfgesellschaft, aber sie wird sich selbst dabei moderner Hilfsmittel bedienen. Es geht nicht darum, die Technik zu verteufeln, weil der Mensch auf die Technik hin angelegt und auf sie angewiesen ist. Es geht darum, anders mit ihr umzugehen. Der große Theologe und Sozialist *Leonhard Ragaz* schrieb einmal: „Nur in dem Maße, als die Sache Gottes echt vertreten wird, mit anderen Methoden vertreten wird als die Methoden der Welt, verändert und durchdringt sie wunderbar die Welt – im kleinen wie im großen.“

Allerdings genügen die anderen Methoden nicht. Wir werden nicht umhin können, auch ans Grundsätzliche, ans Eingemachte zu gehen. Dazu gehört vor allem die Hinterfragung des Warencharakters und damit der Käuflichkeit der menschlichen Arbeit, der Güter dieser Erde, einschließlich Grund und Boden, und des Kapitals, sowohl in Form von Geld als auch von Produktionsmitteln und vor allem als Betriebsgemeinschaften.

Wir haben in den vergangenen hundert Jahren gelernt, wie unsinnig die Vererbung von politischer Macht ist. Wenn heute ein Enkel von Konrad Adenauer aufträte und die Kanzlerschaft kraft Abstammung beanspruchen wollte, würde ihn jedermann auslachen. Die Vererbung wirtschaftlicher Macht ist aber immer noch selbstverständlich. Vor ein paar hundert Jahren war es noch vorstellbar, daß eine Stadt, ein Dorf einem Fürsten buchstäblich gehörte. Heute können wir darüber nur noch den Kopf schütteln. Wir finden es aber durchaus in Ordnung, daß die Lebensgemeinschaft eines Unternehmens, eines Betriebs, dem Kapitaleigner gehört und nach Belieben verkauft werden kann. Dabei ist das genauso widersinnig.

Die heilsame Alternative wird auf diesen zentralen Gebieten der Gesellschaft neue Wege gehen müssen. Entscheidend ist also, daß sie nicht in Randgebieten wie der physischen und psychischen Gesundheit, dem Bildungswesen, der Religion oder der Esoterik hängenbleibt, sondern auch in die Kerngebiete von Wirtschaft und Rechtspflege vorstößt. Das ist das Feld, wo entschieden wird, ob wirklich exemplarisch neue Gesellschaft entsteht.

Auf den ersten Blick scheint die Rechtspflege dem Staatsmonopol zu unterliegen. Und doch hindert uns nichts daran, jesuanisches Rechtsempfinden im Umgang miteinander zu praktizieren, ohne daß dies den Staat stört. Problematisch wird es dagegen, wenn wir beispielsweise gegen den immer unmenschlicher werdenden Umgang mit Fremden, vor allem den

Flüchtlingen und Asylanten, aufstehen. Hier wird es zu schmerzhaften Konflikten kommen. Wenn der Staat trotz rückläufiger Bevölkerungszahlen nicht länger bereit ist, Asyl zu gewähren, auch wenn ihn das Grundgesetz dazu verpflichtet, wenn also der Rassismus unseligen Angedenkens immer unverfrorener das Haupt hebt, dann müssen eben wir Asyl gewähren.

Wir haben unsere Erde als kleinen Ball im All gesehen. Dieser wundervolle blaue Planet, unser lebendiges Raumschiff Erde, ist die Heimstatt aller Menschen. Die Zeit ist reif geworden für *Kardinal Beas* Erkenntnis. Er sagte, daß „die Erforschung des Weltraums den Menschen mehr und mehr zum Bewußtsein bringt, daß sie eine einzige Familie auf Erden bilden, und daß die moderne Welt ungeahnte Wege und Mittel bereithält, um aus der Menschheit eine Familie im wahrsten Sinn des Wortes zu machen."